学ぶ・わかる・みえる シリーズ 保育と現代社会

保育と社会的養護Ⅰ

【第2版】

編集 大竹 智
　　 山田 利子

みらい

執筆者一覧

●編　者

大竹　智（おおたけ さとる）　立正大学

山田　利子（やまだ としこ）　元武蔵野大学

●執筆者（五十音順）

大瀬戸美紀（おおせと みき）	東北生活文化大学短期大学部	第5章
大竹　智（おおたけ さとる）	（前出）	第15章
川﨑　愛（かわさき あい）	昭和女子大学	第3章
下木　猛史（しもき たけし）	純真短期大学	第11章
菅原　温（すがわら あつし）	仙台キリスト教育児院	第4章
田谷　幸子（たや さちこ）	東京通信大学	第8章
野澤　義隆（のざわ よしたか）	東京未来大学	第13章
野田　敦史（のだ あつし）	高崎健康福祉大学	第10章
宮内　珠希（みやうち たまき）	二葉乳児院	第7章
村田　一昭（むらた かずあき）	愛知県立大学	第6章
八尋　茂樹（やひろ しげき）	新見公立大学	第2章
山田　勝美（やまだ かつみ）	山梨県立大学	第14章
山田　利子（やまだ としこ）	（前出）	序章、第1章
山屋　春恵（やまや はるえ）	常葉大学	第12章
和田上貴昭（わだがみたかあき）	日本女子大学	第9章

イラスト　　溝口ぎこう

はじめに

　少子化の進行に歯止めがかからない一方で、コロナ禍が日本中を席巻した2020（令和2）年度の虐待相談件数、不登校件数、子どもの自殺は過去最多となり、子どもの貧困、ヤングケアラー等の問題も山積したままで、子どもを取り巻く環境はかつてない深刻な事態に陥った。

　こうした状況に強い危機感を抱いた国は、それまでの大人目線の施策から「子どもの意見を聞き、子ども目線の政策を進め、子どもの権利を守る社会を目指す」とする「こどもまんなか社会」の実現に向けて大胆な制度改革に着手した。その基本理念と方針を定めたのが「こども基本法」（2023（令和5）年4月施行）である。

　こども基本法は、児童の権利に関する条約（以下「子どもの権利条約」）に対応する子どもの権利を定めたわが国初の法律であり、子どもに関わる福祉、教育、司法、保健、医療等のすべての分野の法律や施策が子どもの権利保障の視点から見直されることになる。

　当然ながら社会的養護施策及び支援内容においても、今後は子ども自身が"自分の当たり前の権利"を行使できるよう社会的責任として保障する仕組みへと根底から再構築されることが期待される。特に、"子どもの意見表明権"を保障するために、最も声をあげにくい立場におかれ訴える力の弱い社会的養護の子どもたちの声を救い上げ、代弁する仕組みとして「子どもアドボカシー」が制度化されるのは（2024（令和6）年4月施行の改正児童福祉法による）、理念を実現するという点で大きな意義をもつ。

　わが国は人権保障の国際水準では後進国レベルと言われている。残念ながら、子どもの権利保障においても、子どもの権利条約の批准から30年が経とうとしていが、その理念が国民に浸透し、保育や養護等の場で十分に配慮された実践が行われているとは言い難い。我が国は今まさに真に子どもを守る国へと転換できるかどうかの正念場に立っている。

　私たちが子どもを大切にするのは次代を担う存在だからではなく、生まれたその瞬間から人としての尊厳を有するからであり、子ども時代を子どもらしく生きる権利があるからである。社会的養護のもとにある子どもたちは、それまでの生活において理不尽なまでにその権利が踏みにじられ傷つけられている。こうした子どもたちが自分の人生を自らの手に取り戻し、将来に希望が持てるよう、最も傍にいる大人の責務として、保育士は子どもに寄り添い、子どもの声なき声を聴き、子どもの味方となる存在であってほしい。

　本書は、社会的養護を学ぶ皆さんが、子どもファーストの社会を実現するために現場の最前線で専門性を発揮できる保育士になることを願いながら編集した。どうか、社会的養護のもとにある子どもたちに思いを馳せながら学びを進めていただけたら幸甚である。

　令和6年1月

　　　　　　　　　　　　　　　　　　　　　　　　　　　　　　　　編　者

『保育と社会的養護Ⅰ』テキストの特長と活用

⬤ 本書は、保育士養成課程における「社会的養護Ⅰ」の科目に対応したテキストです。社会的養護で扱う領域は、基本理念や原理、対象となる子どもの理解、法制度、施設種別、支援の方法まで、とても幅広くなっています。本書では、それらの内容を効率よく学べるよう構成し、保育士の視点から理解できるよう記述にも工夫を凝らして解説しています。

⬤ 各章の導入部分には、保育士をめざす学生である「みらいさん」と社会的養護Ⅰの講義を担当する「さとる先生」が、その章のテーマについて、なぜ、その項目を学ぶのか、保育士とどのようなかかわりがあるのかを、会話形式で説明しています。この部分を最初に読むことによって、その章で学ぶ内容や理解すべきポイントを把握できるようになっています。

⬤ 各章の最後には、学んだ内容をふりかえって整理するために、「まとめてみよう」という課題を3題提示しています。課題は、本文をよく読めば理解できるよう設定していますので、ぜひ、学習のふりかえりに活用してください。

⬤ 本書は、社会的養護Ⅰを理解するための入門的な位置づけです。より内容を深く理解したり、興味がわいてきた場合には、章末にある引用文献や参考文献をあたってみましょう。きっと、また新しい発見や多様な考え方に出会い、学びを深めていくことができるでしょう。

みらいさん　　さとる先生

もくじ

はじめに

『保育と社会的養護Ⅰ』テキストの特長と活用

序章　社会的養護を学ぶ前に
　　　　―子どもが求める、親が求める「保育士像」を追い求めて―

第1章　現代社会における社会的養護の意義

1 社会的養護とは ･････････････････････････････････18

　1　社会的養護の定義　18
　2　家庭で育つ権利の保障―養育環境を決定する際の基本的な考え方―　20

2 社会的養護の理念と基本原理 ････････････････････22

　1　社会的養護の理念　22
　2　社会的養護の基本原理　24
　まとめてみよう　26

第2章　現代社会における社会的養護問題とニーズ

1 子育て家庭が置かれた社会的状況 ････････････････28

　1　家族・家庭の果たす役割（機能）　28
　2　子育て家庭を取り巻く状況―社会的養護問題の背景―　28

2 現代社会の社会的養護問題―社会的養護ニーズを読み解く― ･･30

　1　福祉における"ニーズ"とは　30
　2　社会的養護問題の全体状況　30
　3　養護問題発生理由にみる入所（委託）前の家庭の状況　33
　4　社会的養護のもとにある子どもたちの状況　34

3 対策が急がれる社会的問題―社会的養護問題を生まないために― ･･35

　1　子どもの心身に重大な影響を与える問題―児童虐待―　35
　2　養護問題の基底にある貧困問題　36
　まとめてみよう　38

第3章　社会的養護の歴史的変遷

1 子ども観の変遷と子どもの権利保障の歩み ‥‥‥‥‥‥‥40

  1　子ども期の発見　40
  2　国際社会における子どもの権利保障の歩み　41

2 日本における社会的養護の歴史 ‥‥‥‥‥‥‥‥‥‥‥43

  1　近代以前の児童救済と社会的養護の萌芽　43
  2　明治・大正期の先駆者たち―児童福祉実践の黎明期―　44
  3　第二次世界大戦前　46
  4　第二次世界大戦後　46
  5　高度経済成長期以降　46
  6　児童福祉法の制定・改正　47
  まとめてみよう　48

第4章　社会的養護における子どもの人権

1 基本的人権と子どもの権利―侵害されやすい子どもの権利―‥50

  1　権利と基本的人権　50
  2　子どもの権利と社会構造　50

2 子どもの権利の国際基準 ‥‥‥‥‥‥‥‥‥‥‥‥‥‥50

  1　子どもの権利条約にみる子どもの権利　50
  2　児童の代替的養護に関する指針　53

3 わが国の子どもの権利の法的根拠 ‥‥‥‥‥‥‥‥‥‥54

  1　日本国憲法　54
  2　こども基本法　54
  3　児童福祉法　57

4 権利擁護の取り組み ‥‥‥‥‥‥‥‥‥‥‥‥‥‥‥‥58

  1　権利擁護とは　58
  2　国の取り組み　58
  3　地方公共団体の取り組み　59
  4　児童福祉施設等の取り組み　60
  5　障がいのある子どもの権利擁護　63
  6　地域社会における権利擁護の取り組み　65
  7　子どもの権利擁護についての実践―権利を守る大人の役割―　65
  まとめてみよう　67

第5章　社会的養護にかかわる法令

1 社会的養護に関係する法律 ･････････････････････････････70

  1　子ども家庭福祉の法体系　70
  2　児童福祉法と社会的養護　71

2 社会的養護に関する法令・通知 ･･････････････････････････76

3 児童福祉施設の設備及び運営に関する基準 ･･･････････････77

4 子どもの権利保障のための法律 ･･････････････････････････80

  1　こども基本法　80
  2　こども大綱　81

5 子どもの人権侵害を防止するための法律 ･･･････････････････82

  1　児童虐待の防止等に関する法律　82
  2　児童買春、児童ポルノに係る行為等の規制及び処罰並びに児童の保護等に関する法律　84
  3　子どもの貧困対策の推進に関する法律　84
  4　民法　85
  5　社会福祉法　85

6 障がいのある子どもの福祉に関する法律 ･･･････････････････86

  1　障害者基本法　86
  2　障害者の日常生活及び社会生活を総合的に支援するための法律　87
  3　発達障害者支援法　87
  まとめてみよう　88

第6章　社会的養護のしくみと実施体制

1 社会的養護の体系 ･･･････････････････････････････････････90

  1　社会的養護の体系　90
  2　施設養護の基本的理解　91
  3　家庭養護の基本的理解　92
  4　在宅支援（養護）の基本的理解　93

2 社会的養護の実施体制と専門機関 ･････････････････････････95

  1　社会的養護の支援体制　95
  2　措置制度と利用契約制度等　96
  3　社会的養護の実施機関　97

3 社会的養護の連携機関 ・・・・・・・・・・・・・・・・・・・・・・・・・・・・・・・・・・・・・・102

   1 子ども家庭福祉にかかわる機関　102
   2 司法福祉にかかわる機関　103
   3 その他の機関　104
   まとめてみよう　106

第7章　家庭養護の基本原則と実際

1 里親制度 ・・・108

   1 里親制度の歴史　108
   2 里親制度の改革の流れ　109
   3 里親制度の概要　111
   4 里親制度のしくみと運用　114
   5 里親制度の課題　116

2 ファミリーホーム ・・118

   ファミリーホーム制度　118

3 養子縁組 ・・120

   1 養子縁組とは　120
   2 養子縁組制度の全体像と比較　120

4 特別養子縁組 ・・・121

   1 特別養子縁組とは　121
   2 特別養子縁組の課題　123
   まとめてみよう　123

第8章　施設養護の共通基盤と基本原則

1 施設養護とは ・・・126

   1 施設養護の意義　126
   2 施設養護の基盤　126
   3 施設養護の基本原理　127
   4 施設運営方針に基づく支援　129

2 施設養護の展開過程 ・・・・・・・・・・・・・・・・・・・・・・・・・・・・・・・・・・・・130

   1 アドミッションケア　130
   2 インケア　131
   3 リービングケア　131

　　4　アフターケア　132

❸ 施設養護のインケアの実際 ・・・・・・・・・・・・・・・・・・・・・・・・・・・・・133

　　1　安全が守られる　133
　　2　生活習慣　133
　　3　衣食住の保障　134
　　4　学習支援　135
　　5　家族支援　135
　　6　個別課題克服プログラム　136
　　7　治療的支援　136
　　8　信頼関係の構築　136
　　9　愛され、慈しまれる生活　137
　　10　心の安全基地　137

❹ 自立支援 ・・138

　　1　自立支援　138
　　2　自立支援計画　139
　　3　退所後の自立支援　143
　　まとめてみよう　144

第9章　施設養護の実際　1（養護系施設）

❶ 乳児院・母子生活支援施設・児童養護施設を取り巻く現状 ・・146

❷ 乳児院 ・・146

　　1　施設の目的と現状　146
　　2　利用児童、家庭の特性と様子　147
　　3　支援内容と課題　148

❸ 母子生活支援施設 ・・・・・・・・・・・・・・・・・・・・・・・・・・・・・150

　　1　施設の目的と現状　150
　　2　利用者の特性と様子　151
　　3　支援内容と課題　151

❹ 児童養護施設 ・・・・・・・・・・・・・・・・・・・・・・・・・・・・・・・・・153

　　1　施設の目的と現状　153
　　2　利用児童の特性と様子　154
　　3　支援内容と課題　155
　　まとめてみよう　157

第10章　施設養護の実際　2（障害児系施設）

1 障害児支援の強化による障害児施設を取り巻く状況の変化 ‥160
　1　施設整備を中心とした施策から地域支援施策へ　160
　2　障がい児の支援体制の強化に向けた改革　160

2 障害児入所支援 ‥‥‥‥‥‥‥‥‥‥‥‥‥‥‥‥‥161
　1　施設の目的と現状　161
　2　利用者の特性　163
　3　支援内容と課題　164

3 障害児通所支援 ‥‥‥‥‥‥‥‥‥‥‥‥‥‥‥‥‥166
　1　施設の目的と現状　166
　2　支援内容と課題　167
　3　その他の障害児通所支援　168
　まとめてみよう　169

第11章　施設養護の実際　3（治療系施設）

1 児童心理治療施設・児童自立支援施設を取り巻く現状 ‥‥‥172

2 児童心理治療施設 ‥‥‥‥‥‥‥‥‥‥‥‥‥‥‥172
　1　児童心理治療施設の目的と現状　172
　2　利用者の特性と様子　174
　3　支援内容と課題　174

3 児童自立支援施設 ‥‥‥‥‥‥‥‥‥‥‥‥‥‥‥177
　1　児童自立支援施設の目的と現状　177
　2　利用者の特性と様子　178
　3　支援内容と課題　179
　まとめてみよう　181

第12章　在宅支援―地域支援機能の充実―

1 社会的養護と在宅の子ども家庭支援 ‥‥‥‥‥‥‥‥‥184
　1　社会的養護と在宅支援　184
　2　自治体における子どもへの支援体制　185

2 社会的養護（措置）としての在宅子ども家庭支援 ‥‥‥‥187

　　1　措置としての在宅支援　187
　　2　在宅支援を可能にする社会資源　188
　　3　自立支援と18歳以降の支援　190

3 社会的養育（サービス）としての在宅子ども家庭支援‥‥‥191
　　1　市区町村における子ども家庭支援の体制　191
　　2　地域における子ども・子育て支援の充実—地域子ども・子育て支援事業—　193

4 社会的養護と地域福祉‥‥‥‥‥‥‥‥‥‥‥196
　　1　社会的養護と地域化　196
　　2　地域共生社会をめざして　197
　　まとめてみよう　197

第13章　社会的養護にかかわる専門職

1 専門職とは‥‥‥‥‥‥‥‥‥‥‥‥‥‥200
　　1　専門職と資格制度　200
　　2　児童福祉施設にかかわる専門職　201

2 児童福祉施設の専門職の役割‥‥‥‥‥‥‥202
　　1　運営・管理職　202
　　2　専門相談員　203
　　3　日常生活を支援する専門職　204
　　4　治療・療育にかかわる専門職　205
　　5　その他の専門職　207

3 社会的養護における専門技術‥‥‥‥‥‥‥207
　　1　子どもや保護者が求めていることは何か　207
　　2　施設養護における専門技術　208

4 専門職・専門機関・関連機関との連携‥‥‥209
　　1　専門職と専門機関との連携　209
　　2　関連機関との連携　210

5 社会的養護における保育士の倫理と責務‥‥‥210
　　1　施設職員に求められる倫理　210
　　2　保育士の倫理　211
　　まとめてみよう　212

第14章　施設の運営管理

1　施設の組織と運営････････････････････････････････214
　1　施設の根幹をなす組織　214
　2　施設の組織を整え、運営を図る主体的存在　215
　3　求められる「マネジメント」という視点　215

2　施設運営のしくみとその取り組み････････････････216
　1　子どもとのかかわりを把握・評価するためのしくみ　216
　2　職員の業務をサポートするしくみ　217
　3　理念を徹底・確認し、協働していくためのしくみ　218

3　施設管理のしくみとその取り組み････････････････219
　1　労務管理　219
　2　安全管理　219
　3　情報管理　220

4　施設運営にかかわる法令等･････････････････････221
　1　児童福祉施設の運営　221
　2　施設運営に関する法令および指針など　221
　3　利用制度と運営費　222

5　被措置児童等虐待防止の取り組み････････････････224
　まとめてみよう　224

第15章　社会的養護の必要性と展望

1　大人が問われる子どもの人権保障････････････････226

2　「児童」「子供」の表記にみるわが国の子ども観･･････226

3　社会的養育（育児の社会化）が求められる背景･･･････228

4　社会的養護改革の方向性と子どもの意見聴取のしくみの整備･･229

5　社会的養護の展望―児童養護施設と乳児院の取り組み―････231
　1　児童養護施設の取り組み　231
　2　乳児院の取り組み　233

6　今後の社会的養護における保育士の役割･･････････235
　まとめてみよう　236

索引　238

序章　社会的養護を学ぶ前に
―子どもが求める、親が求める「保育士像」を追い求めて―

どのような保育士になりたいか―自らを専門職に育てるために―

　社会的養護を学ぶにあたって考えてほしいことがあります。それは「将来どのような保育士になりたいか」ということです。

　保育士になりたい動機は、「子どもが好きだから」「保育園の大好きだった先生に憧れて」「ニュースで知った虐待を受けた子どもたちを救いたい」「障がいのあるきょうだいがいるから」など、人それぞれです。どのような動機であっても、その人の内面から発せられる思いですから、その人の自由といえます。しかし「どのような保育士か」と問われた答えに、「どのような保育士でもいい、その人の自由だ」というには、違和感やためらいを覚えるのではないでしょうか。なぜならば、この問は"専門職としての保育士"のあり方の本質を含むからです。

　保育士になるための学びは、"専門職としての保育士"に自分を育てるプロセスです。「どのような保育士になりたいか」と問うことは、そのために「どのような知識や力を身につけたいか」という自らの課題の発見につながります。同時に「こんな知識をもちたい」「こんな力を身につけたい」という新たな動機は学びの原動力となることでしょう。しかし、専門職である以上、求められる知識があります。そこで、自分の保育士像を考える前提として、保育士が"有資格の専門職"であることの意味を確認しましょう。

保育・養育のプロフェッショナルになる―"専門性"は実践の根拠―

▼資格による社会的信頼

　国家資格とは、その専門職に求められる最低限度の専門性を有していることを国が認定するものです。国家資格である保育士が学ぶ内容は、その資格ができてから現在に至るまで、社会情勢や子ども観の変化などにより何度も改正されましたが、国によって保育士に必要な知識として決められたものです。

　とはいえ、保育士になるための科目の多さや知識の膨大さに驚かれたことでしょう。この膨大な専門的知識を前提とした"専門性"を有する資格であるからこそ、社会的信頼が得られることをまずは肝に銘じておきましょう。

▼専門性は実践のエビデンス

　保育士が提供する保育・養育や保護者への相談支援は、専門性というエビデンス（根拠）に基づく社会的責任をともなう実践です。ここでは、専門性を支える3つの柱—専門的知識、技能、価値（倫理）—について概説します。

①専門的知識

　保育士に求められる専門的知識は大きく分けて、①子どもと家庭をとりまく環境（社会）を理解するための知識、②子どもや家族（家庭）等を理解するための知識、③実践を支える専門技術に関する知識、④法律・制度等についての基本的知識と地域の社会資源に関する情報、という4つがあります。

②専門的技能

　専門的知識を駆使して、当事者を理解し、信頼関係を築き、個々のニーズにあわせて問題解決に向けて適切な支援をするための技術であり、専門的な訓練（トレーニング）によって獲得された力量をいいます。

③専門的価値（倫理）

　価値観は「何を大切にするかという判断基準」であり、その人の言動や態度に影響を与えます。専門的価値（倫理）は、個人的な子ども観や養育観、偏見や先入観を排し、専門的な知識や技能を「誰のために、何のために、どのように使うか」という保育士に求められる基本的な態度のあり方を示しています。

▼専門職に求められる知識のレベル

　保育士が社会的信頼に応えるには、知識を単に知っているだけではなく、保育や養育の実践に活用できるレベルに引き上げる必要があります。テレビや新聞などで何となく聞いたことがある情報や、子育てなどの個人的な経験から得たレベルの知識でも役立つこともあるでしょう。しかしそれは、たまたまうまくいったに過ぎないかもしれません。専門職は、どのような子どもや保護者であっても、また、どのような問題であっても、解決に向けて支援するための力量を備えていることが求められます。ゆえにそれを支える知識も当然ながら膨大であり、深い理解に基づくものでなければなりません。

　なりたい保育士像を独りよがりなものにしないために、知識を自分の関心や役に立つかどうかといった基準で自己判断するのではなく、「すべての子どもや保護者のために役立てる」という明確な意思が大切になります。

　膨大な知識を身につけるためには相当な時間と労力を要することも事実です。また、知識が広がれば広がるほど、深まれば深まるほど、「自分にできるだろうか」という不安や悩みを抱くかもしれません。しかしそれこそが、専門職の重みを実感した証であり、専門職としての自覚へとつながります。

社会的養護のもとにある子どもが、親が、求めるもの

　自分のめざす保育士像を考える際に忘れてはならない重要な視点があります。それは当事者の視点です。ここでは事例を通して、社会的養護のもとにいる子どもが一番側にいる大人に何を求めているか、問題を抱えている保護者が保育士に何を求めているかを考えてみましょう。

「なんで俺ばっかり。どうせ俺たちがいるから給料がもらえるんだろう」

　児童養護施設で生活している中学2年生のA君が、小学生に暴力を振るったのを職員から注意された際にくってかかって発した言葉です。台詞だけみると、理不尽な怒りをぶつける過激で攻撃的な言葉にみえますが、言葉が意味するものを深く読み解くと、全く違うA君の内面世界がみえてきます。

　子どもが表出させるさまざまな感情のうち、特に"怒り"の背景には本人も無自覚な別の感情や思いが潜んでいると言われます。「俺ばっかり」という言葉には被害者感情が読み取れます。かつてA君自身が暴力の被害者だったときに助けてくれる大人がいなかったのかもしれません。「給料」という言葉からは「仕事だから」「お金のため」という思いが連想されます。A君の心のなかには大人への虚しさや苛立ちが渦巻いているかもしれません。A君のこの言葉は「無条件で自分を愛して」という魂の叫びだとしたらどうでしょう。

「ああ、またしくじっちゃった」

　乳児院に子どもを預けているCさんは、毎週末必ず面会に来る熱心なお母さんでした。しかし、徐々に施設の方針に不満を漏らすようになり、それがエスカレートして、毎日苦情の電話をかけてくるようになりました。

　そのことで話し合いがもたれた際も、一方的に自分の言い分をまくし立てるCさんに、職員が「このままでは施設ではお預かりするのは難しくなりますよ」と伝えた直後に、Cさんがため息混じりに漏らした言葉です。

　Cさんはもともと子ども思いの母親でした。子どものことが心配で仕方なかったのかもしれません。熱心な面会の背景には、自分の子どもを自分で育てられない罪悪感があったかもしれません。よい母親と認めてほしいために無理をしていたのかもしれません。しかし、いつも最後は自分の感情をコントロールできずに失敗を繰り返し、後悔の連続だったのかもしれません。

　皆さんは、子どもや保護者が求めるものをどう読み取りましたか。

▼ "心の叫び"に耳を傾けるてくれる存在

　社会的養護のもとにある子どもも保護者も、私たちの想像を絶する理不尽な傷つき体験によって"生きにくさ"を抱えさせられています。事例のよう

な問題行動も、当事者の目線で「一番苦しいのは本人ではないか」という視点でみると、心が発するSOSであり「私を助けて」「問題に目を向けずに気持ちをわかって」という心の叫びに聞こえてなりません。

　言動の背景に隠れている、それまでの人生で抱えさせられた苦しみや悲しみに気づいてほしい、心のなかにどんなに否定的な感情が渦巻いていても、それを善悪の基準で判断したり否定したりせず、ありのままに受け止め寄り添ってほしいと願っているのではないでしょうか。

▼安全で安心な"心の拠り所"になってくれる存在

　虐待の体験はもちろんですが、施設に入所する体験そのものが、子どもに「自分は親に愛されていない」「見捨てられた」という強い自己否定の感情を抱かせます。同様に問題を抱えている保護者も、"私"という個人ではなく、親として責任や大人としての良識を求められることで、自分が非難され否定されているように感じやすくなっています。事例の子どもや親が抱える心の孤独の深さは絶望に近いものかもしれません。

　人に傷つけられた心は、人の暖かさで癒されたいのではないでしょうか。
　「自分は独りじゃない」「どんなにダメな自分でも、丸ごとありのままに受け入れてくれる人がいる」という安心感に包まれたとき、「こんな自分でもできるかもしれない」という自分自身に対する信頼感を得て、自らの問題に立ち向かう勇気をもつことができます。子どもも保護者も「安全で安心できる心の拠り所」を渇望していると思えてなりません。

社会的養護を学ぶということ

　社会的養護は、児童福祉施設等の保育士をめざす人に必要な科目と考えている方も多いかもしれません。しかし、社会的養護の対象となる子どもや家庭のうち、施設や里親のもとで生活している子どもは全体の約1割で、実に約9割が在宅のまま支援を受けています。保育所には施設や里親で生活している子どもたちが通っているかもしれません。また保育所は、在宅で支援を受けている子どもや保護者を支える重要なサポートネットワークの一つでもあります。まだ気づかれていない支援を必要とする子どもや保護者を最前線で発見する重要な役割も担っています。

　児童虐待や貧困問題等が深刻化するなか、傷つき苦しんでいる子どもや保護者を支援するために、社会的養護はますます必要な知識となります。専門職であることの意味を問いつつ、どうか保育士資格を取得した先を見据えて、子どもが、保護者が、出会えてよかったと思う保育士をめざしてください。

第1章　現代社会における社会的養護の意義

📝 社会的養護って何だろう？

みらいさん　今日から「社会的養護Ⅰ」の講義がはじまりますが、何だか科目名だけではどのようなことを学ぶのか想像がつかないです。社会的養護とは何でしょうか？

さとる先生　社会的養護の定義をいえば、「保護者のない児童や、保護者に監護させることが適当でない児童を、公的責任で社会的に養育し、保護するとともに、養育に大きな困難を抱える家庭への支援を行うこと」となります。

みらいさん　ん〜ん…。監護、養育、保護？

さとる先生　ちょっと難しかったかな。わかりやすくいうと、親がいなかったり、親がいても好ましくない環境で生活している子どもを、国などが責任をもって守り育て、同時にその子どもの家族も支援するということです。養護とは子どもを養い守ることで、子どもの生命を守り、こころの安定を図ることです。

みらいさん　なるほど。しかし、子どもの生命を守るとは何だか大変な感じがします。

さとる先生　私たちが暮らす現代社会でも、家族で生活のできない子ども、親からの虐待を受けた子ども、障がいがあり日常生活が困難な子どもなど、支援を行わなければ生命の危機にかかわる子どもが多くいます。そうした子どもたちを守る最後の砦が社会的養護といえます。

みらいさん　社会的養護は、すごく深刻な問題を扱うもので、子どもの生命や人生にかかわることなのですね。

さとる先生　そうですね。社会的養護の理念として「社会全体で子どもを育む」と「子どもの最善の利益のために」があげられます。「社会全体で子どもを育む」が社会的にあたり、「子どもの最善の利益のために」が養護にあたると考えるとわかりやすいかな。確かに社会的養護は、子どもを取り巻く社会の問題を色濃く反映しているといえます。それを考えると大変だと感じるかもしれませんが、保育所保育指針には「養護とは、子どもの生命の保持及び情緒の安定を図るために保育士等が行う援助や関わり」とあり、保育が「教育」と「養護」が相互に関連をもちながら総合的に展開されるものであることを考えると、保育士にとって養護は特別なことではないですよ。

みらいさん　社会的養護を学びながら、子どもを取り巻く社会問題や養護について考えることは保育士にとって大切なことなのですね。

さとる先生　そうです。まずはじめに、社会的養護の基本的な考え方を学んでいきましょう。

1 社会的養護とは

① 社会的養護の定義

全ての子どもは、個人として尊重され、その基本的人権が尊重され、差別を受けることなく、適切に養育されること、その生活を保障されること、愛され保護されること、その健やかな成長及び発達並びにその自立が図られること、その他の福祉に係る権利が等しく保障されるとともに、教育を受ける機会が等しく与えられる（こども基本法[*1]第3条から引用・要約）。

社会的養護は、それを必要とする子どもたちに、こうした当たり前の権利を保障する取り組みであることを念頭において定義を理解する必要がある。

▼定義と枠組み

社会的養護とは「保護者のない児童や、保護者に監護[*2]させることが適当でない児童を、公的責任で社会的に養育し、保護する（①）とともに、養育に大きな困難を抱える家庭への支援を行う（②）こと」[*3]と定義されている。

この定義は社会的養護が公的責任において大きく2つの機能をもつことを示している。一つは①の保護者による虐待や不適切な養育等により家庭で生活することがその子どもの最善の利益を侵害する場合に、保護者と分離して提供される「家庭の代替養育」である。もう一つは、②の地域の子ども・子育て支援サービス等を活用し、在宅のまま親子関係の再構築および家庭環境調整等を行う「養育困難（要支援）家庭への支援」である。

社会的養護というと施設養護のイメージが強いが、現在はこの2つの大きな枠組みのなかでさまざまな支援が行われている。

▼公的責任としての社会的養護

ここでいう「公的責任」とは、国や都道府県等の自治体が担うべき責任をいい、法律によって定められた制度に基づくサービス等の提供をもって果たされる。公的責任による保育や子ども家庭支援サービスの多くは、利用者の意向による利用方式や契約方式をとっているのに対し、社会的養護は当事者である子どもにとってどのような保護・支援が最善の利益になるかを行政機関（児童相談所等）が専門的に判断し決定する措置制度となっている。

なぜなら社会的養護は対象となる子どもの年齢や置かれた状況・環境等によって自分の意思やニーズを十分に表現できない場合や、虐待等による生命の危機や心身への多大な影響が懸念される場合等の特性により、子どもや保護者の意向に反して行政機関の介入・保護・支援が必要になるからである。

[*1] 基本法
国政に重要なウェイトを占める分野について最も基本的な事項を定めた法律。憲法と個別法の間をつなぎ、憲法の理念を具現化するために、その分野の他の法律や行政を指導する役割を果たす。国の制度、政策、対策に関する基本方針・原則・準則・大綱を明示し、それにそった措置を講ずべきと定めている（参議院法制局）。

[*2] 監護
民法で規定された法令用語で、子どもと生活をともにし、子どもの利益のために監督・保護すること。

[*3] こども家庭庁ウェブサイトに掲載。この定義を最初に示したのは、「社会的養護の課題と将来像」（2011年発表）で、この報告書（児童養護施設等の社会的養護の課題に関する検討委員会・社会保障審議会児童部会社会的養護専門委員会とりまとめ）により現在に続く社会的養護の制度改革が始まった。
こども家庭庁ウェブサイト「社会的養護」
https://www.cfa.go.jp/policies/shakaiteki-yougo

図1－1　「社会的養育」の全体像と「社会的養護」の位置づけ

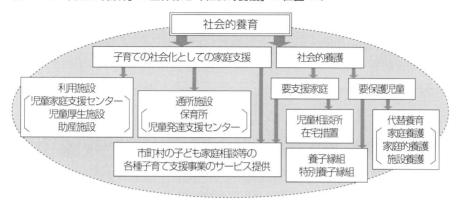

「新しい社会的養育ビジョン」＊4では、こうした点を踏まえ「保護者や子どもの意向を尊重しつつも、子どもの成長発達の保障のためには、確実に保護者の養育支援ないし子どもへの直接的な支援を届けることが必要であると行政機関が判断する場合（略）、サービスの開始と終了に行政機関が関与し、子どもに確実に支援を届けるサービス形態を社会的養護と定義する」としている。この定義からもわかるように、社会的養護は子どもの権利を守るために公的介入等のより強い権限をもって公的責任を果たす取り組みといえる。

▼「社会的養育」と社会的養護

社会的養護の取り組みは何よりも問題の発生を防ぐこと（予防）が重要である。また、もし保護者による養育に困難が生じた場合でも、できるだけ家庭から子どもを引き離すことなく在宅のままで家庭環境や保護者の養育力等が改善されることが望まれる。さらに、親子分離の後に子どもを実親家庭に復帰させる場合にも、問題が再燃しないよう家庭で安定した子育てができるまでサポートが必要な場合もある。

ゆえに地域における要支援家庭を含む家庭全般への支援体制の充実は不可欠である。冒頭の定義の「社会的に養育」について、国は社会的養護問題の予防・解決の前提として「社会的養育」という考え方を示している（「新しい社会的養育ビジョン」による）。社会的養育とは、子育ての負担を保護者（家庭）に負わせるのではなく、「子育ての社会化」＊5により社会の責任でよりよい養育を提供し、社会全体の子育てリスクを下げるというポピュレーションアプローチを基盤とする考え方である。その範囲は家庭で暮らす子どもから代替養育を受けている子どもまで、期間は子どもの胎児期から自立までを対象とし、より社会的サポートを必要とする社会的養護のみならず、保育施策、子育て支援施策も社会的養育としている（図1－1）。

＊4　新しい社会的養育ビジョン
2016（平成28）年の児童福祉法改正を受けて、2017（同29）年に発表された（新たな社会的養護の在り方に関する検討会）。この報告書は前述の「社会的養護の課題と将来像」を見直し、現在の社会的養護体制の全体像を示している。

＊5
1990（平成2）年の1.57ショックにより少子化の進行への危機感から、「子供の未来21プラン研究会報告書」（1993年）および「エンゼルプラン」（1994年）以降、子育ては個々の家庭の私事ではなく、国や地方自治体、職場や地域社会がそれぞれの役割を担うことで、社会全体で子育てを支援する「子育て支援社会」の構築をめざす方向性が打ち出された。

このように、地域における社会的養護は社会的養育のなかに位置づけられ、虐待やネグレクトのリスクを抱え集中的な在宅支援が必要な家庭（要支援家庭）に対する児童相談所による在宅措置や市町村の子ども家庭相談等による支援等が地域福祉としての子ども・子育て家庭支援事業等と相互に連携しながら提供される。

②　家庭で育つ権利の保障—養育環境を決定する際の基本的な考え方—

　社会的養護による支援が必要となった場合の「子どもの養育」については、こども基本法および児童福祉法において、子どもが家庭で育つ権利を保障する「家庭養育優先」の原則が理念として規定されている（表1－1）。

　これによりわが国の社会的養護は、保護者支援のさらなる拡充へ、戦後長らく代替養護の主流であった施設養護から里親養育へ、施設養護については小規模化・地域分散化・高機能化へと制度改革が進められている。

　以下、これらの条文が示す社会的養護の支援が必要となった子どもたちの育つ環境を決定する際の基本的な考え方（図1－2）について、「新しい社会的養育ビジョン」が示す方針（提言）を引用して概説する。

▼保護者支援

　社会的養護を必要とする子どもの養育環境を決定する際は、まず、子どもが家庭において健やかに養育されるよう、保護者と協働して、家庭環境や親子関係の調整、地域のさまざまな子育て支援サービスを活用した子育て相談支援、必要に応じた在宅指導措置等、その家庭に適した保護者支援を行う。

▼「家庭と同様の養育環境」における継続的な家庭養護

　保護者への適切な支援をもってしても、保護者が子どもに適切な養育を提供できないと判断される場合は、「家庭における養育環境と同様の環境」において継続的に養育されるよう必要な措置をとる。

　これは、子どもの出自家庭とは別の家庭における養育を提供するもので、家庭養育優先の原則にのっとり、施設入所措置より優先して「家庭養護」もしくは「継続（永続）的な家庭の提供」が検討される。なお、就学前の子どもについてはこの措置を原則とし、将来的に実親による養育が望めない場合は法的身分の安定とパーマネンシー保障（継続的養育の担保）のため、養子縁組もしくは特別養子縁組を優先の選択肢とする。

▼「できる限り良好な家庭的環境」における家庭的養護

　子どもが虐待やネグレクト等の不適切な養育に起因する行動上の問題や心理的な問題が深刻な状態にあり、里親家庭や養子縁組家庭といった個人的な

表1-1　社会的養護における「家庭で育つ権利」の保障の法的根拠

> こども基本法
> 第3条
> 　5　こどもの養育については、家庭を基本として行われ、父母その他の保護者が第一義的責任を有するとの認識の下、これらの者に対してこどもの養育に関し十分な支援を行うとともに、家庭での養育が困難なこどもにはできる限り家庭と同様の養育環境を確保することにより、こどもが心身ともに健やかに育成されるようにすること。
>
> 児童福祉法
> 第3条の2[*6]　国及び地方公共団体は、児童が家庭において心身ともに健やかに養育されるよう、児童の保護者を支援しなければならない。ただし、児童及びその保護者の心身の状況、これらの者の置かれている環境その他の状況を勘案し、児童を家庭において養育することが困難であり又は適当でない場合にあつては児童が家庭における養育環境と同様の養育環境において継続的に養育されるよう、児童を家庭及び当該養育環境において養育することが適当でない場合にあつては児童ができる限り良好な家庭的環境において養育されるよう、必要な措置を講じなければならない。

注：側注および下線は筆者記述。

＊6
2016（平成28）年の児童福祉法改正で「児童の代替的養護に関する指針（国連ガイドライン）」に基づき新設された条文で、これによりわが国の社会的養護における代替養育はようやく国際基準に合致した。

図1-2　社会的養護における養育環境を決定する際の基本的考え方（優先順位）

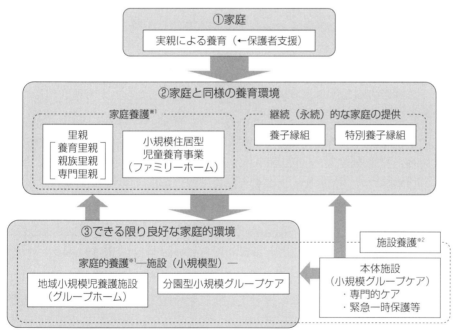

※1：「児童の代替的養護に関する指針」（国連指針）の「family-based care」が家庭養護に、「family-like care」が家庭的養護に該当する。
※2：施設本体の養護形態が大舎・中舎・小舎形態、ユニットケアの場合は、③できる限り良好な家庭的環境に含まれない。
出典：子ども家庭庁支援局家庭福祉課「家庭と同様の環境における養育の推進」（「社会的養育の推進に向けて」2023年　p.12）をもとに加筆して作成

　家庭環境では対処することができず家庭生活を営むことが極めて困難な場合、子どもの年齢が高く子ども自身が拒否感をもっている場合等は、家庭以外の養育環境として施設（小規模型）等での家庭的養護が選択され、在籍期間は原則として乳幼児が数か月以内、学童期以降は1年以内とされている。

なお、心理職や医師等の専門職の特別なケアが必要な学童期以降の子どもについては原則３年以内を目途に本体施設での施設養護が選択される。

2 社会的養護の理念と基本原理

① 社会的養護の理念

わが国の社会的養護は「子どもの最善の利益のために」と「社会全体で子どもを育む」という２つの理念[7]を掲げている。ここではその法的根拠を確認しながら概説する。

▼子どもの最善の利益のために

子どもの権利の擁護性がより高い社会的養護において、極めて重要な理念である。この理念は「児童の権利に関する条約」（子どもの権利条約）の中核をなす概念で、その第３条第１項に「児童に関するすべての措置をとるにあたっては（中略）児童の最善の利益が主として考慮される」と記されており、これにのっとりこども基本法および児童福祉法においても理念として規定されている（表１-２）。

子どもの最善の利益が何かは、当事者である子どもの特質（年齢、性別、成熟度、障害等）、ニーズ、置かれた状況（保護者との関係性、安全にかかわる環境等）等により個別に定義されるべきであり、法が定める子どもの権利（こども基本法第３条第１～４号、児童福祉法第１条）の享受とホリスティックな発達（身体的、精神的、霊的、道徳的、心理的および社会的発達を包含する概念）を確保することを目的として判断されなければならない[8]。

その際に最も重要なのは「当事者である子どもの声」を聴くことである。子どもが自由に自分の意見を表明する機会が確保され、その意見が正当に尊重されてこそ真に子どもの最善の利益を実現することができる（こども基本法第３条第３号）。

また、「最善の利益が優先して考慮される」（こども基本法第３条第４号）とは、子どもの利益を他の利益（親やその他の大人の利益、集団や組織の利益、社会的利益等）や他者の権利と同列に扱うのではなく、高い優位性があることを念頭において個別の状況に応じて調整を図ることである[8]。

▼社会全体で子どもを育む

本章冒頭で述べた通り、子どもは権利の主体者として基本的人権と子どもの特有の権利を享受し、社会的養護を受ける権利を有する。「社会全体で子

*7
児童養護施設・乳児院・児童心理治療施設・児童自立支援施設・母子生活支援施設・自立援助ホームの各運営指針と里親およびファミリーホームの養育指針の共通項目として示されている。

*8
子どもの権利委員会（国連）「一般意見14号 自己の最善の利益を第一次的に考慮される子どもの権利（第3条第1項）」による。

表1−2　「子どもの権利」と「子どもの最善の利益」の法的根拠

> **こども基本法**
> **第3条**　こども施策は、次に掲げる事項を基本理念として行われなければならない。
> 　1　全てのこどもについて、個人として尊重され、その基本的人権が保障されるとともに、差別的取扱いを受けることがないようにすること。
> 　2　全てのこどもについて、適切に養育されること、その生活を保障されること、愛され保護されること、その健やかな成長及び発達並びにその自立が図られることその他の福祉に係る権利が等しく保障されるとともに、教育基本法（平成18年法律第120号）の精神にのっとり教育を受ける機会が等しく与えられること。
> 　3　全てのこどもについて、その年齢及び発達の程度に応じて、自己に直接関係する全ての事項に関して意見を表明する機会及び多様な社会的活動に参画する機会が確保されること。
> 　4　全てのこどもについて、その年齢及び発達の程度に応じて、その意見が尊重され、その最善の利益が優先して考慮されること。
>
> **児童福祉法**
> **第1条**　全て児童は、児童の権利に関する条約の精神にのつとり、適切に養育されること、その生活を保障されること、愛され、保護されること、その心身の健やかな成長及び発達並びにその自立が図られることその他の福祉を等しく保障される権利を有する。
> **第2条**
> 　2　すべて国民は、児童が良好な環境において生まれ、かつ、社会のあらゆる分野において、児童の年齢及び発達の程度に応じて、その意見が尊重され、その最善の利益が優先して考慮され、心身ともに健やかに育成されるよう努めなければならない。

注：下線は筆者記述。

表1−3　「社会全体で子どもを育む」の法的根拠

> **こども基本法**
> **第4条**　国は、前条の基本理念（以下単に「基本理念」という。）にのつとり、こども施策を総合的に策定し、及び実施する責務を有する。
> **第5条**　地方公共団体は、基本理念にのつとり、こども施策に関し、国及び他の地方公共団体との連携を図りつつ、その区域内におけるこどもの状況に応じた施策を策定し、及び実施する責務を有する。
> **第6条**　事業主は、基本理念にのつとり、その雇用する労働者の職業生活及び家庭生活の充実が図られるよう、必要な雇用環境の整備に努めるものとする。
> **第7条**　国民は、基本理念にのつとり、こども施策について関心と理解を深めるとともに、国又は地方公共団体が実施するこども施策に協力するよう努めるものとする。
>
> **児童福祉法**
> **第2条**
> 　2　（表1−2参照）
> 　3　国及び地方公共団体は、児童の保護者とともに、児童を心身ともに健やかに育成する責任を負う。

どもを育む」ことは、これら権利を誰がどのように保障するかを示す重要な理念であり「公的責任」と「社会的責任」の2つの側面がある（表1−3）。

　「公的責任」については、こども基本法第4条および第5条、児童福祉法第2条第3項において、国および地方公共団体の責任を明確にしている。特にこども基本法は「責務を有する」と表記し、より強い表現で明文化している*9。

　「社会的責任」とは、個人や組織が社会にとって望ましい行動をしなければならない責任をいい、こども基本法第6条および第7条、児童福祉法第2

*9
「責任」とは「しなくてはならないつとめ」、「責務」とは「責任と義務、果たさなければならないつとめ」で結果までを含むより強い意味で使われる。
なお、法律の性質上、こども基本法の規定が優先される（本章側注*1参照）。

*10
長時間労働等が仕事と
子育ての両立の難しさ
につながっていると
いう現状から、子どもの
健やかな成長のために
は、ワーク・ライフ・
バランスの実現等、国、
地方公共団体のみなら
ず、事業主の果たす役
割も大きいため。

条第2項に努力義務として規定されている（表1-3参照）。なお、こども基本法では新たに「事業主」の規定を設ける*10とともに、「国民」についても、児童福祉法よりさらに踏み込んで、施策への関心と理解、協力までを努力義務としている。社会的養護のもとにある子どもたちの健やかな成長が権利として保障されるためには、国民一人ひとりの意識改革も重要な課題である。

② 社会的養護の基本原理

社会的養護を必要とする子どもと家庭を支援する際に、先に述べた理念を基にした実践において指針となる6つの基本原理が定められている。ここでは、各児童福祉施設の運営ハンドブックから引用して概説する。

▼家庭養育と個別化

適切な養育環境で、安心して自分をゆだねられる養育者によって、子どもの個別的な状況が十分に考慮され、子どもが愛され大切にされていると感じることができ、その育ちが守られ、将来に希望がもてるよう、「あたりまえの生活」の保障が重要である。そのためには、社会的養護を地域から切り離して行ったり、子どもの生活の場を大規模な施設とするのではなく、「家庭あるいは家庭的な環境での養育」と、個々の子どもの育みを丁寧にきめ細やかに進めていく「個別化」が必要である。

▼発達の保障と自立支援

子ども期は発達段階ごとの課題を達成しながら成長し、成人期以降の人生に向けて準備する期間である。社会的養護は、未来の人生を作り出す基礎となるよう、子ども期の健全な心身の発達の保障をめざして行われる。

発達保障で特に重要なのは、愛着関係や基本的な信頼関係の形成である。子どもは特定の大人との安全で安心できる関係を基盤に自己肯定感が育まれ、他者の存在を受け入れ、人間関係をつくっていけるようになる。自立に向けた生きる力の獲得も、健やかな身体的、精神的および社会的発達も、この基盤があって可能となる。ゆえに子どもの自立支援は乳幼児期から始まっている。

また、子どもの自立や自己実現に向けて、子どもの主体的な活動を大切にするとともに、さまざまな生活体験などを通して、自立した社会生活に必要な基礎的な力を形成していく支援が必要である。

▼回復をめざした支援

虐待や不適切な養育環境での生活体験、家庭崩壊、家族や親族、友達、近隣住人、保育士や教師等の地域で慣れ親しんだ人々との分離を体験した子ど

もたちは、心の傷や深刻な生きづらさを抱え、情緒や行動、自己認知・対人認知等も深刻なダメージを受けていることが少なくない。

　そのため、社会的養護を必要とする子どもには、その子どもの成長や発達を支える支援だけでなく、虐待や分離体験等による影響からの回復をめざした治療的な支援も必要である。また、こうした子どもたちが安心感をもてる場所で、大切にされる経験を積み重ね、信頼感や自己肯定感（自尊心）を取り戻していけるようにしていくことが大切となる。

▼家族との連携・協働

　保護者の不在、養育困難、さらには不適切な養育や虐待等により「安心して自分をゆだねられる保護者」がいない子どもたちがいる。また、子どもを適切に養育することができず悩みを抱えている親がいる。さらに、配偶者等による暴力（ドメステックバイオレンス）等によって適切な養育環境とはいえない困難な状況に置かれている親子がいる。

　社会的養護は、こうした子どもや親の問題状況の解決や緩和をめざして、親とともに、親を支えながら、あるいは親に代わって、子どもの発達や養育を保障していく包括的な取り組みである。

▼継続的支援と連携アプローチ

　社会的養護は、その始まりからアフターケアまでの継続した支援であり、できる限り特定の養育者による一貫性のある養育が望まれる。

　子どもや親への支援において、児童相談所等の行政機関、各種の施設、里親等のさまざまな社会的養護の担い手が、同時に複数で連携して支援に取り組んだり、支援を引き継いだり、あるいは元の支援主体が後々までかかわりをもつなど、その機能と専門性を十分に発揮しながら有機的に補い合い、重層的なネットワークを強化することで、支援の一貫性・継続性・連続性を担保したトータルなプロセスを確保していく連携アプローチが重要である。

　社会的養護における養育は、子どもが歩んできた過去と現在、そして将来をよりよくつなぐための「人とのかかわりをもとにした営み」であり、一人ひとりの子どもに用意される社会的養護の過程は、「つながりのある道すじ」として子ども自身にも理解されるものでなければならない。

▼ライフサイクルを見通した支援

　社会的養護のもとにあるうちから、子どもたちが社会に出てからの暮らしを見通し、また、育てられる側であった子どもが親となり子どもを育てる側になっていくという世代をつないで繰り返される子育てサイクルを考慮に入れ、虐待や貧困等の世代間連鎖を断ち切れるような支援が大切である。

　さらに、入所や委託を終えた後もアフターケアの取り組みにより、子ども

が孤独や孤立を感じないよう、また困難な状況に陥った時にいつでも相談できるように長くかかわりを持ち続けることが重要となる。そのためには、子どもの育った場所が安心できる戻れる場所であり、生活をともにした大人が子どもにとって帰属意識をもつことのできる存在であることが重要となる。

　子どもの権利は、それを守ろうとする大人の存在によって初めて保障される。社会的養護のもとにある子どもたちの最も傍にいる大人として、子どもが「生きていてよかった」と思えるよう、その子の目に映るその子を取り巻く世界を想像し、その子の心に寄り添い、その子の味方になって、その子の権利を守ろうとする専門職であるために、常に意識し、考え、自らに問い続けなければならないのが理念と基本原理である。

🐌 まとめてみよう

> ①　「社会的養護」について、まったく知識のない人に説明するために、定義をわかりやすく言い換えてみよう。
> ②　自分が経験した学校生活等を通して「子どもの最善の利益」や「意見表明権」が保障されていたかを振り返り、わが国の子どもの権利擁護についての問題点や課題を考えてみよう。
> ③　子どもの権利を守るために、保育士がしなければならないこと、求められることは何かを話し合ってみよう。

【引用・参考文献】
児童養護施設等の社会的養護の課題に関する検討委員会・社会保障審議会児童部会社会的養護専門委員会「社会的養護の課題と将来像」2011年
新たな社会的養育の在り方に関する検討委員会『新しい社会的養育ビジョン』2017（平成29）年8月2日
こども家庭庁支援局家庭福祉課「社会的養育の推進に向けて」2023年
山本由紀子「『子育ての社会化』と子どもの育ち」『太成学院大学紀要』第18巻　太成学院大学　2016年　pp.83-88
社会的養護第三者評価等推進研究会監　児童養護施設運営ハンドブック編集委員会編『児童養護施設運営ハンドブック』厚生労働省雇用均等・児童家庭局家庭福祉課　2014年
内閣官房こども家庭庁設立準備室『こども基本法説明資料』2022（令和4）年
子どもの権利委員会（平野裕二訳）「子どもの権利委員会・一般的意見14号　自己の最善の利益を第一次的に考慮される子どもの権利（第3条第1項）（一般的意見一覧）」2013年

第2章 現代社会における社会的養護問題とニーズ

時代の変化とともに変わる社会的養護のニーズ

みらいさん　最近、児童虐待のニュースをテレビでよく見ますが、子どもの問題は増えてきているのですか？

さとる先生　たしかにニュースなどで痛ましい虐待の報道をよく見ますね。児童相談所が対応した児童虐待相談の対応件数は、2022（令和4）年度は約22万件で、30年前と比較すると約187倍にもなっています。

みらいさん　えっ！　それは虐待する親が急増しているということですか？

さとる先生　急増しているかどうかは一概には言い切れませんが、虐待がクローズアップされることは、時代が進み、社会環境が変化した影響で、子どもや家庭の問題が内容的にも性質的にも変わってきたこともあります。虐待に対して強い関心をもつ社会になってきたことにも要因があるでしょう。

みらいさん　たとえば、保育所の待機児童の問題も社会環境の変化の影響でしょうか？

さとる先生　よい指摘ですね。現代は女性の社会進出も進み、結婚したり、子どもを出産したりしても働き続ける女性が増えてきました。加えて、離婚などによるひとり親家庭も増えてきましたから、保育所を必要とする家庭が増加しています。特に、そのような家庭が集中する都市部では、保育所の不足は深刻な問題となっていますね。

みらいさん　子どもを預ける場所がないとなると、仕事をもつ母親は大変ですね。

さとる先生　近年の世帯構造の変化にともなって、昔のように子育ての経験がある祖母に子どもをみてもらうことなども難しくなりました。近所付き合いもない家庭の場合、母親が子育てで孤立することもあります。

みらいさん　たしか、児童虐待は実の母親によるものが最も多いと聞きました。

さとる先生　そのとおりです。よく「夫は外で仕事、妻は内で家事」といわれますが、最近では「夫は仕事、妻は仕事と子育てと家事」というアンバランスな家庭内役割が定着しています。女性にのしかかる子育ての負担は非常に大きく、精神的にも身体的にも不安定となって子どもを適切に育てられず、虐待に走ったり、児童福祉施設などの利用が増えてきているのです。

みらいさん　ということは、子どもたちの施設への入所理由も昔とは違ってきているのですか？

さとる先生　そうです。社会環境の変化の影響を受けて、社会的養護のニーズも変わってきているということです。では、その点について詳しくみていきましょう。

1 子育て家庭が置かれた社会的状況

　社会的養護の支援・サービスは、在宅支援であれ代替養育であれ、家庭での子育てに何らかの困難が生じた場合に提供される。それでは、家庭で何が起こっているのであろうか。ここでは、家庭の機能を確認し、社会的養護問題の背景にある子育て家庭の状況を概観する。

① 家族・家庭の果たす役割（機能）

*1　家族
家族は社会における最も基礎的な最小単位の集団である。多くの研究者によってさまざまに定義されているが、社会学的にはおおむね「夫婦・親子・きょうだいなど少数の近親者を主要な構成員とし、生活を共同し、相互の深い感情的かかわりあいで結ばれた、第一次的福祉志向・幸福追求集団であり、夫婦のどちらかのみ、また血縁関係のない親子であっても家族に含まれる」ということができる。

*2　家庭の機能
「衣食住などの生活を営む機能」「子どもを育てる機能」「心の安らぎを得るなどの精神的な機能」「収入を得るなどの経済的な機能」「生活文化を継承する機能」「高齢者等の介護などの扶助機能」などがある。

　「家族」*1は、子どもが生まれて初めて所属する社会集団であり、その家族が生活をともにする場が「家庭」である。

　家族が営む「家庭」にはさまざまな機能*2がある。現在では社会の変容により、家族が担うとされた家庭の機能の多くが外部化（社会化）され、家庭の機能に対する人々の意識も生活保持機能から安らぎの場としての精神的機能の重視へと変化している。そのなかで家庭の固有かつ本質的な機能として「子どもを育てる機能」と「心の安らぎを得る機能」は家族の営みとして最後まで残っていくものと考えられている。

　子どもは、家庭という集団のなかで、言葉を獲得し、親やきょうだい、祖父母などと生活やかかわりを通して基礎的な人間関係を学び、自律性を培いつつ、自分自身のパーソナリティ（個性や人格）を形成していく。また衣食住にかかる基本的生活習慣を身につけていく。つまり、家庭における養育や教育を通じて、子どもは社会化され、家庭の外での社会生活を送るための基礎的な準備をしていくのである。一方で家庭は外の社会から一線を引くことで、家族一人ひとりが休息をとり、心の安らぎを取り戻し、愛情を充足するといった精神的機能を果たす場であり、お互いに助け合い、小さな子どもや高齢者、病人など、社会的に弱い立場におかれやすい家族を扶養し保護する福祉的な場でもある。

　このように、子どもの育ちの場としての家庭は、子どもの社会化と愛情に包まれた安全で安心できる場として重要な役割を担っている。

② 子育て家庭を取り巻く状況—社会的養護問題の背景—

　それでは、現代の日本社会において、子育て家庭はどのような状況に置かれているだろうか。

「子育て世代にかかる家庭への支援に関する調査研究報告書」[1] によれば、子育て家庭の親世代は、主に20〜50代であり、経済活動を含む社会の多様な活動の中心的存在といえる。その多くは家庭生活にかかわるサービス等を自発的に活用しながら子育てを行っているが、子育て家庭の半数が親族・友人からの助けを得にくく、地域で「アウェイ育児」の状態にあること、また、自身の子ども以外の子どもに触れる機会も少なく、子育てにより孤立したり、子育てへの不安や負担を感じたりしているという（図2−1も参照）。

報告書はこれらの課題が、核家族世帯の増加、少子化による近隣の子育て家庭との出会いにくさ、転居*3などにより新たな子育て体制をつくりなおす必要性などから生じていると指摘している。また子育て家庭は、子どもの発達に応じてライフステージが数年ごとに変化し、その過程で仕事、疾患や障がい、経済状況、夫婦関係、親子関係などさまざまな要素がからみあうなかで、生活と仕事、心身のバランスを保ちながら子育てをしている。そのため少しの負荷でもそのバランスが崩れ、夫婦関係や親子関係に葛藤が生じやすく、虐待など不適切な養育が発生するリスクが高まるとし、虐待に至らなくとも、親子関係や子育てへの悩みから生活や子育てに余裕がなくなることもあると指摘している*4。

*3
20歳代後半から30歳代後半の子育て期の世帯の約40％が5年間の間に転居している。

*4
詳しくは、「子ども家庭福祉」にて学んでほしい。

図2−1　子育てについての悩みや不安の内容

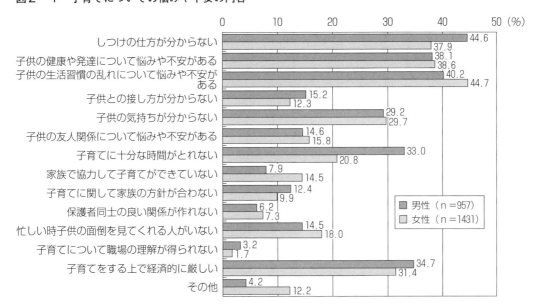

出典：株式会社インテージリサーチ「令和2年度『家庭教育の総合的推進に関する調査研究〜家庭教育支援の充実に向けた保護者の意識に関する実態把握調査〜』報告書」（文部科学省委託調査）2021年より作成

❷ 現代社会の社会的養護問題
─社会的養護ニーズを読み解く─

　かつて「現代の子育ては荒れる海に木の葉の船で漕ぎ出すようなものでバランスを崩せばあっという間に海に放り出される」と表現した研究者がいた。まさにこうした子育て状況のなかで社会的養護問題は発生している。

　ここでは、"ニーズ"とは何かを確認したうえで、社会的養護のニーズを読み解くために、社会的養護問題を理解する。

① 福祉における"ニーズ"とは

　近年、"ニーズ"という言葉を一般社会でも耳にすることが多くなっているが、福祉における"ニーズ"とは、人間の権利として、「個人の主張の有無や如何にかかわらず、生活を営むうえで、なくてはならないもの、欠かすことができない基本的要件が満たされていない状態に対し、それを回復・改善することへの欲求(要求)」といえる。

　社会的養護の具体的な支援・サービスは、対象となる子どもや保護者が抱える生活課題(環境との相互作用によって起こる問題)から生じる個々の"ニーズ"を把握することから始まる。同時に、社会的養護の制度・政策、支援体制は、これらの"ニーズ"を充足するものでなければならない。

　またニーズは、①時代が変わっても続いていくもの、②時代とともにその態様が変わっていくもの、③時代の変化とともに新たに生じるものがあり、社会全体の変容や社会状況の変化を常に視野に入れておく必要がある[2]。

② 社会的養護問題の全体状況

▼児童相談所の相談対応件数にみる社会的養護問題

　社会的養護問題の全体概況を押さえるためには、まず子ども家庭福祉の中核的な専門の相談機関であり、措置を担う児童相談所の相談件数を把握しておく必要がある。児童虐待相談の増加にともなって相談件数が年々増加し、2021(令和3)年度に対応した相談件数は、全国で57万1,961件、相談の種類別にみると、「養護相談」が28万3,001件(49.5%)と最も多く、次いで「障害相談」が20万3,619件(35.6%)、「育成相談」が4万1,534件(7.3%)となっている。

　養護相談のうち児童虐待相談の対応件数は、調査が開始された1990(平成

２）年の1,101件から増加し続け、2022（令和４）年度は21万9,170件（速報値）となり、過去最多を更新し続けている。なお、2021（同３）年度の虐待相談対応件数20万7,660件のうち、一時保護された数は２万7,310件、施設入所等は4,421件であった。

　これらのことから、児童相談所の専門職の増員、専門性の確保等のさらなる充実や、一時保護、施設や里親は設置数によって措置・委託できる上限が決まってしまうため、本来、一時保護や親子分離が望ましいケースであっても在宅支援を余儀なくされている可能性が否定できないことから、里親のさらなる開拓・増員、養子縁組・特別養子縁組の推進等の体制整備、在宅支援の充実が課題（ニーズ）として浮かび上がる。

▼要保護児童数と要支援児童数

　全子育て世帯約1,200万世帯のうち、要支援児童および要保護児童は図２－２の通りである。要支援児童についていえば、子育てサービスの現在の供給量は必要とされている水準と比べて整備が遅れていることが子ども家庭庁の調査で明確となっている。また、虐待による死亡事例47例（2020（令和２）年４月～2022（同４）年３月に発生または表面化した心中以外の虐待死）に至っては、22事例（46.8％）が子育て支援事業をまったく利用しておらず、利用していた22事例[5]の場合でも、要支援・要保護児童を主な対象とする「養育支援訪問事業」は５例、「子育て短期支援事業」は０例であった[6]。

　こうした実態から、在宅支援における子育て支援サービスの量的確保、利用の啓発と促進、自ら利用しない（動機づけのない）保護者へのアウトリーチ的アプローチ等の課題（ニーズ）が挙げられる。

[5]
47事例中、残り３事例は不明。

[6]
社会保障審議会児童部会児童虐待等要保護事例の検証に関する専門委員会「子ども虐待による死亡事例等の検証結果等について（第18次報告）」（2022年）より。

図２－２　全子育て世帯における要支援児童及び要保護児童

資料：令和２年度子ども・子育て家庭支援推進調査研究、厚生労働省子ども家庭
　　　局家庭福祉課調べ
出典：子ども家庭庁「子ども家庭福祉をとりまく現状と対応」2023年

＊7
「社会的養護の課題と将来像」（2011年）において、国の方針として「家庭養育優先」の原則が打ち出され、2016（平成28）年に児童福祉法改正で法的に規定されたことによる。「新しい社会的養育ビジョン」（2017年）で示された里親委託数の目標値は、「愛着形成に最も重要な時期である3歳未満については概ね5年以内に、それ以外の就学前の子どもについては概ね7年以内に里親委託率75％以上」「学童期以降は概ね10年以内を目途に里親委託率50％以上」であった。

＊8
法務省「戸籍統計（2021年度）」、最高裁判所「令和3年司法統計（家事編）」等より。

　一方、里親や児童養護施設等で生活をしている要保護児童は、2021（令和3）年度末現在、約4万2,000人である（図2－3）。全体数は減少傾向にあるが、これは少子化の進行に伴うものであり、18歳未満の児童数全体に占める割合（約2％）に変化はない。

　なお、2011（平成23）年に国の方針として「家庭養育優先の原則」が打ち出されて以降、児童養護施設の在籍児童数が減少し、里親委託率は2011（同23）年度の13.5％から23.5％（2021（令和3）年度末現在）へと上昇しているが、国がめざしている里親委託の数値目標には程遠い＊7。

　一方、子どもに永続的な家庭を提供する養子縁組や特別養子縁組は合計で6万229件、養子が未成年である割合は約53％（子連れによる再婚によるものも含む）、特別養子縁組は683件であった＊8。

　里親の開拓を含むフォスタリング機関事業の整備の制度的な充実はもちろんであるが、実親意識の強い日本においては、里親や養子縁組等への社会的認知を高めるためにも、偏見等を是正し、血縁を越えて愛情でつながる家族の生きやすい社会へと意識改革する必要がある。

図2－3　要保護児童数（全体）の推移

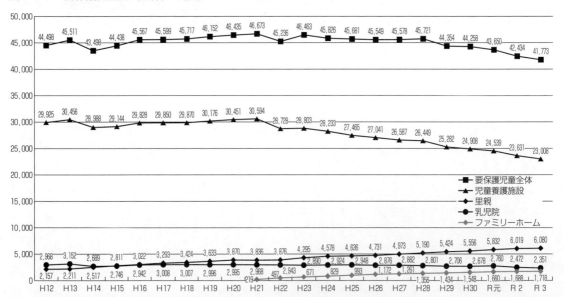

注：要保護児童数は、里親・ファミリーホームの委託児童数、乳児院・児童養護施設・児童心理治療施設・児童自立支援施設・母子生活支援施設・自立援助ホームの入所児童数の合計（ファミリーホームは平成21年度以降、自立援助ホームは平成15年度以降の数）
資料：里親、ファミリーホーム、乳児院、児童養護施設、児童心理治療施設、母子生活支援施設は、福祉行政報告例（各年度3月末現在）
　　　児童自立支援施設は、平成20年度までは社会福祉施設等調査、平成21年度以降は家庭福祉課調べ（各年度10月1日現在）
　　　自立援助ホームは、家庭福祉課調べ（平成19年度、平成20年度は全国自立援助ホーム連絡協議会調べ）
出典：こども家庭庁支援局家庭福祉課「社会的養育の推進に向けて」2023年

③　養護問題発生理由にみる入所（委託）前の家庭の状況

　養護問題の発生理由は、まさに、措置される前の子どもたちが、どのような家庭状況に置かれていたかを知る手がかりとなる。

　「児童養護施設入所児童等調査（平成30年2月1日現在）」[9]によると養護問題発生理由のうち一般的に「虐待」とされる「放任・怠惰」「虐待・酷使」「棄児」「養育拒否」の合計が全体の42.2％を占め[10]、次いで、親の「精神疾患」が15.0％（このうち96.2％が母親）である（表2-1）。

　なお委託（入所）時の保護者の構成は、「実父実母有」が全体の25.0％、「実父のみ」が9.1％、「実母のみ」が45.4％で、「両親ともいない」と「両親とも不明」の合計（不詳を除く）は全体の8.4％であった。

*9
この調査は、厚生労働省（現在はこども家庭庁）がおおむね5年ごとに実施する、措置（委託）児童に関する実態調査である。本章では、一部、自立援助ホームの統計結果は除いて論じている。なお、「主たる理由（1つ）」による統計結果であるため、虐待や不適切な養育がカウントされていないケースもあることに留意する必要がある。

表2-1　里親・施設種別ごとの養護問題発生理由

(2018（平成30）年2月1日現在)

	総数	里親	児童養護施設	児童心理治療施設	児童自立支援施設	乳児院	ファミリーホーム
総数	39,759 (100.0)	5,382 (100.0)	27,026 (100.0)	1,367 (100.0)	1,448 (100.0)	3,023 (100.0)	1,513 (100.0)
父、または母の死亡	1,492 (3.8)	709 (13.2)	684 (2.5)	12 (0.9)	11 (0.8)	17 (0.6)	59 (3.9)
父、または母の行方不明	1,329 (3.3)	448 (8.3)	761 (2.8)	9 (0.7)	7 (0.5)	41 (1.4)	63 (4.2)
父母の離婚	737 (1.9)	74 (1.4)	541 (2.0)	2 (0.1)	25 (1.7)	43 (1.4)	52 (3.4)
両親の未婚	84 (0.2)	* (*)	* (*)	* (*)	* (*)	84 (2.8)	* (*)
父母の不和	368 (0.9)	36 (0.7)	240 (0.9)	4 (0.3)	6 (0.4)	65 (2.2)	17 (1.1)
父、または母の拘禁	1,640 (4.1)	161 (3.0)	1,277 (4.7)	15 (1.1)	7 (0.5)	121 (4.0)	59 (3.9)
父、または母の入院	974 (2.4)	123 (2.3)	724 (2.7)	8 (0.6)	3 (0.2)	82 (2.7)	34 (2.2)
家族の疾病の付き添い	44 (0.1)	9 (0.2)	29 (0.1)	0 (0.0)	0 (0.0)	6 (0.2)	0 (0.0)
次子出産	83 (0.2)	13 (0.2)	60 (0.2)	0 (0.0)	0 (0.0)	7 (0.2)	3 (0.2)
父、または母の就労	1,469 (3.7)	128 (2.4)	1,171 (4.3)	5 (0.4)	5 (0.3)	111 (3.7)	49 (3.2)
父、または母の精神疾患等	5,978 (15.0)	702 (13.0)	4,209 (15.6)	98 (7.2)	44 (3.0)	708 (23.4)	217 (14.3)
父、または母の放任・怠だ	6,222 (15.6)	710 (13.2)	4,589 (17.0)	118 (8.6)	93 (6.4)	504 (16.7)	208 (13.7)
父、または母の虐待・酷使	7,635 (19.2)	503 (9.3)	6,080 (22.5)	375 (27.4)	143 (9.9)	309 (10.2)	225 (14.9)
棄児	194 (0.5)	74 (1.4)	86 (0.3)	2 (0.1)	4 (0.3)	9 (0.3)	19 (1.3)
養育拒否	2,735 (6.9)	826 (15.3)	1,455 (5.4)	46 (3.4)	41 (2.8)	162 (5.4)	205 (13.5)
破産等の経済的理由	1,913 (4.8)	341 (6.3)	1,318 (4.9)	9 (0.7)	2 (0.1)	200 (6.6)	43 (2.8)
児童の問題による監護困難	2,722 (6.8)	64 (1.2)	1,061 (3.9)	527 (38.6)	988 (68.2)	4 (0.1)	78 (5.2)
児童の障害	220 (0.6)	12 (0.2)	97 (0.4)	39 (2.9)	19 (1.3)	35 (1.2)	18 (1.2)
その他	3,655 (9.2)	407 (7.6)	2,480 (9.2)	82 (6.0)	42 (2.9)	501 (16.6)	143 (9.5)
不詳	265 (0.7)	42 (0.8)	164 (0.6)	16 (1.2)	8 (0.6)	14 (0.5)	21 (1.4)

注1：（　）の数値は、施設ごとの総委託（入所）児童数に対する各理由の構成割合（単位：％）。
注2：＊は、調査項目としていない。
注3：構成割合は小数点以下第2位を四捨五入しているため、合計しても必ずしも100とはならない。
資料：厚生労働省「児童養護施設入所児童等調査結果（平成30年2月1日現在）」2020年を一部改変

かつて、要保護児童の中心は保護者のいない子どもであったが、現在は両親または一人親の家庭で育っていることが多い。しかし、少子化や離婚の増加、長引く不況による経済格差といった社会環境の大きな変化に圧迫され、頼れる人や場所もなく孤立してしまう親は、そのストレスを弱い存在である子どもにぶつけ、しつけの限度を超えた虐待に及ぶなど家庭の養育環境が崩壊してしまうことも少なくない。家族の「目に見える」構造的問題から「目に見えない」機能的問題へと変化するなかで、家族のもつ子どもの養育機能がさまざまに損なわれ、子どもや家族を支援・補完し、家族に代替し養育する対応と虐待など保護者が子どもを傷つけ苦しめることへの対応が課題の中心となっている3)*11。

④　社会的養護のもとにある子どもたちの状況

　ここからは、社会的養護のもとにある子どもたちのニーズを理解するために、「被虐待体験」「心身の状況」の全体的傾向を「児童養護施設入所児童等調査の結果（平成30年2月1日現在)」をもとに概観する。

▼被虐待体験

　「虐待経験あり」は全体の59.8％を占め、形態別の割合は図2-4の通りである*12。なお、里親、児童養護施設、乳児院、ファミリーホームではネグレクトが最も多く65.8％、63.0％、66.1％、62.3％、児童心理治療施設と児童自立支援施は身体的虐待が最も多く66.9％、64.7％、母子生活支援施設と自立援助ホームは心理的虐待が最も多く80.9％、55.1％であった。

図2-4　社会的養護を受ける子どもの被虐待経験の割合

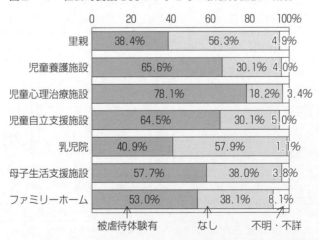

資料：厚生労働省「児童養護施設入所児童等調査結果（平成30年2月1日現在)」2020年より作成

▼**心身の状況**

　社会的養護を必要とする子どものうち、障がいのある子どもの割合が増加しており、全体の36.2%を占めている[13]。

　障がい別でみると、知的障害が全体の11.5%、広汎性発達障害（自閉症スペクトラム）が9.5%、注意欠陥多動性障害（ADHD）が8.7%、反応性愛着障害が5.5%の順で、その他、身体虚弱、肢体不自由、重度心身障害、視覚障害、聴覚障害、言語障害、てんかん、外傷性ストレス障（PTSD）、学習障害、チック、発達性強調運動障害、高次脳機能障害（調査項目のまま「障害」と記載）等の障がいやLGBTがみられる。

　被虐待体験や障がい等の実情から、子どもたちへの心理的ケアや日常生活において特別な配慮が必要なことが読み取れる。

*13
1998（平成10）年の調査では全体の11.7%であったが、2003（同15）年には20.2%、2008（同20）年には24.2%であり、重症化の傾向もある。

図2－5　社会的養護を必要とする児童のうち、障がい等のある児童の割合

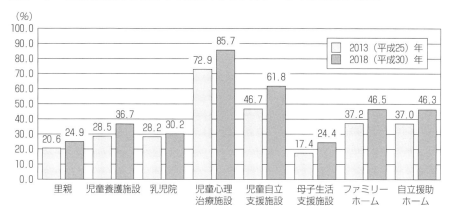

出典：こども家庭庁支援局家庭福祉課「社会的養育の推進に向けて」2023年　p.9を一部改変
https://www.cfa.go.jp/assets/contents/node/basic_page/field_ref_resources/8aba
23f3-abb8-4f95-8202-f0fd487fbe16/e979bd1e/20230401_policies_shakaiteki-
yougo_67.pdf

3 対策が急がれる社会的問題
—社会的養護問題を生まないために—

　社会的養護問題の発生を予防する観点から、社会全体の取り組みとしての対策が急がれる問題として、児童虐待問題と貧困問題を取り上げる。

① 子どもの心身に重大な影響を与える問題—児童虐待—

　子どもにとって虐待は筆舌に尽くしがたい理不尽な体験である。虐待を受

けていた期間、虐待の態様（ほとんどの事例はいくつかの虐待が重複している）、子どもの年齢や性格等によりその影響や重症度はさまざまであるが、虐待による身体的影響、知的発達面への影響、心理的影響は"生きにくさ"を抱えさせ、虐待から逃れたあとまでも"人生"を脅かす。

虐待の子どもへの影響としては、死亡、頭蓋内出血・骨折・火傷などによる身体的障がい、暴力を受ける体験からトラウマ（心的外傷）を持ち、そこから派生するさまざまな精神症状（不安、情緒不安定）、栄養・感覚刺激の不足による発育障がいや発達遅滞、安定した愛着関係を経験できないことによる対人関係障がい（緊張、乱暴、ひきこもり）、自尊心の欠如（低い自己評価）等、さまざまな内容、程度がある[14]。

一方、虐待をしてしまう親もさまざまな問題を抱えている。虐待に至るリスク要因として、不安定な就労や転職による経済的不安定、親族や地域社会からの孤立、夫婦間の不和、配偶者からの暴力（DV）等の養育環境におかれ、保護者自身も、望まない妊娠、マタニティブルー等の精神的に不安定な状態、自身の虐待体験、精神障がい・知的障がい・慢性疾患・アルコール依存症、薬物依存等の問題を複数抱えているケースが多く、社会的養護問題として浮上する段階ではもはや個人の努力ではどうにもできない状況に追い詰められている。

虐待は子どもにとって最大の人権侵害である。子どもを被害者にしないと同時に、親を加害者にしないためにも、予防的対応としての社会的養育支援体制の構築が急務である。

② 養護問題の基底にある貧困問題

戦後から現在に至る社会的養護ニーズの変遷をたどると、その基底に貧困問題があることがわかる。戦後間もなくの日本は今日の食べ物にも困るといった絶対的貧困状態にあった。高度経済成長期に入ると、産業構造の変化が就労形態の変化をもたらし、雇用労働は不安定就労や失業という問題を生み、就労状態が家庭の経済的危機に直結する危険をはらんでいた。高度経済成長以降、「一億総中流」という言葉が象徴したように貧困は見えにくくなるが、入所児童の家庭の年間収入は平均所得の半分を若干上回るに過ぎなかった。1990年代になると虐待問題が顕在化するが、虐待が起こる要因は「経済的困難」が最も多かった。

また、「令和3年 子供の生活状況調査の分析報告書」[15]によると、保護者の学籍が高いほど「貧困層」に該当する割合は低く、暮らしの状況について

「苦しい」と「大変苦しい」の合計が等価世帯収入*16が中央値以上では9.0%
であったが準貧困層は36.8%、貧困層では57.1%にのぼる。「過去1年間に必
要とする食料が買えなかった経験」については「よくあった」「ときどきあっ
た」「まれにあった」の合計は中央値以上では1.9%であるのに対し、準貧困
層で15.0%、貧困層では37.7%となっており、世帯状況別では「ふたり親世帯」
で8.5%、「ひとり親世帯で30.3%（母子世帯」32.1%）であった。なお、母
子家庭の約80%は就労しているにもかかわらず、ワーキングプアの状態にあ
り、父親による養育費の未払いも問題となっている。

　この調査ではコロナ禍の影響も調査しており、「世帯全体の収入の変化」
で「減った」という回答は全体の32.5%、準貧困層では39.6%、貧困層では
47.4%で、「お金が足りなくて、必要な食料や衣服が買えなかったこと」が「増
えた」のは、全体では10.6%、準貧困層は14.8%、貧困層は29.8%で、収入
が低い世帯ほど社会状況の悪化による影響を受けやすいことが浮き彫りに
なった。

　この調査から、経済的に困難な状況におかれている世帯の子どもは、学習
習慣や生活習慣の獲得、さまざまな生活体験を通して成長する機会等が奪わ
れやすいだけでなく、学習環境に恵まれず、進学の機会も狭められ、結果と
して子どもが経済的に安定した生活を送る可能性が低くなることが懸念さ
れ、「貧困の連鎖」を生む可能性が高くなることが伺える。

　貧困は個人の努力では解決できない社会構造的問題であり、親が適切な養
育を行うために、子どものいる世帯への経済的支援だけではなく、親への就
労支援、安定した雇用（賃金）の確保等、社会の構造改革を含めた社会全体
として取り組まなければ社会的養護問題の発生を抑えることはできない。

　なお、近年では、ヤングケアラーや無国籍児、宗教虐待等の問題も顕在化
し、こうした状況に置かれている子どもたちの福祉が守られるよう、早急な
社会的支援が必要となっている。

　社会的養護問題を理解するということは、問題の現象面（何が起こってい
るか）にとどまらず、問題の原因や背景を踏まえ、子どもや親のニーズ（求
めているもの、真に必要なもの）は何かまで深く考えることである。本章で
の学びを、子どもや親の声なき声に注意深く耳を傾け、まだ顕在化していな
いニーズや新たなニーズをすくい取り、問題を個人の責任としてとらえるの
ではなく、社会的視点で理解する力を培うために生かしていただきたい。

*16
本調査では、2021
（令和3）年の世帯全
員のおおよその年間収
入について、「等価世
帯収入」（世帯の年間
収入を世帯の人数の平
方根で割ったもの）の
水準により分類してい
る。等価世帯収入の水
準が「中央値以上」に
該当するのは50.2%、
「準貧困層：中央値の
2分の1以上中央値未
満」に該当するのは
36.9%、「貧困層：中
央値の2分の1未満」
に該当するのは12.9%
であった。

💡 まとめてみよう

① あなたにとって「家庭」とはどのような場所で、家庭には本来どのような役割や機能が期待されえいると考えられるか、まとめてみよう。
② 子どもの養育に大きな影響を与える家庭環境の特徴として、どのようなものがあるか、まとめてみよう。
③ 現代において求められる社会的養護ニーズについて考えてみよう。

【引用文献】
1) 政策基礎研究所「子育て世代にかかる家庭への支援に関する調査研究報告書」2021年　p.3
2) 柏女霊峰「子どもの身体的・心理的・社会的特性と子ども家庭福祉ニーズ」『淑徳大学研究紀要（総合福祉学部・コミュニティ政策学部）』第51巻　淑徳大学総合福祉学部・コミュニティ政策学部　2017年
3) 厚生労働省雇用均等・児童家庭局家庭福祉課「児童養護施設ハンドブック」2014年

【参考文献】
山田勝美「第2章　社会的養護ニーズの変遷」松原康雄編『保育・教育ネオシリーズ12』同文書院　2005年
厚生労働省子ども家庭局・厚生労働省社会援護局障害福祉部「児童養護施設入所児童等調査概要（平成30年2月1日現在）」2020年
内閣府「令和3年　子供の生活状況調査の分析　報告書」2022年

第**3**章　社会的養護の歴史的変遷

養護問題は昔と今とでは違うの？　外国ではどうなんだろう？

みらいさん　先輩が実習に行った児童養護施設は、親による虐待が理由で入所している子どもが増えていると聞きました。

さとる先生　今は、施設に入所している子どもたちの多くは、どちらかの親や祖父母がいる場合がほとんどですが、残念なことに家族と一緒に暮らすことが子どもにとって最善ではない場合もあり、そうした子どもたちが施設を利用することが多くなってきています。

みらいさん　家族がいながら一緒に暮らせないケースが多いなんて、子どもにとっても親にとっても不幸な気がします。昔はどうだったのですか。

さとる先生　児童福祉の基本の法律である「児童福祉法」は、戦後の 1947（昭和 22）年に制定されました。当時は戦争で親や家族を亡くした戦災孤児、浮浪児といわれていた子どもを保護するためにさまざまな制度が整備され、そのなかで、以前は孤児院と呼ばれた今日の児童養護施設も制度化されました。現代とは違い、施設は親や家族がいない子どもの保護・救済のためにあったのです。

みらいさん　その前の時代は、親がいなかったり、親が育てられなかったりする子どもはどこで育ったのですか。

さとる先生　使命感のある人が設立した民間の施設に入るか、近所や親せきの人たちに引き取られて里子になる場合がありました。国が子どもを保護する法律を制定したのは 1874（明治 7）年の恤救規則からですが、実際に保護や救済をするには不十分でした。そうした状況から子どもへの慈善事業が活発化していきました。ここでは児童養護の先駆者たちを紹介しますので、社会背景や先人たちの想いや活動を知ってください。

みらいさん　外国の場合はどうですか。日本とは違った特色はありますか。

さとる先生　親や親せきが育てられない場合は、民間の施設で暮らすことが多かったのは日本と同じです。ただ、里親家庭への委託率や年齢、非行傾向の有無によって施設を分ける基準は昔も今も国によって違いがあります。18 世紀頃までは「子ども期」という概念はありませんでした。その後、次第に子どもは小さな大人ではなく、発達・成長途上の特別な配慮の必要な存在だと認識されるようになりました。児童養護の歴史を知って、どのような親のもとに生まれても人権が保障され、子どもの可能性を伸ばせるようにするために保育士ができることを一緒に考えていきましょう。

1 子ども観の変遷と子どもの権利保障の歩み

　子ども観とは「子どもをどのような存在ととらえるか」という子どもについての基本的な考え方のことであり、大人の子どもへのかかわり方や子どもに関する法律、制度・サービスや実践のあり方やそれを支える理念や原理に強い影響を与える。そこで、ヨーロッパ社会を中心に子ども観が子どもにもたらした変化をみていく。

① 子ども期の発見

▼小さな大人

*1
1960年に出版された『〈子供〉の誕生－アンシァン・レジーム期の子供と家族生活』による。中世から18世紀にいたる期間のヨーロッパ社会の子どもと家族について「その時代の感情」を絵画や墓碑銘、日誌、書簡などから読み解いており、現代の子ども観や家族観との違いを示唆している。

　アリエス（Aries,P.）によると*1、中世から18世紀のヨーロッパ社会では、子どもは「小さな大人」として認知され、大人と区別されることなく家族をこえた共同の場に属し、ともに遊び、働き、学んでおり、「子ども期」という概念は存在しなかった。17世紀頃の人々は教育を、浮浪児たちを道徳化し、召使いや労働者としての節度と規律をもたせ、よき労働力の供給者とする唯一の手段と考えており、そのため少年期を区別し、そこに属している子どもたちを服従させるために恥辱的な罰を与えようという概念があった。

　しかし、このような規律は、18世紀を通じて弱まっていった[1]。

▼子ども期の発見

　18世紀以降、人権思想が広がるなかで、「子どもは子どもであって、小さな大人ではなく、特別な配慮を必要とする存在である」という近代児童観の基礎となるとらえ方が主張されるようになる。

*2
その後、ペスタロッチ（Pestalozzi,J.H.）、フレーベル（Fröbel,F.W.A.）、ロバート・オーウェン（Owen,R.）エレン・ケイ（Key,E.）といった教育者、社会改革者、思想家たちがそれぞれの立場で、子どもの固有性を主張し、教育・保護の対象としてのさまざまな取り組みにつながっていく。

　フランスの哲学者ルソー（Rousseau,J.J.）は、「子どもの発見」の書として名高い『エミール』において、「人は子どもというものをしらない。子どもは子どもでなければならない。子どもには特有の見方・感じ方がある……」と記し、発達段階に応じた教育の必要性を説いた*2。

▼保護の対象としての子ども

　社会福祉問題として子どもが単独で認識され、大人とは相対的に異なる処遇や施策がなされるのは、イギリスの救貧法下の救貧院における混合収容から子どもの分離処遇や、農村などへの里親委託にみることができる。

*3 ソーシャル・セツルメント
貧しい住民の住む地区に、教養と人格を兼備する知識人などが住み込み、宿泊所・診療所・託児所などを設け、住民の生活向上のために助力する社会事業。

　産業革命後、都市の貧困化、児童労働の犠牲となった子どもを救済しようとするCOS（慈善組織協会）やソーシャル・セツルメント*3等の救済運動が19世紀半ば以降からはじまった。欧米においては19世紀末に児童虐待防止

法等が成立し、子どもの人権への関心が高まり、次第に子どもは労働から解
放され、公教育の対象として位置づけられる児童保護の段階に移行した。
　20世紀の福祉国家理念の児童福祉のコンセプトは、子どもとは虚弱（依存
的）で、発達・成長の途上にあるがゆえに「保護」を必要とするという子ど
も観である。

②　国際社会における子どもの権利保障の歩み

　次に、子どもの権利への意識が急速に高まり、子ども観が人権もしくは権
利の視点から語られるようになった20世紀初頭から、子どもの権利の到達点
といわれる児童の権利に関する条約（以下「子どもの権利条約」）に至るま
での子どもの権利保障の歩み（表3−1参照）とその背景を概説する。

表3−1　世界における社会的養護の動向

年	動向
1900（明治33）	エレン・ケイ『児童の世紀』（スウェーデン）
1909（明治42）	アメリカで第1回ホワイトハウス会議が開催
1918（大正7）	コルチャック「3つの子どもの権利」（ポーランド）
1922（大正11）	世界児童憲章草案策定（イギリス：児童救済基金団体セーブ・ザ・チルドレン）
1924（大正13）	「児童の権利に関するジュネーブ宣言」が国際連盟で採択（9月26日）
1947（昭和22）	日本で「児童福祉法」制定（12月12日）
1948（昭和23）	「世界人権宣言」が第3回国連総会で採択（12月10日）
1951（昭和26）	日本で「児童憲章」制定（5月5日）
1959（昭和34）	「児童権利宣言（児童の権利に関する宣言）」が国連総会で採択（11月20日）
1966（昭和41）	国際人権規約の採択（世界人権宣言の条約化）。子どもを人権享有・行使の主体として初めて法的に承認
1978（昭和53）	ポーランドから国連人権委員会に「児童の権利に関する条約（子どもの権利条約)」の草案が提出
1979（昭和54）	国際児童年 ポーランドが「児童の権利に関する条約」の2度目の草案を提出
1989（平成元）	「児童の権利に関する条約」が国連総会で採択
1990（平成2）	「児童の権利に関する条約」を61か国が署名（1月26日） 「児童の権利に関する条約」が発効（9月2日） 日本が109番目の署名国となる（9月21日）
1994（平成6）	日本が「児童の権利に関する条約」を批准し、158番目の締約国となり（4月22日）、日本で発効（5月22日）
1999（平成11）	日本で「児童買春、児童ポルノに係る行為等の処罰及び児童の保護とうに関する法律」制定
2000（平成12）	「条約」の2つの選択議定書（「児童の売買、児童買春及び児童ポルノに関する児童の権利に関する条約の選択議定書」および「武力紛争における児童の関与に関する児童の権利に関する条約の選択議定書」が国連総会で採択（5月25日） 日本で「児童虐待の防止等に関する法律」制定（5月24日）
2002（平成14）	「児童の売買、児童買春及び児童ポルノに関する児童の権利に関する条約の選択議定書」が発効（1月18日） 「武力紛争における児童の関与に関する児童の権利に関する条約の選択議定書」が発効（2月12日）
2009（平成21）	「児童の代替的養護に関する指針」（子どもの代替養育に関する国連ガイドライン）が国連で採択

*4
『児童の世紀』は日本でも1906年に大村仁太郎によってドイツ語版が、1916年には原田實によって英語版が翻訳刊行された。また、平塚らいてうは母性主義による女性解放を提唱するケイの『母性の復興』を翻訳し1919年に発行するなど、ケイの主張は黎明期の日本の福祉に影響を与えた。第2版（1911年）では、「子どもの親を選ぶ権利」「婦人の選挙権と子どもの権利」等を掲げ、子どもを保護するために親の権利を制限する立法の提案、工場における児童労働の廃止を提唱し、肉体的懲罰を批判した。

*5
イギリスの提案で児童救済基金団体連合（セーブ・ザ・チルドレン基金）が1922年に作成した世界児童憲章（草案）をもとに審議し、採択された。前文において「人類は児童にたいして最善の努力を尽くさねばならぬ義務がある」とし、子どもは人種・国籍・宗教に一切かかわりなく発達と生存、搾取から保護される権利があることが謳われた。

*6
コルチャックは孤児院において、自らの理念を実践し、子どもの自治による運営を行った。しかし、ナチス独軍のユダヤ人絶滅政策により、子どもたちとともにトレブリンカ強制収容所へ送られ殺害された。1978年にポーランドから国連に提出された子どもの権利条約の草案は、コルチャックの子どもの権利思想を受け継ぐものといわれている。

▼子どもの権利保障の幕開け―『児童の世紀』が訴えた子どもの権利―

20世紀の冒頭、スウェーデンの教育学者エレン・ケイ（E. Key）は、その著書である『児童の世紀』*4（1900年）において、それまでの世紀は子どもにとって暗黒の時代であり、20世紀こそ子どもが幸せに育つことができる平和な社会を築くべきであるとし、児童中心主義・家庭中心主義を主張した。

ケイが主張する子どもの人格を尊重する考えは、出版当初は不評であったが、子どもの権利への意識が高まる契機となり、これ以降、各国の子どもの権利についての政策や法律、国際的な宣言等に影響を与えていく。たとえば、アメリカは、1909年に第1回ホワイトハウス会議を開催し、ルーズベルト（Roosevelt,T.）大統領は、「家庭は、文明の最高にして最も素晴らしい所産である。子どもは緊急でやむを得ない理由がない限り、家庭生活から引き離してはならない」と発表した。この家庭尊重の原則の考えは20世紀の児童育成の基調となり、施設収容型の養護から里親養育への転換の契機となった。

▼児童の権利に関するジュネーブ宣言―世界初の子どもの権利宣言―

子どもの権利に世界が注目しはじめた矢先、第一次世界大戦(1914〜1918年)が起こった。戦争がもたらす惨劇によって犠牲を強いられた子どもの状況に対する強い反省から、子どもの権利保障への気運が一気に高まり、1924年、世界初の国際的な子どもの権利に関する宣言「児童の権利に関するジュネーブ宣言（以下「ジュネーブ宣言」）」*5が出されるに至った。

しかしながら、社会的弱者に対する救済・保護の範囲を出るものではないといった批判もあった。たとえば、ポーランドの小児科医でユダヤ人孤児院の院長だったコルチャック（Korczak,J.）*6は、「子どもは生まれたときから人間であり、愛される権利をもっている」、「子どもは、希望と夢をもって自分の世界に生きる、自らの権利をもつ人間である」とし、子どもが権利の主体者であることを主張した。1918年には「子どもの権利」3権（死に対する権利、今日という日に対する権利、あるがままで存在する権利）を、1929年にはその著書「子どもの権利の尊重」で、先の3権に意見表明・参加の権利を加え、子どもの尊重されるべき権利とした[2]。

▼児童権利宣言―子どもの固有の人権保障へ―

世界恐慌とそれに続く第二次世界大戦（1939〜1945年）は、子どもの権利の実現を阻み、再び多くの子どもたちが戦争の犠牲者になった。1945年に設立された国際連合（以下「国連」）は、第二次世界大戦中に起こった人種差別や迫害・大量虐殺の悲劇から、人権の保障が世界平和の基礎となるとし、1948年に「世界人権宣言」を採択した。世界人権宣言は、子どもを含めすべての人間は生まれながらに基本的人権を有する存在であり、すべての人およ

び国がそれを保障するための国際的な共通基準を示したものである。子ども
については、教育を受ける権利、社会的保護を受ける権利が規定された。

　しかし、人間として成長発達する過程にあるという子どもの特性が十分に
組み込まれていないことから、国連は子ども固有の人権宣言として1959年に
「児童権利宣言」を採択した[*7]。

　「人類は、児童に対し、最善のものを与える義務を負うものである」とし、
子どもの権利保障の理念、そして子どもの権利を人権としてとらえ、社会的
に保障していく理念を示した。しかし、子どもを保護の対象とする枠組みか
らは抜けきれず、宣言であったために法的拘束力がなく実効性がともなわな
いという課題が残った。

▼子どもの権利条約―子どもの権利の到達点―

　児童権利宣言から30年の時を経て、1989年に国連総会で「子どもの権利条
約」が採択された。1978年にポーランド（前出のコルチャックの故国）によっ
て草案が提出されたが、すべての国が受け入れられる普遍性を有する内容と
するために各国間の調整と審議に約10年の年月を費やして採決された。

　条約は国内法に優先し憲法に準ずる効力をもち、また批准すると国連児童
の権利に関する委員会に対し実施状況を報告し審査を受けなければならない
（同委員会は必要に応じて懸念事項・提案・勧告を行う）ことから、締約国
の子どもの権利保障の取り組みをより一層促進するものとなっている。

　子どもの権利条約が示した子どもの権利は、子ども固有の人権を意味する
ものであり、それまでの「保護される権利」に加え、「子どもは自らが権利
を行使する主体（権利の主体者）」であることが明確にされた点において画
期的であり、子どもの権利保障の到達点と評されている[*8]。

　日本は、条約採択から5年がたった1994（平成6）年に締結し、158番目
の締約国として子どもの権利条約を批准し、さらに12年を経て児童福祉法を
改正し、ようやく国際基準に準ずる理念が法律に明記された。

*7
児童権利宣言はその前文で「児童は、身体的及び精神的に未熟であるため、その出生の前後において、適当な法律上の保護を含めて、特別にこれを守り、かつ、世話することが必要である」としている。

*8
子どもの権利条約の詳細については第4章を参照。

2　日本における社会的養護の歴史

①　近代以前の児童救済と社会的養護の萌芽

▼近代以前の児童救済

　古代（奈良・平安時代）から江戸時代までは、地縁・血縁関係による相互
扶助もしくは、宗教的慈愛救済事業として、孤児・棄児・浮浪児の収容保護

（現在の入所保護）が行われていた。

　孤児救済は、わが国の社会福祉施設の源流といわれる、593（推古天皇元）年に建立された四天王寺四箇院[*9]のうち、棄児や孤児を含む貧窮した老若男女を保護した悲田院にはじまるといわれている。

　その後も度重なる天災・飢饉、戦争、あるいは疫病の蔓延等により、子どもの人身売買、堕胎、間引きが横行し、さらには大量の孤児が生まれた。こうした現状への対応は、もっぱら仏教徒やキリスト教の宣教師による慈善救貧活動・事業によって行われた。

　江戸時代になると、相互扶助を強化するための五人組制度[*10]や七分積金制度[*11]により、孤児・棄児への保護・救済が行われたが、現在につながる公的制度としての社会的養護の萌芽は、近代国家としての歩みを始める明治時代以降となる。

*9　四天王寺四箇院
聖徳太子により現在の大阪市の四天王寺に建立された敬田院、施薬院、療病院、悲田院のことである。敬田院は仏教修養を行う施設であった。施薬院は薬草などを栽培・調合し貧窮の傷病人に施し、療病院は傷病人の治療を行う施設であった。悲田院は、病者貧窮者や孤児、身寄りのない老人などの救済を行う施設であった。

*10　五人組制度
江戸時代に町村に作らせた組織で、近隣の五戸を一組として、キリスト教徒の取り締まりや犯罪が発生した場合の処罰、年貢を納める責任を共同でもたせるなど、相互観察、連帯責任、相互扶助にあたらせた。そのなかには、行旅病者の保護、孤児・棄児の養育や堕胎、人身売買の禁止なども含まれていた。

*11　七分積金制度
町入用（地主階級が負担する町の経費）を削減させて、町の地主・町役人の負担を軽減させるとともに、削減額の7割を積み立て、備荒貯蓄を行い、貧民救済などに用いた。

*12
第4章p.60の*23参照。

▼社会的養護の萌芽―公的な保護のはじまり―

　国が初めて子どもの福祉を含めた総合的な救済制度として発布したのが、1874（明治7）年の「恤救規則(じゅっきゅうきそく)」である。恤救規則による救済は「無告の窮民」（扶養・養育するものが誰もいない障がい者、70歳以上の老衰者、重病で働くことのできない者、13歳以下の孤児）に限定されており、家族や近隣住民との相互扶助が原則であった。

　1900（明治33）年には、施設保護を定めた最初の法律であり、児童福祉法と少年法の間に位置する「感化法」が成立、満8歳から16歳未満の少年で、親権者・後見人のいない非行少年を感化院に入所・救護するようになった。

② 明治・大正期の先駆者たち―児童福祉実践の黎明期―

▼明治・大正期の主な児童救済の施設

　明治・大正期は、仏教やキリスト教の宗教関係者や篤志家などの民間による児童救済が展開され、個々の子どもが抱えた問題に対応して支援を行う今日の児童福祉施設につながる先駆的な施設が創設された（表3－2）。

▼石井十次[3]

　石井十次は、岡山孤児院の創設をはじめ、濃尾大震災（1891（明治24）年）の震災孤児の救済や東北地方の大凶作（1906（同39）年）による貧孤児の保護など、その生涯を孤児の救済と教育に尽くした。石井が行った孤児教育は、ルソーやペスタロッチ、バーナード・ホームに学んだものであり、その教育方針は「岡山孤児院十二則」[*12]に示され実践された。慈善的孤児救済ではなく、自主独立の精神に則った教育、家族主義（小舎制）、里親委託などの

表3-2　明治・大正期に創設された主な児童救済の施設

育児施設	
1869(明治 2)年	松方正義、日田養育館設立
1874(明治 7)年	ド・ロ神父、岩永マキ、浦上養育院設立
1879(明治12)年	今川貞山、福田会育児院設立
1887(明治22)年	石井十次、岡山孤児院設立
1890(明治23)年	赤沢鍾美・ナカ夫妻、新潟市静修学校に付設の保育施設を開設
1900(明治33)年	野口幽香、森島峰、二葉幼稚園設立（後、二葉保育園）
感化施設	
1883(明治16)年	池上雪絵、自宅で非行少年の保護
1885(明治18)年	高瀬真卿、私立予備感化院設立（後、東京感化院へ改称）
1899(明治32)年	留岡幸助、家庭学校開設
障害児施設	
1878(明治11)年	京都盲唖院（盲ろうあ児の教育）
1880(明治13)年	東京楽善会訓盲院（盲ろうあ児の教育）
1891(明治24)年	石井亮一、孤女学院を設立（後、滝乃川学園（知的障がい児施設））
1909(明治42)年	脇田良吉、白川学園（知的障がい児施設）
1916(大正 5)年	高木憲次、肢体不自由児巡回相談開始
1921(大正10)年	柏倉松蔵、柏学園（肢体不自由児施設）
1923(大正12)年	岡野豊四郎、筑波学園設立（知的障がい児施設）

事業は、今日の社会的養護がめざす方向性と共通点が多くある。

▼留岡幸助[4]

　留岡幸助は、北海道空知集治監（監獄）に教誨師として赴任、囚人の生育歴を知るなかで、犯罪の背景には家庭や教育環境の問題があることに気づいた。そこで、欧米の感化教育を視察・研究し、1899（明治32）年に自ら開設した家庭学校（感化院）で欧米の感化院で用いられている「小舎夫婦制」を実践した。当時、「小舎夫婦制」を採用する感化院は他にもあったが、留岡が唱えた「半働半学」「女性職員の配置」「10〜15人程度を一校舎とする」「家族的生活を重視する」などの「小舎夫婦制」の理念は新しく特徴的であった。家庭学校の実践は、近代の感化教育制度に大きな影響を与え、現在の児童自立支援施設の原型となった。

▼石井亮一・石井筆子[5]

　知的障がい児の教育福祉の先駆者とされる石井亮一は、わが国初の知的障がい児の専門施設を開設した。大学卒業後に教育者の道を歩んでいた石井は、1891（明治24）年の濃尾大震災で孤児となった女児を引き取り、孤女学院を開設。このなかに、知的な発達に遅れのある女児がいたことから、アメリカで知的障がい者教育を学び、帰国後、学院を滝乃川学園に改称し、当時、ほとんど顧みられなかった知的障がい児への教育と福祉に率先して携わった。また、石井の妻であった石井筆子（渡辺筆子）は、亮一が亡くなった後の困難な時代、82歳で亡くなるまで二代目園長の責務を果たした。

③　第二次世界大戦前

　第一次世界大戦後の不況や経済恐慌などにより、国民生活の窮乏化が進む
社会状況のなか、1929（昭和４）年に救護法が制定され、恤救規則は廃止と
なった。救護法では、恤救規則にあった「無告の窮民」や「独身」という限
定はなくなったが、65歳以上の老衰者、13歳以下の児童、妊産婦、疾病者な
どで労務を行うのに支障がある者に限られており、居宅救護を原則とし、居
宅救護ができない場合に養老院、孤児院、病院などの施設救護を行った。救
護に必要な費用は居住地の市町村が負担することになった。

＊13　児童虐待防止
法
旧児童虐待防止法のこ
と。1947（昭和22）
年の児童福祉法の制定
にともない、児童福祉
法に吸収される形で同
年末に廃止。

　1933（昭和８）年には、児童虐待防止法＊13と少年教護法（これにともな
い感化法が廃止）が制定され、1937（同12）年には母子家庭に対する母子保
護法が成立した。

④　第二次世界大戦後

　多大な被害を出した第二次世界大戦により、近代国家成立以来の社会事業
（厚生事業）は打ち砕かれたが、戦後の非軍事化、「民主化」政策が進むなか
で、新たな社会福祉政策が形成されていった。
　戦後改革期は、「（旧）生活保護法」「児童福祉法」「身体障害者福祉法」が
成立し、「福祉三法」の時代といわれている。
　政府は戦災孤児、浮浪児、引揚孤児の対策として、敗戦の翌月である1945
（昭和20）年９月に「戦災孤児等保護対策要綱」を策定したが、実効性はなかっ
た。浮浪児の「狩り込み」など応急対策をする過程で総合的児童保護の必要
性が認識されるようになり、1946（同21）年に「主要地方浮浪児等保護要綱」
が策定され、戦災孤児・浮浪児対策の応急対策を実施しながら、児童福祉法
の制定の準備が行われ、翌年12月に「児童福祉法」が成立した。

⑤　高度経済成長期以降

　1955（昭和30）年からはじまった経済の高度成長は、「なべ底不況」を経て、
1958（同33）年７月から設備投資が景気を主導して「岩戸景気」をつくり出
した。この好景気を可能にしたのは、農村からの低賃金労働力と政府の国民
所得倍増計画や農業構造の改革などの独占資本主義政策、アジアへの経済進
出である。しかし、景気はよくても疾病と貧困の問題は深刻化しており、国
民からの要求と医療扶助が財政を圧迫しているという政府の事情もあり、

1950年代後半には皆保険・皆年金制度が確立した。また、児童福祉法、身体障害者福祉法、（新）生活保護法の福祉三法に加え、1960（同35）年に精神薄弱者福祉法（現：知的障害者福祉法）、1963（同38）年に老人福祉法、1964（同39）年に母子福祉法（現：母子及び父子並びに寡婦福祉法）が成立し、「福祉六法」体制になった。

　児童福祉に関連する法令は、1961（昭和36）年11月に「児童扶養手当法」、1964（同39）年7月に「重度精神薄弱児扶養手当法（1966（同41）年に特別児童扶養手当法に改称、1974（同49）年に特別児童扶養手当等の支給に関する法律に改称）」が成立し、子どもの「健全育成」を重視した施策が次々と打ち出された。

⑥　児童福祉法の制定・改正

　1947（昭和22）年に児童福祉法が制定された。同法は日本国憲法の生存権を基に、「児童福祉の理念」「児童育成の責任」「原理の尊重」が明示されており、これまでの保護を必要とした子どもの「児童保護」から、すべての子どもの福祉の増進をめざす「児童福祉」へと転換がなされた。表3-3に、児童福祉法および法律制定後の児童福祉関連制度の動向について示す。

表3-3　わが国における児童福祉法および児童福祉関連制度の動向

年	動向
1947（昭和22）年	児童福祉法の制定。日本国憲法の基本理念に基づき子どもの権利を具体的に表す。助産施設、乳児院、母子寮、保育所、児童厚生施設、養護施設、精神薄弱児施設、療育施設、教護院の9施設と里親が制度化。児童相談所も設けられて社会的養護の体系の基礎がつくられた。
1950年代	精神薄弱児施設から通園施設が独立し、情緒障害児短期治療施設が創設。
1997（平成9）年	児童福祉施設の名称変更・統廃合（養護施設→児童養護施設、母子寮→母子生活支援施設、教護院→児童自立支援施設、虚弱児施設→児童養護施設に統合）。児童自立生活援助事業、児童家庭支援センターの創設。
2000（平成12）年	母子生活支援施設と助産施設の措置制度が廃止され、都道府県等との利用契約制度になる。
2004（平成16）年	市町村の相談体制の強化と要保護児童対策地域協議会の法定化、里親への一定の権限の付与、乳児院および児童養護施設の入所児童の年齢要件の見直し。
2005（平成17）年	障害者自立支援法の成立にともない、児童居宅生活事業は障害福祉サービス事業となり、障がい児の児童福祉施設の利用が入所措置から利用契約制度になる。
2007（平成19）年	要保護児童対策地域協議会の設置が努力義務化。
2008（平成20）年	家庭的保育事業の法定化。里親制度の支援体制の整備強化。小規模住居型児童養育事業（ファミリーホーム）の創設。被措置児童等虐待の防止等。困難な状況にある子どもや家族に対する支援の強化。
2010（平成22）年	「障害児」の定義に「精神に障害のある児童（発達障害者支援法第2第2項に規定する発達障害児を含む）」が加えられた。障がいごとに分かれていた障害児施設が「障害児入所施設」と「児童発達支援センター」となる。

年	動向
2011（平成23）年	児童相談所長による親権代行。
2014（平成26）年	子ども・子育て支援制度の施行に関わる事業（放課後児童健全育成事業、一時預かり事業等）の創設と事業内容変更。
2016（平成28）年	児童福祉法の理念の明確化（児童の保護者は、児童を心身ともに健やかに育成することについて第一義的責任を負う、国及び地方公共団体は、児童の保護者とともに、児童を心身ともに健国及び地方公共団体は、児童の保護者とともに、児童を心身ともに健やかに育成する責任を負う）。家庭と同様の環境における養育の推進。市町村や児童相談所の体制や権限の強化。被虐待児童の親子関係再構築支援。児童委託等の推進。18歳以上の者への支援継続。養子縁組里親の法定化。情緒障害児短期治療施設を児童心理治療施設へと名称変更。
2019（令和元）年	親権者や児童福祉施設長等の「しつけ」による体罰を明確に禁止。家庭裁判所による一時保護の審査の導入。
2022（令和4）年	市区町村にこども家庭センターの設置。子どもの意見聴取の仕組みを整備。虐待を受けた子どもなどの「一時保護」に「司法審査」を導入。子ども家庭福祉分野の新資格「子ども家庭ソーシャルワーカー」の導入。児童養護施設の自立支援、年齢制限を撤廃。

まとめてみよう

① 戦争が子どもに及ぼす影響をあげてみよう。

② 現在の児童福祉施設の基礎をつくった先駆者たちの原動力となった思いや出来事について話し合ってみよう。

③ 日本の子ども観、とりわけ児童福祉法における子どもの位置づけの変遷を考えてみよう。

【引用文献】
1）フィリップ・アリエス（杉山光信・杉山恵美子訳）『〈子供〉の誕生－アンシァン・レジーム期の子供と家族生活』みすず書房　2008年
2）塚本智宏『コルチャックと「子どもの権利」の源流』子どもの未来社　2019年　pp.67-83・207-210
3）室田保夫編著『人物でよむ近代日本社会福祉のあゆみ』ミネルヴァ書房　2006年　pp.19-25
4）同上書　pp.63-69
5）同上書　pp.48-54、津田裕次『鳩が飛び立つ日「石井筆子」読本』大空社　2016年

【参考文献】
林浩康「子ども観の歴史的変遷」『北星学園大学社会福祉学部北星論集』第34号　1997年
山縣文治「子ども家庭福祉と子ども中心主義～政策視点と支援視点からみた子ども～」The Journal of Child Study, vol.21, 2015 : 5-17
千葉茂明編『新・エッセンシャル児童・家庭福祉論［第3版］』みらい　2016年

第4章　社会的養護における子どもの人権

📝子どもの権利って何だろう？

みらいさん　子どもの権利とは、親に「あれを買ってほしい！　これしてほしい！」って子どもがいうことと同じですか？

さとる先生　自分の要求をいうことができる権利ではあるけれど、それだけでしょうか。たとえば、子どもは生まれてからすぐに一人で生きていけるでしょうか？

みらいさん　う〜ん……。ご飯だって、大人がつくって用意しないと食べることができないし、大人がいろいろ世話をしないと生活できないです……。

さとる先生　そうですね。子どもは生まれてからある程度大きくなるまでは、大人の力が必要な存在です。だから、大人が守っていかなければならないのです。

みらいさん　でも、誰だって子どものときはあるし、大人が子どもを守るのは当然ではないですか。

さとる先生　そうですね。誰だって子どもの時代はありますね。だけど、つい一昔前まで子どもは小さな大人であるとか、親の所有物として考えられ、一人の人間としてとらえられていない時代もあったのです。

みらいさん　親の所有物なんてモノ扱いされてひどいですね！　子どもに罪はないのに……。

さとる先生　そうなのです。だから、このような悲しい思いをしなくてもいいように、国連で子どもの権利を守るための取り決めをしたり、国内でもさまざまなしくみや取り組みで子どもたちの権利を守っているのです。

みらいさん　それでも子どもの虐待は増える一方だし、子どもをめぐる環境は厳しくなっていますね。

さとる先生　そのとおりです。だから、大人と同じ権利や義務を課せられるということではなくて、子どもの時期にふさわしい存在として社会に位置づけられ、大切にしていく社会になっていかなければならないということが、今、求められているのです。

みらいさん　そのために国などがさまざまな取り組みを行っているのですね。

さとる先生　みらいさんが今いってくれたとおり、子どもの権利を守る取り組みは現在進行形で進められています。また、子どもの権利には能動的権利と受動的権利という考え方があって、この考え方をみていくと、みらいさんが感じたことの答えをみつける助けになるかもしれないのですよ。では、子どもにかかわる専門職として、子どもの権利についての考え方をもう少し深めていきましょう。

1 基本的人権と子どもの権利
―侵害されやすい子どもの権利―

① 権利と基本的人権

「基本的人権」とは、「人が人として存在するために、生まれながらにもっている権利」であり、何人たりともそれを侵害することはできない。また、権利*1にはそれに付随する義務や責任、制約が発生する場合があるのに対し、基本的人権は、義務や責任が果たせない状況にあっても主張することができる。基本的人権が唯一制約を受けるとすれば、それは、他者の人権を侵害する場合である。

「子どもの権利」とは、権利に付随する義務や責任を負ったり、努力して獲得するものではなく、「人権」つまり、子どもの「基本的人権」を指している。

*1 権利
ある利益を主張し、これを享受することのできる資格。社会的・道徳的正当性に裏づけられ、法律によって一定の主体、特に人に賦与される資格（松村明編『大辞林（第三版）』三省堂 2006年）。

② 子どもの権利と社会構造

子どもは誕生してから、発達し、徐々に社会的スキルや関係形成スキル等を獲得していく。大人の力を借りながら、社会のなかで生きていくため、大人側が力をもちやすい社会構造になっているといえる*2。

子どもが権利を獲得していくためには、社会が、「子どもは一個の独立した人格であり、権利の主体である」と認知することが求められる。そのために「子どもの権利」は特化されているのである。

*2
伝統的な意識からの「大人に従うべき」という考え方や、「収入を得ることができない」などによって、社会（人間）関係においても従属的ととらえられ、支配されやすい立場に置かれ、社会勢力的にも力が小さいといえる。

2 子どもの権利の国際基準

① 子どもの権利条約にみる子どもの権利

▼子どもの権利条約とは

児童の権利に関する条約（以下「子どもの権利条約」）は、児童権利宣言から30年後の1989年の第44回国連総会において採択された条約で、日本は、1990（平成2）年にこの条約に署名し、1994（同6）年に批准した。

基本的人権が子どもにも保障されるべきことを国際的に定めたこの条約は、各国で批准するとその内容が国内法に効力をもつ。また、「遊びの権利」

（第31条）、「意見表明権」（第12条）など、今までの宣言にはない積極的な内容（能動的権利）が盛り込まれた。

▼子どもの権利条約の4つの権利

　子どもの権利条約は、「生きる権利」「守られる権利」「育つ権利」という、大人や社会から与えられる権利（受動的権利）に加えて、「参加する権利」の4つを定め、子どもにとっての最善の利益とは何かを社会が考えなければならないとしている。

図4－1　子どもの権利条約に定められた諸権利

（　）は条

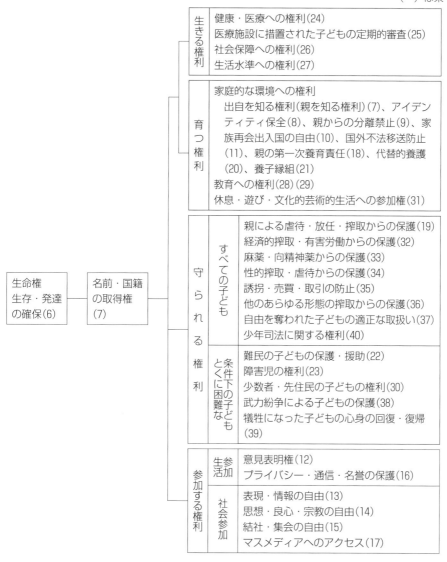

出典：喜多明人「子どもの権利条約と子どもの参加」一番ケ瀬康子・吉沢英子・長谷川重夫編『子どもの権利条約と児童の福祉　別冊発達（12）』ミネルヴァ書房　1992年を一部改変

51

そのなかで「育つ権利」は、子どもがどのような背景、状況にあっても安心して成長発達できる家庭的な環境が与えられる権利である。社会的養護に深くかかわる親からの分離禁止、代替的養護などのほか、出自を知る権利（親を知る権利）、アイデンティティ保全、教育への権利や遊ぶ権利といった、子どもの育ちに欠かせない内容が記されている。

また、「参加する権利」は、子どもは大人と同じ人間として、主体的に権利を行使する存在であるという前提にたった能動的権利であり、意見表明権、表現・情報の自由、思想・良心・宗教の自由、結社・平和集会の自由、プライバシー・通信・名誉を保護される権利などが記されている（図4－1）。

▼子どもの権利条約の特徴

①第3条　児童の最善の利益

子どもの権利条約には「児童の最善の利益」を追求することが求められている。これは、子どもにかかわるすべての活動においての基本原則である。

ウェルビーイング（well-being：健康・健全な生活・快適な生活）をめざすことから、人権の尊重、自己実現を含めた能動的権利（子どもが権利を主張することができる）の一面が含まれ、その権利の実現のため、社会は法律や制度の整備、子どもの養護にかかわる施設などの適正化を図るように義務づけている*3。

②第12条　意見表明権

「参加する権利」の一つであり、もっとも特徴的な能動的権利である。子どもの権利条約では、子どもが年齢や成熟度に応じて、自由に意見を表明できることを保障している。これは、意見がそのまま実現されることを保障したものではなく、子どもの意見や考えに耳を傾け、子どもと向き合い、共に考えることの重要性を示しているものである。意見や思いの実現に向けて協働し、実現が困難なことについては、なぜなのかをわかるように説明することが社会に求められている。

③第9条　親からの分離の禁止（親と引き離されない権利）

第9条では、「児童がその父母の意思に反してその父母から分離されないことを確保する」としており、その権利を国が保障することを明記している。児童養護施設等への入所も、「親と離れて暮らす」ことである。ただし、条文では「権限のある当局が司法の審査に従うことを条件として適用のある法律及び手続」に従うことにより、「その分離が児童の最善の利益のために必要であると決定する場合」について可能であるとしている。

＊3
「児童福祉施設の設備及び運営に関する基準」に定められた具体的な基準は、この条約に記された子どもの最善の利益の追求を現実的に保障する役割をもつ。

②　児童の代替的養護に関する指針

▼児童の代替的養護に関する指針とは

　国連は、「子どもの権利条約」において、「児童が、その人格の完全なかつ調和のとれた発達のため、家庭環境の下で幸福、愛情及び理解のある雰囲気の中で成長すべきである」（前文）とし、あらゆる子どもにその権利を保障するために、2009年の国連総会で、「児童の代替的養護に関する指針」を採択した。

　同指針では、子どもが家族の養護を受け続けられるようにするための活動、または子どもを家族の養護のもとに戻すための活動を支援することとし、それが困難な場合は、養子縁組などの永続的解決策を探り、そのうえで永続的解決策が実現不能な場合や子どもの最善の利益に沿っていない場合には、子どもの完全かつ調和のとれた発育を促進するという条件のもと、最も適切な形式の代替的養護を特定し、提供するよう保障することが掲げられている。また、子どもたちが安全で安定した家庭（代替養育を含む）で養育されるために、適切な選択、一人ひとりの固有のニーズに合わせて進めるとともに、定期的に見直しを行うことを求めている。

▼指針を受けた日本における動向

　2016（平成28）年6月の児童福祉法改正において「児童が家庭における養育環境と同様の養育環境において継続的に養育されるよう、児童を家庭及び当該養育環境において養育することが適当でない場合にあつては児童ができる限り良好な家庭的環境において養育されるよう、必要な措置を講じなければならない」（第3条の2）と明記されたのは、この児童の代替的養護に関する指針を踏まえてのことである。

　さらに、①家族支援、②家庭養育優先の原則、③継続性の担保および自立までの支援の具体化を図るため、2017（平成29）年8月、この指針を踏まえた「新しい社会的養育ビジョン」がとりまとめられた[*4]。この報告書では、児童相談所の一時保護機能などの強化などを含み、特別養子縁組による永続的解決（パーマネンシー保障）や里親による養育を推進するための全体像についてなど5つの改革項目、9つの工程などが示されており、適切な支援や援助活動を行えるよう、支援が必要とされる側の権利擁護に配慮した取り組みの方向性が示されている。

　各都道府県等においては、2015（平成27）年を始期として家庭養護の拡充と児童養護施設等の小規模化・地域分散化を進める、「都道府県家庭的養護推進計画」[*5]を策定していたが、新しい社会的養育ビジョンを踏まえたう

*4
報告書について、また改革項目や工程等については第15章参照。

*5
国が2011（平成23）年にとりまとめた「社会的養護の課題と将来像」に基づき策定された計画。各施設の策定した「家庭的養護推進計画」を調整のうえ、都道府県としての計画を策定した。推進期間（2015～2029年の15年間）中、5年ごとの期末に目標の見直しを行うことを定めていた。

えで計画を見直し、新たに「都道府県社会的養育推進計画」の策定が進められている。

特別養子縁組の推進については、特別養子縁組の成立要件の緩和や養親の負担軽減を目的に見直され、2019（令和元）年6月に「民法等の一部を改正する法律」が成立した。これにより、養子候補となる子どもの上限年齢の引き上げ*6や、縁組みの成立手続きの改正（二段階手続き*7の導入）、児童相談所長の関与やそれらに対応するための児童福祉法の改正が進められた（2020（同2）年4月1日施行）。

① 日本国憲法

日本国憲法には、人間として生まれながらに有する権利として「基本的人権」が定められており、第25条と第13条は、子ども家庭福祉に限らず、社会福祉全般と深くかかわるものである。

▼生存権

第25条第1項では「すべて国民は、健康で文化的な最低限度の生活を営む権利を有する」とあり、「生存権」を保障している。また、第2項においては「国は、すべての生活部面について、社会福祉、社会保障及び公衆衛生の向上及び増進に努めなければならない」とあり、国は、人間らしく生きる権利を保障しなければならないことと定めている。

▼個人の尊重

第13条では「すべて国民は、個人として尊重される。生命、自由及び幸福追求に対する国民の権利については、公共の福祉に反しない限り、立法その他の国政の上で、最大の尊重を必要とする」とあり、国民一人ひとりの「個人の尊重」を規定し、「幸福追求権」を保障している。

② こども基本法

2022（令和4）年6月15日に成立し、2022（同5）年4月1日より施行された、「こども基本法」は、「こどもまんなか社会」*8の実現に向け、こども家庭庁設置とあわせて進められ、こども政策*9を総合的に推進していくことを目的としている。同法は、日本国憲法および児童の権利に関する条約

---

*6
原則6歳未満から15歳未満に引き上げ。

*7 二段階手続き
①実親による養育状況および実親の同意の有無等を判断する審判（特別養子適格の確認の審判）が確定した後に、②養親子のマッチングを判断する審判（特別養子縁組の成立の審判）を行う。改正前は①②が同時に行われていたため、実親側からの撤回の可能性に不安を抱くなど、養親の負担が大きかった。

*8 こどもまんなか社会
「全てのこども・若者が、日本国憲法、こども基本法及びこどもの権利条約の精神にのっとり、生涯にわたる人格形成の基礎を築き、自立した個人としてひとしく健やかに成長することができ、心身の状況、置かれている環境等にかかわらず、ひとしくその権利の擁護が図られ、身体的・精神的・社会的に将来にわたって幸せな状態（ウェルビーイング）で生活を送ることができる社会である」[1]。

*9 こども政策
①大人になるまで切れ目なく行われる子どもの健やかな成長のためのサポート（居場所づくり、いじめ対策など）、②子育てにともなう喜びを実感できる社会の実現のためのサポート（働きながら子育てしやすい環境づくり、相談窓口の設置など）、③これらと一体的に行われる施策（教育施策（国民全体の教育の振興など）、雇用施策（雇用環境の整備、若者の社会参画支援、就労支援など）、医療施策（小児医療を含む医療の確保・提供など）など）。

の精神にのっとり、次世代の社会を担うすべてのこどもが、生涯にわたる人格形成の基礎を築き、自立した個人として等しく健やかに成長することができるよう、子どもの心身の状況、おかれている環境等にかかわらず、その権利の擁護が図られ、将来にわたって幸福な生活を送ることができる社会の実現をめざしている（第1条）。

　同法は、児童福祉法よりも上位法令となっている（図4-2）。従来、諸法律に基づいて、各省庁、地方自治体、それぞれにおいて進められてきたこども施策が、子どもを権利の主体として位置づけ、その権利は養育、教育、保健、医療、福祉等すべての分野で包括的に保障し、こどもに関する様々な取り組みを講ずるに当たっての共通の基盤として、社会全体で総合的かつ強力に推進していくための包括的な基本法として位置づけられている[10]。さらに、内閣総理大臣を会長としたこども政策推進会議を設置し、こども施策の基本的な方針「こども大綱」[11]を策定することを定めている。こども施策に対するこども等の意見の反映等など規定なども加えられ、都道府県、市町村は、この大綱を踏まえ、こども計画を定めるよう努めることとしている。

*10
こども家庭庁長官「こども基本法の施行について（通知）」2023年（「第1法制定の目的（第1条関係）」）。

*11　こども大綱
2013（令和5）年12月22日に閣議決定された。これまで「少子化社会対策基本法」「子ども・若者育成支援推進法」および「子どもの貧困対策の推進に関する法律」に基づき別々に作成・推進されてきた、3つのこどもに関する大綱を1つに束ね、こども施策に関する基本的な方針や重要事項等を総合的な見地から検討・調整を図り、さらに必要なこども施策を盛り込むことで、総合的かつ一体的にこども施策を進めていくための骨格（基本）となるものである。

図4-2　子どもの権利にかかわる法律の概念図

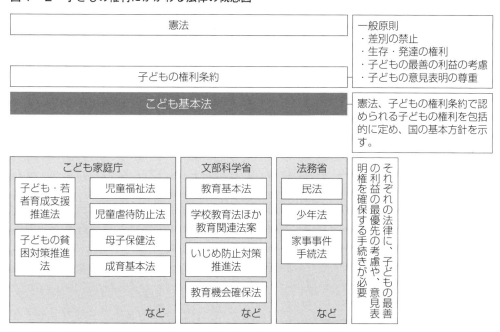

注：2023（令和5）年4月のこども家庭庁の創設により、それまで内閣府が所管していた「子ども・若者育成支援法」「子どもの貧困対策推進法」に関する事務や、厚生労働省が所管していた「児童福祉法」「児童虐待防止法」等に関する事務、障害児支援に関する事務などが移管された。なお、こどもの福祉・保健等とそれ以外の政策分野を含んでいるものは関係府省庁との共管となっている（障害者総合支援法など）。
出典：日本財団「子どもの権利を保障する法律（仮称：子ども基本法）および制度に関する研究会提言書」を一部改変

また、同法では、以下の6つの理念を定めている。

①全てのこどもについて、個人が尊重され、基本的人権の保障や差別的取扱いがないようにすること。
②全てのこどもは適切に養育されることなどのほか、その他の福祉にかかる権利が等しく保障され、教育基本法の精神にのっとり教育を受ける機会が等しく与えられること等。
③全てのこどもについて、その年齢及び発達の程度に応じて、自己に直接関係する全ての事項に関して意見を表明する機会及び多様な社会活動に参画する機会が確保されること。
④全てのこどもについて、その年齢及び発達に応じて、その意見が尊重され、その最善の利益が優先して考慮されること。
⑤こどもの養育については、家庭を基本として行われ、父母その他の保護者が第一義的責任を有するとの認識の下、これらの者に対してこどもの養育に関し十分な支援を行うこととともに、家庭での養育が困難なこどもにはできる限り家庭と同様の養育環境を確保することにより、こどもが心身ともに健やかに育成されるようにすること。
⑥家庭や子育てに夢を持ち、子育てに伴う喜びを実感できる社会環境を整備すること。

▼アドボケイト

　子どもの意見を尊重し、意見や考えを表明できるようにサポートすることを「子どもアドボカシー」といい（表4−1参照）、子どもアドボカシーを実践する人を「アドボケイト」という。アドボケイトの特徴は、子どもが本音で話せるようにするために、保護者や学校など子どもにかかわる人や組織から完全に独立していることが望まれている。

　子どもアドボカシーの対象は、社会的養護の子どもがメインとなる。2019（令和元）年の児童福祉法の改正により、2024（同6）年から「児童の意見聴取等の仕組みの整備」が実施される*12。これによって、児童養護施設や一時保護施設の子どもたちへの措置を検討する際、子どもの意見を聞くことが盛り込まれている。しかし、社会的養護の子どもに限らず、家庭のなかにもなかなか自分の声を聞いてもらえないと感じている子どもはいるはずである。子どもの声を社会に反映させるためには、あらゆる子どもに対して子どもアドボカシーが必要となる。保護者や保育士や教師など子どもにかかわる全ての人が子どもアドボカシーについて理解し、子どもの声を聞くことで、子どもを尊重した社会を実現をめざす。

*12
児童相談所長等の意見聴取等の義務の対象となっている子ども等を対象とし、子どもの福祉に関し知識・経験を有する者（意見表明等支援員）が、意見聴取等により意見・意向を把握し、それを勘案して児童相談所、都道府県その他関係機関との連絡調整等を行う「意見表明等支援事業」が新たに創設される（2024（令和6）年4月施行）。厚生労働省「子どもの権利擁護に関する論点」も参照のこと。
https://www.mhlw.go.jp/content/11907000/000726091.pdf

表4－1　4種類のアドボカシー

類型	概要
独立（専門）アドボカシー	独立性を確保した子ども意見表明支援員によるアドボカシー。本人の意見が聴いてもらえるような手助けを行うための知識や経験を持つ。民間団体への外部委託を基本とする。
制度的アドボカシー	児童相談所職員、里親・施設職員、教員等の、行政サービスとして子どもを支援する専門性を有する職員等によるアドボカシー。子どもと定期的な相談の機会を持っており、専門性に立脚したアドバイスができる。
非制度的アドボカシー	親や家族などによるアドボカシー。保護者、友人なども含む。相互によく理解している関係なので日常的に相談しやすい。
ピアアドボカシー	同じ経験、属性、背景を持つピア（仲間）によるアドボカシー。社会的養護経験者同士、障害を持つ人同士、いじめを受けた経験がある人同士など。ピアだと、より共感や理解を得られ、経験からの具体的なアドバイスが得られやすい。

③　児童福祉法

　児童福祉法[13]には、日本国憲法の基本理念および児童の権利に関する条約の精神にのっとった、わが国の法的根拠となる子どもの権利を規定した理念が掲げられている。2016年（平成28）年の同法改正により、理念（第1条）は「全て児童は、児童の権利に関する条約の精神にのつとり、適切に養育されること、その生活を保障されること、愛され、保護されること、その心身の健やかな成長及び発達並びにその自立が図られることその他の福祉を等しく保障される権利を有する」と改正され、より具体的かつ明確な子どもの権利保障が示された。

　「児童の権利に関する条約の精神にのつとり」と明記されたこと、そして、「すべて国民は」で始まっていた条文が、「全て児童は」に改正されたことで、権利の主体が「子ども」であるという法律の姿勢が示されている。

　また、子どもは「成長」や「発達」といった時間軸でとらえられなければならないことや、社会人となって以降のことも視野にいれた「自立」が図られなければならない存在特性であることも考慮されており、これらを踏まえた福祉を「等しく」保障していくことが記された。

　なお、第2条では、すべての国民が「児童育成の責任」について「良好な環境において（中略）社会のあらゆる分野において、児童の年齢及び発達の程度に応じて、その意見が尊重され、その最善の利益が優先して考慮」するよう規定している。これらの規定は、国民一人ひとりに対し、子どもの権利への理解と責任についての姿勢を法的根拠として示した権利擁護の取り組みそのものといえる。

＊13　児童福祉法
詳細は第5章p.71参照。

4 権利擁護の取り組み

① 権利擁護とは

社会的養護の対象となる要保護児童は、児童虐待、障がいに対する差別、健全な生活を送っていないなど、人権が著しく侵害された状況にある。そうした状況を改善または防ぐこと、そして子どもの意思や意見、希望を尊重し、それに基づく生活を支援することが権利擁護である[*14]。アドボカシー（advocacy）ともいわれ、弁護、代弁と訳される。権利擁護は、個々の権利を守ることから社会環境へ働きかける活動まで含まれる。

子どもの権利擁護活動を行う際には、子ども自身の意見をできる限り反映する努力が必要であり、自己の意見を表明する力の弱い子どもたちについては、そのニーズに添った「子どもの最善の利益」にかなう支援を行うことが求められる。

わが国では、子どもの権利条約の批准後、条約の具現化に向けた子どもの権利擁護のための取り組みが進められるようになってきている。

*14
要保護児童の保護や支援だけではなく、「いじめ」「体罰」などの相談や対応も子どもの権利擁護の活動のひとつである。

② 国の取り組み

▼子どもの権利条約批准後の法令の整備

子どもの権利条約の批准後、子どもの人権の尊重および確保の観点から、児童福祉にかかわる法令が新たに公布・改正されている。主な法律として、1999（平成11）年に公布された「児童買春、児童ポルノに係る行為等の処罰及び児童の保護等に関する法律」[*15]、2000（同12）年に公布された「児童虐待の防止等に関する法律」[*16]（以下「児童虐待防止法」）がある。それらの法律は、子どもに対する性的搾取および虐待などから子どもを保護するものであり、子どもの権利条約を踏まえたものである。また、1998（同10）年の児童福祉施設最低基準（現・児童福祉施設の設備及び運営に関する基準（以下「設備運営基準」））の改正による、「児童福祉施設での懲戒権の濫用の禁止」規定は、子どもの身体的苦痛、人格的辱めを禁止するものであり、2000（同12）年の社会福祉事業法（現・社会福祉法）の一部改正による苦情解決システムの策定、第三者評価[*17]の導入は、子どもの意見表明権や子どもの最善の利益を考慮したものである。

2019（令和元）年6月、「児童虐待防止対策の強化を図るための児童福祉

*15
2014（平成26）年の法改正により「児童買春、児童ポルノに係る行為等の規制及び処罰並びに児童の保護等に関する法律」に改称。第5章p.84参照。

*16 児童虐待の防止等に関する法律
第5章p.82参照。

*17 第三者評価
第14章p.216参照。

法等の一部改正する法律」が成立した。「児童虐待防止対策の強化を図るため、児童の権利擁護、児童相談所の体制強化及び関係機関間の連携強化等の所要の措置を講ずる」ことを趣旨としており、親権者は子どものしつけに際して体罰を加えてはならないこと、児童福祉施設の長等においても同様とすることが規定された。また、都道府県（児童相談所）の業務として、子どもの安全確保を明文化し、児童福祉審議会において子どもに意見聴取する場合においては、その子どもの状況・環境等に配慮するものとされた。

▼法務省の人権擁護機関

わが国では、法務省に人権擁護機関の設置を義務づけており、人権擁護局、各法務局、各支局において人権擁護業務が実施されている。子どもの人権に関する業務としては、子どもの人権問題を重点的に取り扱う「子どもの人権専門委員」を人権擁護委員から選任、配置し、「子どもの人権110番」「子どもの人権SOSミニレター」などを通して、相談を行っており、人権が侵害されている疑いのある事案については調査や救済手続きを行う。

▼親権の喪失と制限

わが国には親権制度が存在する。親権は、民法[18]に規定されるもので、「成年に達しない子は、父母の親権に服する」（第818条）、「子が養子であるときは、養親の親権に服する」（同条第2項）という規定に根拠がある。しかし、「父又は母による虐待又は悪意の遺棄があるとき」「父又は母による親権の行使が著しく困難又は不適当であることにより子の利益を著しく害するとき」など、親権を適正に行使しない場合は、親権喪失の宣告がなされる（第834条）。その請求権は、子ども本人、その親族、未成年後見人[19]、未成年後見監督人あるいは検察官、また、児童福祉法においては児童相談所長にも認められている。しかし、近年の児童虐待に関する実態や親権喪失の実用性の面から課題があげられており[20]、子ども虐待防止等を図り、子どもの権利利益を擁護する観点から、「喪失」ではない、期限付き（最長2年）の「停止」という親権制限制度が設けられている（第834条の2第2項）。

③　地方公共団体の取り組み

▼権利擁護活動の取り組み

社会的養護における権利擁護活動は、児童相談所における専門性によって担保されている。しかし現在、幅広いニーズに対応するために、地方公共団体等で「子どもの権利擁護委員会」「子どもの権利委員会」と称される機関や委員（オンブズパーソン）が創設されはじめている。

---

*18　民法
第5章p.85参照。

*19　未成年後見人
親権者の死亡や行方不明などのため未成年者に対し親権を行う者がない場合、申し立てにより家庭裁判所が未成年後見人を選任する。未成年後見人は、未成年者（未成年被後見人）の法定代理人で、未成年者の監護養育、財産管理、契約等の法律行為などを行う。

*20
親権喪失は、親権を無期限に奪ってしまい、親子関係を再び取り戻すことができなくなるおそれがあるため、児童虐待の現場では、虐待する親の親権を制限したい場合でも、「親権喪失」の申立てはほとんど行われていないのが実状である。

*21　子供の権利擁
護専門相談事業
子供の権利擁護専門相談員
と子供の権利電話相談
員とが協働して、電話
相談、面接相談、関係
機関との調整などを
行っている。事業の目
的は、「子供の権利に
関する専門的な相談」
と「権利侵害に具体的
に対応する」などに
よって、子どもの福祉
の向上を図ることにあ
る。

*22
日本で最初の地方公共
団体の条例に基づく
(1998（平成10）年）
子どもの人権擁護・救
済のための公的第三者
機関として、兵庫県の
「川西市子どもの人権
オンブズパーソン」が
ある。

*23　岡山孤児院
十二則
石井十次は、ペスタ
ロッチやルソーの思想
を取り入れ、イギリス
のバーナードホームの
実践に影響を受けて、
①家族主義、②委託主
義、③満腹主義、④実
行主義、⑤非体罰主義、
⑥宗教主義、⑦密室主
義（個別的対応の重
視）、⑧旅行教育、⑨
米洗教育、⑩小学教育、
⑪実業教育、⑫托鉢主
義を定め、実践した。

東京都では、「子供の権利擁護専門相談事業」*21が実施されており、子ども家庭福祉や教育、自殺予防、非行相談など、領域を限定せず、幅広く子どもの権利に関する相談を受け付け、都内の各児童相談所、東京都福祉局との連携に加え、東京都教育庁、区市町村教育委員会とも協力関係を形成し、学校関係事案にも対応している。ここでは、子どもやその保護者の代理人として対応するのではなく、あくまでも公正中立な第三者の立場から助言や調整活動を行っている。

▼権利擁護と第三者（オンブズパーソン）

権利擁護においては、施設内での対策だけではなく、第三者（オンブズパーソン）*22が介入し、子どもが意見表明をする機会を担保する必要性がある。第三者は、単に子どもたちからの異議申し立てに対応するだけではなく、現場の担当職員や施設側に対し、どのような理解をもっているのかをフェアにつき合わせることができる専門性が必要である。双方のギャップがあるときに、丁寧な理解と客観的かつ冷静な状況判断、双方の状況をくみ取る姿勢や立場に立つ力量が求められる。

④　児童福祉施設等の取り組み

▼施設養護における権利擁護の萌芽

施設養護における権利擁護の取り組みは、石井十次が記した「岡山孤児院十二則」*23にその萌芽をみることができる。当時の児童施設の大半は、衣食住の確保も容易ではなく、保護された子どもたちも、共に働き、力を身につけ、収入を得ることも生きていくために重要であった。

そうしたなか、岡山孤児院では、先駆的な取り組みが行われていた。たとえば、「岡山孤児院十二則」の「満腹主義」は、当時、食糧調達が大変だったとされるなか、子どもの情緒安定につながるとされ、実践されていた。そのほか、「家族主義（小舎制）」「非体罰主義（体罰の禁止）」「密室主義（個別的対応の重視）」「委託主義（里親委託）」などは、今日の社会的養護の基盤ともいわれる。

▼児童福祉施設の設備及び運営に関する基準と権利擁護

設備運営基準で定められた、施設種別ごとの設備や運営にかかわる最低基準は、「児童福祉施設に入所している者が、明るくて、衛生的な環境において、素養があり、かつ、適切な訓練を受けた職員の指導により、心身ともに健やかにして、社会に適応するように育成されることを保障する」ことを目的としたものであり、施設で生活する子どもの生存権を保障したものである。設

備運営基準では、入所した者を平等に取り扱う原則（第9条）、虐待等の禁止（第9条の2）、懲戒に係る権限の濫用禁止（第9条の3）など、人権擁護と人権侵害の防止の取り組みも定められている。

▼苦情解決・第三者評価

社会的養護に限らず、福祉サービスの提供を受ける利用者（児童福祉施設では、子ども・保護者等）がそのサービス・ケアについて満足を得られていないのであれば、それを調査・検討し、改善すべきものは改善する義務が福祉サービス提供者にある。社会的養護関係施設においては、子どもが意見を表明することを保障し、さまざまな苦情や不満について適切に対応する「苦情解決」、子どもの最善の利益の実現のために、施設運営の質の向上を図るための取り組みとして「自己評価」「第三者評価」が行われている。

▼子どもの権利ノート

子どもたちの意思を表明する権利を補完する一つの取り組みとして、「子どもの権利ノート」がある。子どもは、実際に何を訴えたらいいのか、何を相談していいのかがわからない場合も少なくない。そのため、各地方公共団体や各施設等で「子どもの権利ノート」が作成され、配布されている。児童養護施設等の入所時にはこのノートをみながら、「子ども一人ひとりに固有の権利が認められること」「社会はそれを養護する義務があること」などを確認する取り組みも進められている。

▼施設内での子どもへの人権侵害と権利擁護

2009（平成21）年4月に施行された改正児童福祉法により、施設職員等による被措置児童等虐待[24]について、都道府県市等が児童本人からの届出や周囲の者からの通告を受けて、調査等の対応を行い、その状況を都道府県知事等が公表する制度等が法定化された。

2018（平成30）年度の全国の被措置児童等虐待の届出・通告受理件数は246件で、虐待の有無に係る事実確認が行われた事例（2017（同29）年度以前の繰り越し事例を含む）のうち、都道府県市において虐待の事実が認められた件数は95件であった[25]。

厚生労働省より通知されている「児童養護施設運営指針」では、こうした子どもへの権利侵害を防ぐために、施設運営全体で子どもの権利擁護（子ども尊重と最善の利益の考慮、子どもの意向への配慮、子どもが意見や苦情を述べやすい環境、被措置児童等虐待対応など）の方法や手順が示され、同指針の解説ならびに施設運営の手引きである「児童養護施設運営ハンドブック」（厚生労働省）において、権利擁護に関する具体的なエピソードやポイントなどが示されている。

*24　被措置児童等虐待
被措置児童等虐待は、児童福祉法第33条の10の各号で、「①被措置児童等の身体に外傷が生じ、又は生じるおそれのある暴行を加えること、②被措置児童等にわいせつな行為をすること又は被措置児童等をしてわいせつな行為をさせること、③被措置児童等の心身の正常な発達を妨げるような著しい減食又は長時間の放置、同居人若しくは生活を共にする他の児童による第2号又は次号に掲げる行為の放置その他の施設職員等としての養育又は業務を著しく怠ること、④被措置児童等に対する著しい暴言又は著しく拒絶的な対応その他の被措置児童等に著しい心理的外傷を与える言動を行うこと」と定義されている。

*25
虐待の事実が認められた施設等は、「児童養護施設」が50件、「障害児入所施設等」が17件、「里親・ファミリーホーム」が13件、「児童自立支援施設」が5件等であった（「平成30年度における被措置児童等虐待への各都道府県市の対応状況について」（厚生労働省））。

施設での権利擁護を図るためには、外部からのスーパーバイザーの配置、職員が主体的に職務を遂行できるよう意見を吸い上げ、チームとしてマネジメントできる体制づくり、労働環境の適正化など、子どもと直接かかわる職員を支えるしくみを整備することも大切である。なぜなら、職員間の意識のズレが子どもへの支援に大きく影響を及ぼすからである。子どもの権利状況は、周囲や社会の大人の権利状況の反映でもあるからである。子どもの権利を保障しようとする取り組みには、社会の権利状況を変えるといった広い視野での見方も重要である。

▼家庭養護（里親・ファミリーホーム）での権利擁護

家庭養護（里親・ファミリーホーム）の権利擁護の取り組みは、「里親及びファミリーホーム養育指針」のなかでその方法や手順が示されている[*26]。

里親家庭やファミリーホームでの養育は、閉鎖的になりがちな面[*27]がある。養育者が、養育するうえで起こるさまざまな問題を一人で抱え込み、気持ちの余裕を失って行き詰り、その結果、体罰で子どもの行動を感情的に制してしまうことにつながることもある。そのため、養育者が疲弊してしまわないようにケアし、支えることも、子どもの権利擁護を図るうえで必要とされている。

また、養育者は、独善化・孤立化を避けるために独自の養育観に固執せず、養育を共有する姿勢をもち、他者からの助言や子どもの声に耳を傾ける謙虚さ、自分の都合やタイミングで行動していないかなど、養育者自身の自己理解と子どもは社会的な存在であることを再認識することが求められる。

家庭養護は、施設養護と同様に児童相談所ならびに支援機関などの第三者がかかわっており、すでに公的に開かれていることを前提としているため、そのことを“強み”としてとらえておくことが肝要である。養育の悩みなどについて第三者にSOSを出せることは、養育者としての力量として評価され、養育を「ひらき」、他者と「つながる」ことで、家庭での養育が社会的なものとなっていくのである。このことは、一般の子育てにも同じことがいえる。養育について悩み、思案することは恥ずべきことではないのである。このように家庭における子どもの権利擁護の視点からも、里親支援のさまざまな取り組みが進められはじめている[*28]。

加えて、「体罰」について、2020（令和2）年4月1日より施行された児童虐待防止法の改正では、「児童の親権を行う者は、児童のしつけに際して、<u>体罰を加えることその他民法第820条の規定による監護及び教育に必要な範囲を超える行為</u>により当該児童を懲戒してはならず、当該児童の親権の適切な行使に配慮しなければならない」（第14条、<u>下線</u>改正部分）とされ、一般

の家庭内の“しつけ”に対し踏み込んだ内容となっている。

⑤　障がいのある子どもの権利擁護

▼障がい児に対する権利侵害

　障がいのある子どもたちの地域での日々の暮らしのなかには、意図的あるいは無意識に人権侵害につながる状況や、知らず知らずのうちにその障がいのある子どもたちの生活を阻んでしまう要因が少なくない。特に知的障がい、自閉症その他重度の障がいがある子ども等については、自ら声をあげて訴えたり権利を主張したりする力が弱いことで、気づかれないまま人権侵害が深刻化してしまうこともある。

　また、発達障がいのある子どもに対して、指導やしつけの名のもとに、行動上の制限や多干渉を繰り返すことも人権侵害に陥りやすい。これらは、障がい児施設内においても、同様の危惧がある。それゆえ「人権」や「障がい」への理解を深めることが重要となってくる。

▼障がい児へのまなざし（障がい児への理解）

　糸賀一雄[*29]は、「ちょっと見れば生ける屍のようだとも思える重症心身障害のこの子が、ただ無為に生きているのではなく、生き抜こうとする必死の意欲を持ち、自分なりの精一杯の努力を注いで生活しているという事実を知るに及んで、私たちは、いままでその子の生活の奥底を見ることのできなかった自分たちを恥ずかしく思うのであった。この事実を見ることのできなかった私たちの眼が重症であったのである」[2]と著している。

　糸賀の気づきは、現在の私たちに訴えかけている。「重度・重症」といっているけれども何が重症なのか。「立って歩けない」「見えない」「一人では食べられない」ということにばかり目を奪われ、判定していないだろうか。むしろ、重症なのは、彼らの一番大事なものがみえない、わからない、私たちの眼や心ではないのだろうかという提起である[3]。

▼障がい児とこれからの社会

　障がい者の尊厳、個人の自律および自立、非差別、社会への参加等を一般原則として規定した「障害者の権利に関する条約」[*30]を、わが国は、2007（平成19）年に署名し、2014（同26）年に批准した。徐々に国内法制度が整備されてきているとはいえ、障がいのある子どもたちが、年を重ね、やがて成人となり、社会で生きていくということに対し、従来の「施し」や「手を差し延べる」という差別・保護的な考え方は今だに根強く、意識的にもそれらの考え方から転換し、彼らを包み込むことができる多様性のある社会[*31]への

*29　糸賀一雄
1914〜1968年
戦後の混乱期のなかで池田太郎、田村一二らとともに知的障害児等の入所・教育・医療を行う「近江学園」を創設した。さらに、重症心身障害児施設「びわこ学園」を設立した。糸賀が残した「この子らを世の光に」という言葉には、障がいのある子どもたちの存在が、私たちの持つ「歪み」や「間違い」を照らし出してくれる「光」であるという意味が込められている。そして、さまざまな障がいがありながらも「人間としての尊厳とは何か」という問いに立ち戻ってくれる存在であることを理解しておく必要がある。

*30　障害者の権利に関する条約
2006年12月、第61回国際連合総会において採択されたものであり、障害者の人権および基本的自由の完全な実現を確保し、促進する上で重要な意義を有している。

*31
障がい者らを社会から隔離排除するのではなく、すべての人々を孤独や孤立、排除や摩擦から援護し、健康で文化的な生活の実現につなげるよう、社会の構成員として包み支えあい、社会のなかでともに助けあって生きていこうという考え方をソーシャル・インクルージョン（社会的包摂）という。

変革が求められている。

▼障がい児施策の方向性（権利擁護を中心に）

　障がい児の虐待に関しては、2000（平成12）年に公布された「児童虐待の防止等に関する法律」と、2011（同23）年に公布された「障害者虐待の防止、障害者の養護者に対する支援等に関する法律」、2005（同17）年の厚生労働省通知「障害者（児）施設における虐待の防止について」、および2008（同20）年の同省通知「障害者（児）施設等の利用者の権利擁護について」において未然防止と権利擁護が求められるようになった。

　2010（平成22）年に公布され、2012（同24）年に施行された児童福祉法の一部改正では、障害児支援が強化され、身近な地域での支援が行えるようになった[32]。

　政府は、国連の障害者権利条約を批准するための国内法整備として、2013（平成25）年6月に「障害を理由とする差別の解消の推進に関する法律」（障害者差別解消法）を制定した（2016（同28）年4月1日施行）。この法律は、障がい者への差別をなくすため、国や地方自治体に対して必要な施策を実施することを義務づけることなどを定めたものである。

　同法では、障がいを理由として、正当な理由なく、サービスの提供を拒否したり、制限したり、条件をつけたりするような「不当な差別的取扱い」を禁止している。また、障がい者から何らかの配慮を求める意思の表明があった場合には、負担になり過ぎない範囲で、社会的障壁[33]を取り除くために必要で合理的な配慮（合理的配慮[34]）を行うことが求められている。こうした配慮を行わないことで、障がい者の権利が侵害される場合は、差別に当たるとされている。

　また、障がいを理由とする差別に関する相談、紛争の防止、解決の取り組みを進めるためのネットワークづくりのしくみとして、国や地方公共団体の機関が、それぞれの地域で障害者差別解消支援地域協議会を組織することができるとされた。障害者差別解消支援地域協議会が組織され、関係する機関などのネットワークが構成されることによって、地域全体として、差別の解消に向けた主体的な取り組みが行われることが期待されている。

　2018（平成30）年に施行された児童福祉法改正のもと、障がい児の支援事業について利用に資するための情報公表制度が創設された。また、都道府県や市町村による障害児福祉計画の策定が規定され、地域全体で責任をもって計画的に支援を進めていけるようなしくみづくりが図られた。このことは、地域における障がい児の生活に配慮した取り組みを社会全体で進めていく姿勢を示しており、今後に期待がかかる。

⑥　地域社会における権利擁護の取り組み

　NPO法人「日向ぼっこ」*35は、施設で育った当事者を中心に、社会的養護の啓発、権利擁護の推進等に関する活動を行っている。当事者の視点からの相談支援、居場所支援等を行い、これまでに明らかになりづらかった当事者の思いや声を発信している。この活動は、家族と離れて施設等で暮らす子どもたちに入所中から退所後もかかわりあい、就労や進学をはじめ生活全般にわたる相談や情報提供、仲間づくりの機会などを提供することで、安心、安定した生活を継続できるように支援する「退所児童等アフターケア事業」*36の制度化などにもつながっている。

　また、2017（平成29）年４月より実施された「社会的養護自立支援事業」は、施設や里親のもとから年齢到達により措置解除となった後も、必要な支援を受けることができる事業である。就学・就労自立となる者においても、支援コーディネーターの配置、住居に関する支援（また、就職やアパート等の家賃補助等）、生活費の給付、生活相談・就労相談の実施など、自立後のことを想定した対応が可能となった。このように、施設等でのアフターケアの充実や民間機関と連携した取り組みが進められている。

　2022（令和４）年の児童福祉法改正では、包括的な支援のための体制強化等を行うこととされ、児童自立生活援助事業の対象者等の年齢要件等の弾力化が図られ、これまで22歳までとされていた年齢要件について都道府県知事が認めた時点まで児童自立生活援助の実施を可能にするとともに、教育機関に在学していなければならない等の要件を緩和された。

　以上のような活動以外にも、全国各地において、NPOや市民団体による子どもに対する相談・援助の活動が草の根的に展開されており、子どもにより身近な地域で機能しはじめている。

⑦　子どもの権利擁護についての実践—権利を守る大人の役割—

▼子どものことを理解する実践

　今日の社会は、契約社会ともいえる。現在の社会福祉制度（サービス）の多くは措置制度から契約制度となった。つまり、しくみ的には、行政の「施し」ではなく、利用者側の権利が担保され、利用する側と提供する側のお互いが約束に基づく対等な関係性となった。特に、決定プロセスには、自ら選ぶことができる機会や利用者の自己決定を尊重するといった認識が定着してきていたといえる。

*35　日向ぼっこ
社会的養護の当事者参加推進団体NPO法人「日向ぼっこ」。
http://hinatabokko
2006.com

*36　退所児童等アフターケア事業
子ども家庭福祉や就業支援に精通した職員を配置し、生活技能訓練、相談支援、生活支援、就業支援等を行うことで地域生活や自立を支援するとともに、退所者同士が集まり、意見・情報交換等を行える場を提供する事業。2017（平成29）年に創設された社会的養護自立支援事業（後述）に編入された。

しかしながら、社会的養護のもとにある子どもたちは、たとえサービス利用者といっても、はたして自己決定をすることがすべてのケースで可能なのであろうか。図らずも弱い立場に置かれてしまい、受動的にならざるをえないケースも少なくない。その背景には子どもの命を守るためのぎりぎりの判断（行政措置）がなされることもあることを念頭に置き、理解しておかなければならない。つまり、社会的養護の実施においては、子どもの生命を守り、子どもを適切な環境に導くための最後の砦として残されている措置（制度）といえるだろう。

社会的養護の第一線で子どもにかかわる専門職は、すでに望まないで施設等に措置される子どもたちの権利擁護と自己決定の狭間*37で子どもたちに日常を提供しながら、養育していくのである。気づかぬうちに権利侵害となってしまうような場面と常に隣り合わせといえよう。そのためにも、「子どもの権利」への理解を深めていくことや、施設種別ごとや各専門職としての倫理綱領や行動基準、運営基準と照らし合わせながら、子どもたちの権利擁護を意識した積み重ねが求められている。

▼被措置児童等虐待防止

子どもが信頼を寄せるべき立場の施設職員等が入所中の子どもに対して虐待を行うということが起きており、こうしたことは子どもの人権を侵害するものであり、絶対にあってはならない。

このため、前述のように、児童福祉法等の一部を改正する法律により被措置児童等虐待の防止のための枠組みが規定されており（2009（平成21）年4月施行）、この枠組みに基づいた取り組みが進められている。被措置児童等虐待防止の対策を講じるに当たっては、子どもの権利擁護という観点から、子どもたちが安心して生活を送り、子どもの意見が聴かれ、その一人一人の育ちのニーズが満たされる適切な支援を受けながら、自立を支えるために環境を整えるとの観点をもって、取り組みを進めていくよう法定化された。

また、近年の動きでは、2022（令和4）年6月に、「被措置児童等虐待対応ガイドライン 〜都道府県・児童相談所設置市向け〜」*38が厚生労働省により作成され、「被措置児童等虐待」に着目した、都道府県・政令市・児童相談所設置市（以下単に「都道府県」とする）が準拠すべきガイドラインとして作成された。各都道府県は、このガイドラインを参考とし、都道府県内の関係者と連携して幅広く被措置児童等のための適切な支援策を推進することが求められている。

こうした児童福祉法における被措置児童等虐待対応の制度化は、施設等における被措置児童等虐待の防止に向けた「枠組」を規定したものである。今

*37
たとえば、支援者が子どもの（最善の利益）のために行おうとしている考えと、子ども（当事者）自身が自分の思い、考え、決めたこと等の間で違いがみられたときに、気づかぬうちに子どもの意見や考えを否定してしまうなどがある。

*38
被措置児童等虐待対応ガイドライン 〜都道府県・児童相談所設置市向け〜 厚生労働省 子ども家庭局 家庭福祉課 厚生労働省 社会・援護局 障害福祉部障害福祉課 令和4年6月。

後、国や都道府県の行政や施設等の関係者が協働して具体的な取り組み・事例を積み重ね、子どもの権利擁護を促進するための取り組みについて、関係者間で共通認識を図りながら、対策を実効性のあるものとしていかなければならない。

▼子どもの権利擁護を担うために

　社会的養護を担う各専門職は、乳児期から青年期までという実に年齢幅や発達状況など広範囲で多様なニーズの子どもたちを対象とする。また、子どもたちの多くは実親がおり、その存在をも含めた全体像と、その背景にある本質的な問題にまで目を向けた対応が求められる。このことからも「アセスメント」が権利擁護にとって重要な役割を担っているかを理解しておかなければならない。

　「アセスメント」を行うということは、つまり、子どものニーズそのものを把握することといってよい。子どもたち一人ひとりを個別的なかけがえのない存在として全人的なありようを捉え、理解し、受け止めることは、社会的養護を必要とする子どもの願いである[4]。

　そのことを自覚し、当事者（子ども本人、養育者）、関係機関とが「目的の共有」をしながらそれぞれの相互作用によって進められていくことが、望ましい福祉の支援のあり方なのではないか。そして、リスクだけでない、当事者の強み（ストレングス）を含めた包括的なアセスメントと、それに基づくエンパワメントする視点をもった実践が求められている。

🔍 まとめてみよう

> ①　日本だけでなく、世界の子どもたちの人権問題について考えてみよう。
>
> ②　児童の権利に関する条約と国内関連法規の関係性を調べ、わが国の社会的養護における課題を考えてみよう。
>
> ③　社会的養護のもとで暮らす子どもたちの権利について、子どもたちの立場や実親、施設職員、里親（養親）の立場から話し合ってみよう。

【引用文献】
1）「こども大綱」（本文）（令和5年12月22日閣議決定）
　　https://www.cfa.go.jp/assets/contents/node/basic_page/field_ref_resources/
　　f3e5eca9-5081-4bc9-8d64-e7a61d8903d0/276f4f2c/20231222_policies_kodomo-
　　taikou_21.pdf
2）糸賀一雄『福祉の思想』日本放送出版協会　1968年　p.175、糸賀一雄『糸賀一雄の最後の講義―愛と共感の教育』（改訂版）中川書店　2009年　pp.80-81

３）野上芳彦「記念講演"障害"に学ぶ」『京都精華大学紀要』第20号　2001年　p.11
４）増沢高「里親養育支援論」(「2019年度フォスタリング機関職員研修」資料p.３)

【参考文献】
渡辺信英・大竹榮『民法総則』南窓社　1985年
北川清一編著『児童福祉施設と実践方法—養護原理とソーシャルワーク』中央法規出版
　　2005年
糸賀一雄『福祉の思想』NHK出版　1968年
糸賀一雄『愛と共感の教育』柏樹社　1972年
野上芳彦「記念公演『"障害"に学ぶ』」『京都精華大学紀要』第20号　京都精華大学
　　2001年
志田民吉『臨床に必要な人権と権利擁護』光文堂書房　2006年
宮島清・庄司順一・鈴木力『里親養育と里親ソーシャルワーク』福村出版　2011年
増沢高『社会的養護児童のアセスメント』明石書店　2011年
宮島清「平成30年度児童相談所職員研修・里親対応関係機関職員研修」資料
宮島清・増沢高・横堀昌子「2019年度フォスタリング機関職員研修」資料
林浩康・鈴木博之『ファミリーグループ・カンファレンス入門』明石書店　2011年
堀正嗣・栄留里美・河原畑優子・ジェーン・ダリンプル『イギリスの子どもアドボカシー
　　—その政策と実践—』明石書店　2011年
厚生労働省子ども家庭局家庭福祉課他「被措置児童等虐待対応ガイドライン〜都道府県・
　　児童相談所設置市向け〜」2022年
三菱UFJリサーチ＆コンサルティング「アドボケイト制度の構築に関する調査研究報告
　　書」2020年
増沢尚『子ども家庭支援の包括的アセスメント』明石書店　2020年
増沢尚『事例で学ぶ社会的養護児童のアセスメント』明石書店　2011年
一般社団法人全国保育士養成協議会監、宮島清・山縣文治編『ひとめ目でわかる保育者
　　のための子ども家庭福祉データーブック2023』中央法規出版　2022年
相澤仁「子どものウェルビーイングとアドボカシー」資生堂社会福祉事業財団『世界の
　　児童と母性』第92号　2022年　pp.12-16

第5章　社会的養護にかかわる法令

🖊️子どもの社会的養護はどのような法律によって定められているの？

みらいさん　ここまで、社会的養護の理念、歴史、子どもを取り巻く環境や社会問題、子どもの権利を守る取り組みなどを学んできました。そして、子どもを守るための法や制度は整備されてきているのですよね。でも、子どもの虐待など問題がなかなかなくならないってことは、どのような問題があるのでしょう？

さとる先生　そこが課題となっているところですね。どんなに素晴らしい法律や制度ができたとしても、それがうまく運用されなければ意味がありません。たとえば、子どもの虐待現場を発見した人が、その後にどう対処したらよいかわからない場合は、子どもを守ることが難しくなりますね。また、児童相談所などに通告したとしても、対応できる専門職の人数が少なければ、子どもを迅速に守ることが難しくなるよね。

みらいさん　う〜ん。つまり、子どもを守るための法律や制度ができても、それがきちんとみんなに理解され、問題に取り組む体制が十分に整っていないとその解決は難しいということですね。

さとる先生　そのとおり！　子どもを守るための法律や制度は、国民全体でそれを守っていこうとする姿勢があってこそ、効力を発揮することができるのです。そして、これから保育士として子どもの養護や福祉に携わっていくみらいさんたちには、児童家庭福祉や社会的養護に関する法律や制度を知り、適切に対応する知識が必要になってきますね。

みらいさん　責任重大ですね！　でも、社会的養護や児童家庭福祉にかかわる法律や制度はたくさんありますよね。まず、何から学んでいけばいいのですか？

さとる先生　児童家庭福祉の基本的な法律の「児童福祉法」から学んでいくとわかりやすいですよ。子どもの社会的養護もこの法律を基に体系的に進められています。また、障がいのある子どもの社会的養護については、「障害者総合支援法」なども知る必要があるし、児童福祉施設を理解するには「児童福祉施設の設備及び運営に関する基準」も知っておきたいですね。まず、それぞれの法律の概要を学んでから、社会的養護を必要とする子どもに関する施策をみていきましょう。

1 社会的養護に関係する法律

① 子ども家庭福祉の法体系

▼保育士が法令を学ぶ意義

「児童福祉法」や「児童福祉施設の設備及び運営に関する基準」には、児童家庭福祉に固有の専門機関や専門職員についての規定がなされている。保育士はこれらに規定された専門職員と連携し、児童福祉法に定められた児童福祉施設の目的に沿って、業務を遂行していくこととなる。

さまざまな養護問題に対応し、子どもの権利を適切に守るために児童福祉法などが改正され、支援体制が大きく変化し、加えて要保護児童の権利や生活等の保障が強化されてきている。それに伴い、児童福祉施設長等職員に求められる資格要件なども改正されている。つまり、児童福祉法やその周辺の法律や規則などが改正されれば、保育士が働く場である児童福祉施設や援助・支援の目的、内容なども大きく変わるのである。だからこそ保育士は、社会の変化と同時に児童福祉法などの各種関連法律などを学ぶ必要がある。

▼法体系の全体図

日本の子ども家庭福祉は、日本国憲法を基本として、1947（昭和22）年に制定された「児童福祉法」によって位置づけられた。

現代の子ども家庭福祉は、すべての子どもの人権を認めることと、大人がその保障の責任を負うことを中核に行われているため、日本国憲法の「基本

図5-1　日本における法体系

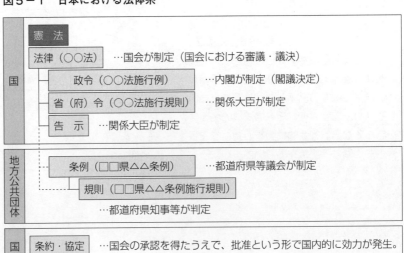

的人権の享有」（第11条）、「幸福権追求及び個人の尊重」（第13条）、「生存権」（第25条）、「教育を受ける権利」（第26条）、「基本的人権の本質」（第97条）などの子どもの人権にかかわる規定や、「勤労の権利と児童酷使の禁止」（第27条）などの子どもの生活の保障とそれに対する大人の責務に関する規定等を中心として、児童福祉法をはじめとする各種「法律」*1「政令」*2「省令」*3「通知」*4などによって総合的および体系的に推進されている。

▼社会的養護に関する法体系

　子ども家庭福祉は「児童福祉六法」といわれる「児童福祉法」「児童扶養手当法」「特別児童扶養手当等の支給に関する法律」「母子及び父子並びに寡婦福祉法」「母子保健法」「児童手当法」に直接的に支えられている。この「児童福祉六法」以外にも関連した法律は多くあり、さまざまな社会福祉の問題を抱える子どもの生活の保障や福祉の増進に対応できるように運用され、社会の変化にともなって子どもをめぐる新たな問題が生じた際には、その問題を解決するために法改正や子ども家庭福祉の体系の整備が行われてきている。

② 児童福祉法と社会的養護

▼児童福祉法の原理

　児童福祉法は、子ども家庭福祉に関する基本的な法律であり、次世代の社会の担い手である子どもの健全育成と福祉の積極的増進を基本精神とする。

　2016（平成28）年の改正により、制定以降はじめて第1条と第2条の見直しが図られた。「児童の権利に関する条約」（以下「子どもの権利条約」）の理念が盛り込まれ、児童が権利をもつ主体であることが位置づけられた。また、「全て国民は、児童が良好な環境において生まれ、かつ、社会のあらゆる分野において、児童の年齢及び発達の程度に応じて、その意見が尊重され、その最善の利益が優先して考慮され、心身ともに健やかに育成されるよう努めなければならない」こと、「児童の保護者は、児童を心身ともに健やかに育成することについて第一義的責任を負う」ことが新たに規定された。第3条に、第1条および第2条が「児童の福祉を保障するための原理であり、この原理は、すべて児童に関する法令の施行にあたつて、常に尊重されなければならない」とあるように、これらが子ども家庭福祉の要となる。

　そして、同法第3条の2では、「国及び地方公共団体は、児童が家庭において心身ともに健やかに養育されるよう、児童の保護者を支援しなければならない」とあり、国及び地方公共団体の保護者支援の責務について規定されている。また、「児童が家庭における養育環境と同様の養育環境において継

*1　法律
国家の立法機関である国会により制定される成文法。

*2　政令
内閣が定める命令。法律を施行するための実際的な規定が定められていることが多い。

*3　省令
各省の大臣が法律や政令を施行するため定められる命令などのこと。

*4　通知
事実および法律等の趣旨の周知や運用（法律などをうまく用いて機能させていくこと）するために出されるもの。

続的に養育されるよう、児童を家庭及び当該養育環境において養育することが適当でない場合にあつては児童ができる限り良好な家庭的環境において養育されるよう、必要な措置を講じなければならない」とされている（以上、下線は著者による）。「家庭における養育環境と同様の養育環境」は、養子縁組による家庭、里親家庭、ファミリーホーム（小規模住居型児童養育事業）を指し、「家庭的環境」は、施設のうち小規模で家庭に近い環境（小規模グループケアやグループホーム等）を指す。

▼児童福祉法の対象

　児童福祉法の対象となる者は、表5－1のとおりである。

▼児童福祉法に規定された各種サービスと実施機関

　児童福祉法のなかで社会的養護という言葉は定義されていないが、児童養護施設等の社会的養護の課題に関する検討委員会がまとめた「社会的養護の課題と将来像」（平成23年7月版）であげられた、「保護者のない児童や、保護者に監護させることが適当でない児童を、公的責任で社会的に養育し、保護するとともに、養育に大きな困難を抱える家庭への支援を行うこと」「『子どもの最善の利益のために』という考え方と、『社会全体で子どもを育む』という考え方を理念とし、保護者の適切な養育を受けられない子どもを、社

表5－1　児童福祉法の対象

条数	対象	定義
第4条第1項	児童	満18歳に満たない者
	乳児	満1歳に満たない者
	幼児	満1歳から小学校就学の始期に達するまでの者
	少年	小学校就学の始期から満18歳に達するまでの者
第4条第2項	障害児	身体に障害のある児童、知的障害のある児童、精神に障害のある児童（発達障害児を含む）、又は治療方法が確立していない疾病その他の特殊の疾病であって政令で定めるものによる障害の程度が内閣総理大臣及び厚生労働大臣が定める程度である児童（通称「難病児」）
第5条	妊産婦	妊娠中又は出産1年以内の女子
第6条	保護者	親権を行う者、未成年後見人その他の者で、児童を現に監護する者
第6条の3第5項	要支援児童	保護者の養育を支援することが特に必要と認められる児童
	特定妊婦	出産後の養育について出産前において支援を行うことが特に必要と認められる妊婦
第6条の3第8項	要保護児童	保護者のない児童又は保護者に監護させることが不適当であると認められる児童
第6条の4	里親	①養育里親：省令で定める人数以下の要保護児童を養育することを希望する者（研修修了等の要件を満たす者）のうち、養育里親名簿に登録されたもの ②養子縁組里親：省令で定める人数以下の要保護児童を養育すること及び養子縁組によって養親となることを希望する者（研修修了等の要件を満たす者）のうち、養子縁組里親名簿に登録されたもの ③省令で定める人数以下の要保護児童を養育することを希望する者（当該要保護児童の父母以外の親族）のうち、都道府県知事が児童を委託する者として適当と認めるもの

会の公的責任で保護養育し、子どもが心身ともに健康に育つ基本的な権利を保障する」という社会的養護の定義で示された2つの理念は、前述の児童福祉法の原理（第1、2条）、国および地方公共団体の責務（第3条の2）と合致するものである。

　そうした保護を必要とする子ども（要保護児童）の保護措置等を「要保護児童を発見した者は、これを市町村、都道府県の設置する福祉事務所若しくは児童相談所又は児童委員を介して（中略）福祉事務所若しくは児童相談所に通告しなければならない」（第25条）と定めている。要保護児童、および保護者の養育を支援することが特に必要と認められる要支援児童のために国

表5－2　児童福祉法に規定されている児童福祉施設

施設名	概要
助産施設	保健上必要があるにもかかわらず、経済的理由により、入院助産を受けることができない妊産婦を入所させて、助産を受けさせる
乳児院	乳児を入院させて養育し、退院した者について相談その他の援助を行う
母子生活支援施設	母子家庭の母と子（児童）を入所させて、これらの者を保護するとともに、これらの者の自立の促進のためにその生活を支援し、退所した者について相談その他の援助を行う
保育所	保育を必要とする乳児・幼児を日々保護者の下から通わせて保育を行う
幼保連携型認定こども園	満3歳以上の幼児への教育、および保育を必要とする乳幼児への保育を一体的に行い、これらの乳幼児の健やかな成長が図られるよう適当な環境を与え、その心身の発達を助長する
児童厚生施設	児童遊園、児童館等、児童に健全な遊びを与えて、その健康を増進し、情緒をゆたかにする
児童養護施設	保護者のない児童、虐待されている児童、その他養護を要する児童を入所させて、これを養護し、退所した者に対する相談その他の自立のための援助を行う
障害児入所施設	福祉型、および医療型に分類される。障害児を入所させて、日常生活における基本的動作の指導、独立自活に必要な知識技能の付与または集団生活への適応のための訓練、医療型についてはあわせて治療を行う
児童発達支援センター	障害児を日々保護者の下から通わせて、高度の専門的な知識および技術を必要とする児童発達支援を提供し、あわせて障害児の家族、指定障害児通所支援事業者その他の関係者に対し、相談、専門的な助言その他の必要な援助を行う[1]
児童心理治療施設	家庭環境、学校における交友関係その他の環境上の理由により社会生活への適応が困難となった児童を、短期間入所、または保護者の下から通わせて、社会生活に適応するために必要な心理に関する治療および生活指導を主として行い、退所した者について相談その他の援助を行う
児童自立支援施設	不良行為をした、またはする恐れのある児童、家庭環境その他の環境上の理由により生活指導等を要する児童を入所、または保護者の下から通わせて、個々の児童の状況に応じて必要な指導を行い、その自立を支援し、退所した者について相談その他の援助を行う
児童家庭支援センター	地域の児童の福祉に関する各般の問題につき、児童に関する家庭等からの相談に応じ、必要な助言、指導を行い、あわせて児童相談所、児童福祉施設等との連絡調整その他内閣府令の定める援助を総合的に行う
里親支援センター[2]	里親支援事業を行うほか、里親および里親に養育される児童ならびに里親になろうとする者について相談その他の援助を行う

※1：これまでは「福祉型」「医療型」に分けられ、障害種別による類型になっていたが、2022（令和4）年の児童福祉法改正により、障害種別にかかわらず、身近な地域で必要な発達支援を受けられるよう一元化された（2024（同6）年4月1日施行）。
※2：2022（令和4）年の児童福祉法改正により新たに児童福祉施設として規定された（2024（同6）年4月1日施行）。

などが用意した養護の体系が「社会的養護」であり、児童福祉法には、子どもを健全に育成するための各種サービスや実施機関が定められている。

①児童福祉法に規定された児童福祉施設

　児童福祉法に規定された児童福祉施設は、表５-２のとおりである。児童福祉法第36条～第44条の３において、どのような人を対象にどのような援助を行うかを規定している。なお、児童福祉施設ではないが、自立援助ホームも児童自立生活援助事業として法定化されている（第６条の３）。また、家庭養護である里親については第６条の４に、ファミリーホーム（小規模住居型児童養育事業）については第６条の３第８項に定められている。

②児童福祉法で規定された事業

　児童福祉法に定められ、国からの補助金の対象となる事業は、表５-３に示す21種となる（2022（令和４）年改正、2024（同６）年４月１日施行）。

③児童福祉の実施機関

　児童福祉法では、同法の実施機関や業務を表５-４のように定めている。

▼児童福祉法に定められる保育士

　保育士は、以前は「保母」と呼ばれており、児童福祉施設の任用資格であった。しかし、その当時保育士ではない人が、保育士を名乗って社会的信用を失わせていたことへの対処や、地域の子育ての中核を担う専門職としての保育士の重要性が高まっていたことを背景に、2001（平成13）年に児童福祉法の改正によって名称独占資格の専門職として「保育士」と規定された。保育士は「登録を受け、保育士の名称を用いて、専門的知識及び技術をもつて、児童の保育及び児童の保護者に対する保育に関する指導を行うことを業とする者をいう」（第18条の４）と定められており、秘密保持義務*5や保育士の信用を失う行為の禁止などの義務が課せられており、また知識の維持、向上に努めることとされている。

*5　秘密保持義務
業務上知り得た人の秘密を漏らしてはならないという義務。これは、保育士でなくなった後でも同様にしなければならない。

表５-３　児童家庭福祉の事業

事業名	概要
児童自立生活援助事業	児童養護施設等を退所した児童等が共同生活を営む住居において、相談その他の日常生活上の援助、生活指導、就業の支援を行う。
放課後児童健全育成事業	小学校就学児童で、保護者が労働等により昼間家庭にいない者に、授業終了後に児童厚生施設等を利用して、適切な遊びおよび生活の場を与えてその健全な育成を図る。
子育て短期支援事業	保護者の疾病等により家庭での養育が一時的に困難となった児童について、児童養護施設その他の施設に入所させる、または里親に委託するなどして保護する。
乳児家庭全戸訪問事業	市町村内のすべての乳児のいる家庭を訪問し、子育てに関する情報の提供、乳児とその保護者の心身の状況および養育環境を把握し、相談、助言、その他の援助を行う。

事業名	概要
養育支援訪問事業	乳児家庭全戸訪問事業その他により把握した要支援児童若しくは保護者に監護させることが不適当と認められる児童、および出産後の養育について支援を行うことが特に必要と認められる妊婦について、要支援児童等の居宅において、養育の相談、指導、その他必要な支援を行う。
地域子育て支援拠点事業	乳児または幼児およびその保護者が相互の交流を行う場所を開設し、子育てについての相談、情報の提供、助言その他の援助を行う。
一時預かり事業	家庭において保育を受けることが一時的に困難となった乳児または幼児について、主として昼間、保育所、認定こども園その他の場所で一時的に預かり、必要な保護を行う。子育て負担を軽減する目的での利用も可能である。 ・子ども自ら入所・利用を希望することも可能である。
小規模住居型児童養育事業	要保護児童の養育に関し相当の経験を有する者の住居において、要保護児童の養育を行う。
家庭的保育事業	保育を必要とする乳児・幼児があって満3歳未満のものについて家庭的保育者※の居宅その他の場所で、家庭的保育者による保育を行う。
小規模保育事業	・保育を必要とする乳児・幼児であって満3歳未満のものについて、保育を目的とする施設（利用定員は6人以上19人以下）において、保育を行う。 ・地域の事情を勘案し、保育を必要とする満3歳以上のものについて保育を目的とする施設において、保育を行う。
居宅訪問型保育事業	・保育を必要とする乳児・幼児であって満3歳未満のものについて、当該乳児・幼児の居宅において家庭的保育者による保育を行う。 ・地域の事情を勘案し、保育を必要とする満3歳以上のものについて、当該児童の居宅において家庭的保育者による保育を行う。
事業所内保育事業	・保育を必要とする乳児・幼児であって満3歳未満のものについて、事業主、事業主団体、共済組合等が、雇用する労働者、組合構成員の乳児、幼児を対象に、自ら設置する施設、あるいは委託をうけて保育を実施する施設において、保育を行う。 ・保育を必要とする満3歳以上のものについて、上記に規定する施設において、保育を行う。
病児保育事業	保育を必要とする乳児・幼児または保護者の労働、疾病その他の事由により家庭において保育を受けることが困難となった小学校就学児童であって疾病にかかっているものについて、保育所、認定こども園、病院、診療所その他において保育を行う。
子育て援助活動支援事業	内閣府令により、次に揚げる援助のいずれかまたは全てを受けることを希望する者と、援助希望者との連絡、調整、援助希望者への講習の実施その他必要な支援を行う。 ・児童を一時的に預かり、必要な保護を行うこと。 ・児童が円滑に外出することができるよう、その移動を支援すること。
親子再統合支援事業	内閣府令により、親子の再統合を図ることが必要と認められる児童およびその保護者に対して、児童虐待の防止に資する情報の提供、相談および助言その他の必要な支援を行う。
社会的養護自立支援拠点事業	内閣府令により、措置解除者等が相互の交流を行う場所を開設し、情報の提供、相談・助言、支援に関連する関係機関との連絡調整その他の必要な支援を行う。
意見表明等支援事業	意見聴取等措置の対象となる児童等の意見・意向について、児童の福祉に関し知識・経験を有する者が、意見聴取等状況に応じた適切な方法により把握し、これらの意見・意向を勘案して児童相談所、都道府県その他の関係機関との連絡調整その他の必要な支援を行う。
妊産婦等生活援助事業	家庭生活に支障が生じている特定妊婦等およびその児童を住居に入居、または事業所等に通わせ、食事の提供等必要な便宜の供与、児童の養育に係る相談・助言、母子生活支援施設その他の関係機関との連絡調整、特別養子縁組に係る情報の提供等必要な支援を行う。
子育て世帯訪問支援事業	要支援児童、要保護児童およびその保護者、特定妊婦等を対象に（支援を要するヤングケアラーを含む）、その居宅において、子育てに関する情報の提供、家事および養育に係る援助その他の必要な支援を行う。
児童育成支援拠点事業	養育環境等に関する課題を抱える主に学童期の児童について、児童の生活の場となる拠点を開設し、与えるとともに、情報の提供、相談および関係機関との連絡調整を行い、必要に応じて当該児童の保護者に対し、情報の提供、相談および助言等必要な支援を行う。
親子関係形成支援事業	親子間における適切な関係性の構築を目的として、児童およびその保護者に対し、当該児童の心身の発達の状況等に応じた情報の提供、相談および助言その他の必要な支援を行う。

※：区市町村長が行う研修を修了した保育士その他の者で、区市町村長が適当と認める者のこと

表5－4　児童家庭福祉の実施機関

機関	業務内容
市町村の行う業務 （第10条）	1　児童および妊産婦の福祉に関し、必要な実情の把握に努めること。 2　児童および妊産婦の福祉に関し、必要な情報の提供を行うこと。 3　児童および妊産婦の福祉に関し、家庭その他からの相談に応じ、必要な調査および指導を行うこと、並びにこれらに付随する業務を行うこと。
都道府県が行う業務 （第11条）	1　市町村の業務の実施に関し、市町村相互間の連絡調整、市町村に対する情報の提供、市町村職員の研修、その他必要な援助を行うこと、およびこれらに付随する業務を行うこと。 2　児童および妊産婦の福祉に関し、主として次に掲げる業務を行うこと。 ・各市町村の区域を超えた広域的な見地から、実情の把握に努めること。 ・児童に関する家庭その他からの相談のうち、専門的な知識および技術を必要とするものに応ずること。 ・必要な調査並びに医学的、心理学的、教育学的、社会 学的および精神保健上の判定を行うこと。 ・調査または判定に基づいて必要な指導を行うこと。 ・児童の一時保護を行うこと。 ・里親につき、その相談に応じ、必要な情報の提供、助言、研修その他の援助を行うこと。
児童相談所の設置および 業務（第12条）	都道府県は、児童相談所を設置しなければならない。 児童相談所は、都道府県の業務（一部を除く）を行う。
保健所の業務等 （第12条の6）	1　児童の保健について、正しい衛生知識の普及を図ること。 2　児童の健康相談に応じ、または健康診査を行い、必要に応じ、保健指導を行うこと。 3　身体に障害のある児童および疾病により長期にわたり療養を必要とする児童の療育について、指導を行うこと。 4　児童福祉施設に対し、栄養の改善その他衛生に関し、必要な助言を与えること。
児童福祉司 （第13条第4項）	児童福祉司は、児童相談所長の命を受けて、児童の保護その他児童の福祉に関する事項について、相談に応じ、専門的技術に基いて必要な指導を行う等児童の福祉増進に努める。
児童委員の職務 （第17条）	1　児童および妊産婦につき、その生活および取り巻く環境の状況を適切に把握しておくこと。 2　児童および妊産婦につき、その保護、保健その他福祉に関し、サービスを適切に利用するために必要な情報の提供その他の援助および指導を行うこと。 3　児童および妊産婦に係る社会福祉を目的とする事業を経営する者、または児童の健やかな育成に関する活動を行う者と密接に連携し、その事業または活動を支援すること。 4　児童福祉司または福祉事務所の社会福祉主事の行う職務に協力すること。 5　児童の健やかな育成に関する気運の醸成に努めること。 6　前各号に掲げるもののほか、必要に応じて、児童および妊産婦の福祉の増進を図るための活動を行うこと。

❷　社会的養護に関する法令・通知

　社会的養護の施設は、かつては、保護者がいなかったり、保護者に育てられなかったりする子どもへの施策であったが、現在では、虐待を受けて心に傷をもつ子ども、何らかの障がいのある子ども、DV被害の母子などへの支援を行う施策へと役割が変化している。また、施設の小規模化や家庭養護の推進、子育て支援施策など、取り巻く現状と課題も大きく変化している。

　児童福祉法を主とした社会的養護にかかわる法令も、そうした現状と課題に対応すべく改正を重ねており、それにともない適正に対応するためのガイ

表5-5　社会的養護に関する法令・通知（抜粋）

大区分	小区分	法令・通知等の名称
制度全般	法令等	・児童福祉法 ・児童福祉法施行令 ・児童福祉法施行規則 ・児童福祉施設の設備及び運営に関する基準　等
	通知	・児童福祉法施行令の一部を改正する政令の施行について　等
指針	通知	・社会的養護施設運営指針及び里親及びファミリーホーム養育指針について
第三者評価	通知	・社会的養護関係施設における第三者評価及び自己評価の実施について　等
里親	制度全般	・里親制度の運営について ・里親委託ガイドラインについて　等
	里親支援	・里親養育包括支援（フォスタリング）事業の実施について ・里親の一時的な休息のための援助の実施について ・里親に委託されている児童が保育所へ入所する場合等の取扱いについて　等
	里親研修	・養育里親研修制度の運営について　等
ファミリーホーム	制度全般	・小規模住居型児童養育事業（ファミリーホーム）の運営について
養子縁組	制度全般	・養子制度等の運用について ・特別養子縁組制度における家庭裁判所との協力について
	あっせん事業	・養子縁組あっせん事業の指導について　等
施設	小規模化	・児童養護施設等のケア形態の小規模化の推進について ・地域小規模児童養護施設の設置運営について　等
	職員	・家庭支援専門相談員、里親支援専門相談員、心理療法担当職員、個別対応職員、職業指導員及び医療的ケアを担当する職員の配置について
	自立支援計画	・児童養護施設等における入所者の自立支援計画について
自立援助ホーム	制度全般	・児童自立生活援助事業（自立援助ホーム）の実施について
	就学者支援	・就学者自立生活援助事業の実施について
児童家庭支援センター	制度全般	・児童家庭支援センターの設置運営等について
共通事項	措置延長等	・児童養護施設等及び里親等の措置延長等について
	自立支援・身元保証人	・社会的養護自立支援事業等の実施について

出典：厚生労働省ウェブサイト「社会的養護に関する法令・通知等一覧」より一部抜粋
https://www.mhlw.go.jp/stf/seisakunitsuite/bunya/kodomo/kodomo_kosodate/syakaiteki_yougo/syaiteki_yougo_tuuchi.html

ドラインとして各種通知が出されている。表5-5に主な法令や通知等について まとめる。

③　児童福祉施設の設備及び運営に関する基準

　児童福祉法の規定に基づき、1948（昭和23）年に児童福祉施設最低基準として制定され、2011（平成23）年の改正により「児童福祉施設の設備及び運

営に関する基準」（以下「設備運営基準」）と改称された。

　設備運営基準は、児童福祉法で「児童の身体的、精神的及び社会的な発達のために必要な生活水準を確保するものでなければならない」（第45条）と記された基準を具体化したものであり、「都道府県知事の監督に属する児童福祉施設に入所している者が、明るくて、衛生的な環境において、素養があり、かつ、適切な訓練を受けた職員の指導により、心身ともに健やかにして、社会に適応するように育成されることを保障する」（設備運営基準第2条）ことを目的にしている。

表5-6　社会的養護にかかわる主な児童福祉施設の職員配置および設備基準

施設	配置職員	設備基準
乳児院	小児科の診療に相当の経験を有する医師（嘱託医可）、看護師（保育士または児童指導員に代えることができる：乳幼児の人数による条件あり）、個別対応職員、家庭支援専門相談員、栄養士、調理員、心理療法担当職員（心理療法を行う必要があると認められる乳幼児またはその保護者が10人以上の施設）、里親支援専門相談員（里親支援を行う施設）	①乳幼児10人以上を入所させる施設 【設置義務】寝室、観察室、診察室、病室、ほふく室、相談室、調理室、浴室および便所 【備考】寝室面積：乳幼児1人につき2.47m²以上、観察室面積：乳幼児1人につき1.65m²以上 ②乳幼児10人未満を入所させる施設 【設置義務】乳幼児の養育のための専用の室、相談室
母子生活支援施設	母子支援員、嘱託医、少年を指導する職員（少年指導員）、調理員、心理療法担当職員（心理療法を行う必要があると認められる母子が10人以上の施設）、個別対応職員（DV被害者に支援を行う施設）	【設置義務】母子室、集会、学習等を行う室・相談室、調理設備・浴室・便所（1世帯1室以上）、静養室、医務室（乳幼児30人以上の施設） 【備考】母子室面積：30m²以上
児童養護施設	児童指導員、嘱託医、保育士、個別対応職員、家庭支援専門相談員、栄養士、調理員、看護師（乳児が入所している施設）、心理療法担当職員（心理療法を行う必要があると認められる児童が10人以上の施設）、職業指導員（実習設備を設けて職業指導を行う施設）、里親支援専門相談員（里親支援を行う施設）	【設置義務】児童の居室、相談室、調理室、浴室、便所 【備考】居室…定員：4人以下／面積：1人につき4.95m²以上（乳幼児のみの場合6人以下、3.3m²以上）／男女別、便所…男女別（少数児童対象の場合を除く）、入所児童の年齢、適性等に応じ職業指導に必要な設備を設ける
福祉型障害児入所施設	①主として知的障害のある児童を入所させる施設：嘱託医（精神科または小児科の診療に相当の経験を有する者）、児童指導員、保育士、栄養士（入所児童41人以上の施設）、調理員（委託可）、児童発達支援管理責任者、心理指導担当職員（心理指導を行う必要があると認められる児童5人以上に心理指導を行う施設）、職業指導員（職業指導を行う施設） ②主として自閉症児を入所させる施設：①に加え、医師、看護職員 ③主として盲ろうあ児を入所させる施設：①に同じ（ただし、嘱託医は眼科または耳鼻咽喉科の診療に相当の経験を有する者）。 ④主として肢体不自由のある児童を入所させる施設：①に加え、看護職員	【設置義務】居室、調理室、浴室、便所、医務室、静養室 上記に加え、 ①主として知的障害のある児童を入所させる施設：職業指導に必要な設備 ②主として盲児を入所させる施設：遊戯室、訓練室、職業指導に必要な設備、音楽に関する設備、浴室・便所の手すり、特殊表示等身体の機能の不自由を助ける設備 ③主としてろうあ児を入所させる施設：遊戯室、訓練室、職業指導に必要な設備、映像に関する設備 ④主として肢体不自由のある児童を入所させる施設：訓練室、屋外訓練場、浴室・便所の手すり等身体の機能の不自由を助ける設備 【備考】居室…定員：4人以下／面積：1人につき4.95m²以上（乳幼児のみの場合6人以下、3.3m²以上）／年齢等に応じ男女別、便所…男女別

施設	配置職員	設備基準
医療型障害児入所施設	①主として自閉症児を入所させる施設：医療法に規定する病院として必要な職員、児童指導員、保育士、児童発達支援管理責任者 ②主として肢体不自由のある児童を入所させる施設：①に加え（医師は肢体の機能の不自由な者の療育に関して相当の経験を有する者）、理学療法士または作業療法士 ③主として重症心身障害児を入所させる施設：②に加え（医師は内科、精神科、神経と組み合わせた名称を診療科名とする診療科、小児科、外科、整形外科、またはリハビリテーション科の診療に相当の経験を有する者）、心理指導を担当する職員	【設置義務】医療法に規定する病院として必要な設備、訓練室、浴室 上記に加え、 ①主として自閉症児を入所させる施設：静養室 ②主として肢体不自由のある児童を入所させる施設：屋外訓練場、ギブス室、特殊手工芸等の作業を指導するに必要な設備、義肢装具を製作する設備（代替可）、浴室・便所の手すり等身体の機能の不自由を助ける設備
福祉型児童発達支援センター※	①主として難聴児・重症心身障害児以外を通わせる施設：嘱託医、児童指導員、保育士、栄養士、調理員、児童発達支援管理責任者、機能訓練担当職員（機能訓練を行う施設）、看護職員（医療的ケア（人工呼吸器による呼吸管理、喀痰吸引等）を恒常的に受けることが不可欠である障害児に医療的ケアを行う施設） ②主として難聴児を通わせる施設：①に加え、言語聴覚士 ③主として重症心身障害児を通わせる施設：①に加え、看護職員	【設置義務】指導訓練室、遊戯室、屋外遊戯場（施設付近にある代替場所可）、医務室、相談室、調理室、便所、児童発達支援の提供に必要な設備・備品（以上、主として重症心身障害児を通わせる施設を除く） 上記に加え、 ①主として知的障害児を通わせる施設：静養室 ②主として難聴児を通わせる施設：聴力検査室 ③主として重症心身障害児を通わせる施設：指導訓練室、調理室、便所、児童発達支援の提供に必要な設備・備品 【備考】指導訓練室：一室の定員…おおむね10人／面積：児童1人につき2.47m²以上、遊戯室…面積：児童1人につき1.65m²以上（以上、主として重症心身障害児・難聴児を通わせる施設を除く）
医療型児童発達支援センター※	医療法に規定する診療所として必要な職員、児童指導員、保育士、看護師、理学療法士または作業療法士、児童発達支援管理責任者	【設置義務】医療法に規定する診療所として必要な設備、指導訓練室、屋外訓練場、相談室、調理室、浴室・便所の手すり等身体の機能の不自由を助ける設備 【備考】階段の傾斜を緩やかにする
児童心理治療施設	医師（精神科または小児科の診療に相当の経験を有する者）、心理療法担当職員、児童指導員、保育士、看護師、個別対応職員、家庭支援専門相談員、栄養士、調理員（委託可） 【備考】心理療法担当職員：おおむね児童10人につき1人以上、児童指導員・保育士：総数おおむね児童4.5人につき1人以上	【設置義務】児童の居室、医務室、静養室、遊戯室、観察室、心理検査室、相談室、工作室、調理室、浴室、便所 【備考】居室…定員：4人以下／面積：1人につき4.95m²以上／男女別、便所…男女別（少数児童対象の場合を除く）
児童自立支援施設	児童自立支援専門員、児童生活支援員、嘱託医、医師（精神科の診療に相当の経験を有する者。嘱託医可）、個別対応職員、家庭支援専門相談員、栄養士（入所児童41人以上の場合）、調理員（委託可）、心理療法担当職員（心理療法を行う必要があると認められる児童が10人以上の施設）、職業指導員（実習設備を設けて職業指導を行う施設） 【備考】児童自立支援専門員・児童生活支援員の総数は、通じておおむね児童4.5人につき1人以上	【設置義務】学科指導に関する設備については、小学校・中学校・特別支援学校の設備の設置基準に関する学校教育法の規定を準用（乳幼児の居室に関する規定は除く）。また、それ以外の設備については、児童養護施設の設備の規定を準用。

注：児童福祉施設のうち、助産施設、保育所、幼保連携型認定こども園、児童厚生施設、児童家庭支援センター、里親支援センターは省略。
※：児童発達支援センターは、2024（令和6）年4月1日施行の児童福祉法の改正により、障害種別にかかわらず障害児を支援できるよう児童発達支援の類型（福祉型、医療型）の一元化が行われる。そのため、本表の設備運営基準も一元化が図られる見通しであるが、本書編集の時点（2024（同6）年1月）では同基準の改正が行われていない。そのため、本表では一元化前の「福祉型児童発達支援センター」「医療型児童発達支援センター」の設備運営基準を記載している。
資料：「児童福祉施設の設備及び運営基準」より作成

入所している子どもの人権に十分配慮するとともに、一人ひとりの人格を尊重して、その運営を行わなければならないことや、地域社会との連携交流および連携を図ることなどを施設の一般原則とし、非常災害対策、職員の一般的要件、入所した子どもを平等に取り扱う原則、虐待等の禁止、懲戒に係る権限の濫用禁止、衛生管理、健康管理、苦情対応など、施設の種類別に最低限守るべき設備基準や職員配置、援助・支援の基準が定められている（表5－6参照）[6]。

都道府県は、設備運営基準に従い地域の実情に応じた自治体独自の基準（最低基準）を条例により定めなければならない。

設備運営基準で定められた基準はあくまでも「最低限遵守すべき基準」であり、この基準を常に向上させるように努めることが求められている（設備運営基準第3、4条）。また、基準に満たない施設は、設置者に対して、程度に応じて改善勧告、改善命令、事業の停止命令、閉鎖命令などの措置がとられる。

*6
設備運営基準には、「従うべき基準」と「参酌すべき基準」があり、「従うべき基準」は必ず適合しなければならない基準で、「配置する従業者及びその員数」「居室及び病室の床面積その他児童福祉施設の設備に関する事項であつて児童の健全な発達に密接に関連するもの」などがある。「参酌すべき基準」は、地方自治体が十分に参照した結果として地域の実情に応じて異なる内容を定めることができる。

4 子どもの権利保障のための法律

① こども基本法

日本は子どもの権利条約を1994（平成6）年に批准した際、本条約の内容はすでにある法律によって網羅されているとし、子どもの権利に関する新たな法律の制定も、本条約に準拠した国内法の見直し・改正も行わなかった。

一方、世界の人権状況の改善への取り組みが加速するなか、わが国も人権擁護は国の基本的責務という方針のもと、人権の尊重を理念とした法律として、障がい者には「障害者基本法」（1970（昭和45）年）を、女性には「男女共同参画社会基本法」（1999（平成11）年）を制定した。しかし、子どもの権利保障については児童福祉法の改正にとどまり、子ども固有の権利を明確にした子どものための基本法の必要性が長らく叫ばれてきた。

2023（令和5）年4月に施行された「こども基本法」は子どもの権利を保障するための総合的な法律であり、それまでの子どもに関する法律が子どもの保護・支援を目的としたものであったのに対し、子どもを"権利の主体者"として位置づけ、子どもの権利を明確にした点で重要な意義がある[7]。

これまで、子どもに関する各般の施策の充実に取り組んできたが、少子化の進行、人口減少に歯止めがかからず、また、児童虐待相談や不登校の件数

*7
第1章、第4章、および「子ども家庭福祉」を参照。

が過去最多になるなど、子どもを取り巻く状況は深刻であった。そこで、常に子どもの最善の利益を第一に考え、子どもに関する取り組みや政策をわが国の社会の真ん中に据えて、強力に進めていくことが急務と考えたため、こども家庭庁の設置と相まって、従来、諸法律に基づいて、国の関係省庁、地方自治体において進められてきた、子どもに関するさまざまな取り組みを講ずるに当たっての共通の基盤となるものとして、こども施策の基本理念や基本となる事項を明らかにすることにより、こども施策を社会全体で総合的かつ強力に実施していくための包括的な基本法として、制定された[*8]。

＊8
こども家庭庁長官「こども基本法の施行について（通知）」2023年（「第1法制定の目的（第1条関係）」）。

②　こども大綱

　国は「こどもまんなか社会」の実現のため、こども基本法第9条に基づき「こども大綱」[*9]を2023（令和5）年12月に閣議決定した。こども大綱には、子ども施策に関する基本的な方針、子ども施策に関する重要事項、子ども施策を推進するために必要な事項が定められており（同条第2項）、こども大綱の定める施策については原則として具体的な目標およびその達成期間を設定しなければならない（同条第4項）。またこども基本法第10条には、都道府県ごとにこども大綱を勘案した「都道府県こども計画」の策定（同条第1項）、市町村については、こども大綱および都道府県こども計画を勘案した「市町村こども計画」の策定に努めることとし（同条第2項）、その公表は義務とされている（同条第3項）。これにより、こども家庭庁のリーダーシップの下、国のこども施策が総合的に推進されることとなった。

＊9
「こども大綱」の策定については、第4章pp.54-55に詳しい。また、こども家庭庁のwebサイト参照。

　こども大綱では基本方針として、①こども・若者を権利の主体として認識し、その多様な人格・個性を尊重し、権利を保障し、こども・若者の今とこれからの最善の利益を図る、②こどもや若者、子育て当事者の視点を尊重し、その意見を聴き、対話しながら、ともに進めていく、③こどもや若者、子育て当事者のライフステージに応じて切れ目なく対応し、十分に支援する、④良好な成育環境を確保し、貧困と格差の解消を図り、全てのこども・若者が幸せな状態で成長できるようにする、⑤若い世代の生活基盤の安定を図るとともに、多様な価値観・考え方を大前提として若い世代の視点に立って結婚、子育てに関する希望の形成と実現を阻む隘路（あいろ）の打破に取り組む、⑥施策の総合性を確保するとともに、関係省庁、地方公共団体、民間団体等との連携を重視するの6点を示している。

　社会的養護については、対象となる子どものパーマネンシー保障（永続的解決）をめざし、養育環境の改善、親子関係再構築や家庭復帰の支援、親族

等による養育（親族等による里親養育・普通養子縁組を含む）への移行支援、特別養子縁組の判断・支援の取り組み等の強化をあげている。同時に、家庭養育優先の原則にのっとり、社会的養護の受け皿としての里親やファミリーホームの確保・充実、児童養護施設等の小規模化・地域分散化等の環境改善、多機能化・高機能化、および人材確保に努めることが定められている。

　また、社会的養護の下にある子どもの権利保障や支援の質の向上のために、子どもの声に耳を傾け、その意見を尊重した改善に取り組むこと、こうした点に留意した児童相談所におけるケースマネージメントの推進をあげている。

　さらに社会的養護経験者への多職種・関係機関の連携による自立支援はもとより、社会的養護の経験はないが同様にさまざまな困難に直面している若者についても支援の対象と位置づけた点は、今まで制度からこぼれ落ちてしまっていた"生きにくさ"を抱えた若者たちへの支援として期待される[10]。

*10
「こども大綱」の「第3　こども施策に関する重要事項　1　ライフステージを通した重要事項（6）児童虐待防止対策と社会的養護の推進及びヤングケアラー」参照。なお、社会的養護に関連の深い重要事項として、同「（4）こどもの貧困対策」「（5）障害児支援・医療的ケア児等への支援」「（7）こども・若者の自殺対策、犯罪などからこども・若者を守る取組」もあわせて確認しておくとよい。

5　子どもの人権侵害を防止するための法律

① 児童虐待の防止等に関する法律

　児童虐待は、子どもの生命そのものを脅かす人権侵害であると同時に社会問題である。

　児童虐待では、被害者である子ども自身が、その被害を外部に訴えるだけの力がなかったり、身近に適切に相談できる大人がいなかったりする場合が多く、虐待が深刻化することが多い。そうした社会的状況を受け、2000（平成12）年に「児童虐待の防止等に関する法律」（以下「児童虐待防止法」）が制定され、児童虐待の防止に関する国および地方公共団体の責務や、被虐待児童の保護のための措置や虐待防止策の強化に乗り出した。児童虐待防止法では、「児童虐待を受けたと思われる児童」も通告義務の範囲に含め、強制入所措置なども盛り込んだ虐待防止策を打ち出している。また、児童相談所等から求められた場合に、医療機関や学校等は、被虐待児童等に関する資料等を提供できるとしており、立ち入り調査等の強化や保護者に対する措置なども明文化し、児童虐待の防止や早期発見等の施策の充実に努めている。

　児童虐待防止法では、児童虐待を「児童の人権を著しく侵害し、その心身の成長及び人格の形成に重大な影響を与える」ものと定義し（第1条）、次のように分類している（第2条）。

▼身体的虐待

子どもの身体に外傷が生じ、または生じるおそれのある暴行を加えること（具体的には、殴る、蹴る、タバコの火を押しつけるなど）。

▼性的虐待

子どもにわいせつな行為をすること、または子どもをしてわいせつな行為をさせること（具体的には、性行為の強要、親の性行為の見せつけ、ポルノの被写体にするなど）。

▼ネグレクト（養育の怠慢・拒否）

子どもの心身の正常な発達を妨げるような著しい減食または長時間の放置、（保護者以外の同居人による身体的虐待、性的虐待、心理的虐待とそれらの行為の放置、）その他の保護者としての監護を著しく怠ること（具体的には、食事を与えない、不潔な衣服を身につけさせる、病気でも病院に連れていかないなど）。

▼心理的虐待

子どもに対する著しい暴言または著しく拒絶的な対応、子どもが同居する家庭における配偶者や内縁関係にある者に対する暴力やその他の、子どもに著しい心理的外傷を与える言動を行うこと（具体的には、子どもの尊厳を傷つけるような罵声を浴びせる、子どもを無視する、配偶者や内縁関係の間で起こる家庭内暴力のある環境で育つなど）。

▼2019（令和元）年の法改正―しつけと虐待―

児童虐待への対応については、従来より制度改正や関係機関の体制強化などにより、その充実が図られてきた。

しかし、深刻な児童虐待事件が後を絶たず、全国の児童相談所における児童虐待に関する相談対応件数も増加を続けており、依然として社会全体で取り組むべき重要な課題となっている。そこで2019（令和元）年、親の子どもへの体罰を禁止するとともに*11、児童相談所の体制強化を盛り込んだ改正児童虐待防止法が、参院本会議で全会一致により可決、成立した（2020（同2）年4月施行）。その他、改正のポイントは以下のとおりである。

---

① 親権者や里親らは児童のしつけに際し、体罰を加えてはならない。民法の懲戒権の在り方は、施行後2年をめどに検討する
② 児童相談所で一時保護など「介入」対応をする職員と、保護者支援をする職員を分けて、介入機能を強化する
③ 学校、教育委員会、児童福祉施設の職員に守秘義務を課す
④ ドメスティックバイオレンス（DV）対応機関との連携も強化する
⑤ 都道府県などは虐待した保護者に対して医学的・心理学的指導を行うよう努める
⑦ 児相の児童福祉司に過剰な負担がかからないよう人口や対応件数を考慮し体制を強化する
⑧ 転居しても切れ目ない支援をするため、転居先の児相や関係機関と速やかに情報共有する

---

*11
これまで法第14条にて、親権者は、子どものしつけに際して、監護・教育に必要な範囲を超えて子どもを懲戒してはならないとされていたが、それに加え、「体罰を加えること」を禁止する旨が明記された。

厚生労働省では、児童虐待の防止に向け、(1)児童虐待の発生予防、(2)児童虐待発生時の迅速・的確な対応、(3)虐待を受けた子どもの自立支援の取り組みを進めている。

② 児童買春、児童ポルノに係る行為等の規制及び処罰並びに児童の保護等に関する法律

児童買春*12や児童ポルノ*13にかかわる行為を処罰し、これらの行為により心身に有害な影響を受けた子どもの保護を定め、児童の権利を擁護することを目的とする法律が「児童買春、児童ポルノに係る行為等の規制及び処罰並びに児童の保護等に関する法律」(以下「子ども買春・子どもポルノ禁止法」)である。児童買春が「年少者の健全な性道徳を破壊する」という観点からも従来からの売春防止法に基づくものとは別に、規制を加える必要があるとの世論の高まりとともに、子ども買春・子どもポルノ禁止法は、1999(平成11)年に成立した。

この法律は、1994(平成6)年に日本が批准した「子どもの権利条約」を実態的に実践するうえで重要なものである。なぜなら、児童買春や児童ポルノは、子どもの人権を著しく侵害するものであり、子どもに対する性的搾取にほかならない。これは、すべての子どもは、経済的搾取・有害労働、性的搾取・虐待などから保護される権利があるという「子どもの権利条約」に反するものであるからである。

③ 子どもの貧困対策の推進に関する法律

「貧困」の状況にある世帯で育った子どもは、十分とは言いがたい養育環境のもと、健康や学力の面で不利を強いられることがある。特に経済格差が進むなかで貧困の問題は深刻さを増し、時として社会的養護につながる。

「子どもの貧困対策の推進に関する法律」は、そうした社会背景のもと、2014(平成26)年1月から施行された。「子どもの現在及び将来がその生まれ育った環境によって左右されることのないよう、全ての子どもが心身ともに健やかに育成され、及びその教育の機会均等が保障され、子ども一人一人が夢や希望を持つことができるようにする」ことを目的としている。同法では、「教育の支援」(第10条)、「生活の安定に資するための支援」(第11条)、「保護者に対する職業生活の安定と向上に資するための就労の支援」(第12条)、「経済的支援」(第13条)など、子どもの貧困対策を総合的に推進を図る。

なかでも子どものたちへの「教育の支援」は、「貧困の連鎖」の原因の一

つとしてあげられる「貧困世帯の子どもは十分な教育を受ける機会がなく低収入の仕事にしかつけない」という問題を食い止めるための重要な支援と考えられている。

④　民法

　日常生活の基本的なルールを定めた法律である民法には、社会的養護に深くかかわるものとして「親子（実子・養子）」や、成年に達しない子を監護、教育し、その財産を管理するため、その父母に与えられた身分上および財産上の権利・義務である「親権」、未成年後見人などの「後見」について定められている。なかでも、子どもの権利や養育などを考えるうえで親権の理解は大切である。具体的な親権の内容は、監護及び教育の権利義務（第820条）、居所指定権（第822条）、職業許可権（第823条）、財産管理権及び代表権（第824条）などが定められている。その親権を濫用し、子どもに暴力を振るったり、子どもを放置したりするといった児童虐待が増えているなかで、児童虐待から子どもを守るため、「親権制限制度」が見直されて、親権喪失に加えて新たに「親権停止」が創設され、2012（平成24）年度から施行された[14]。さらに、2022（令和4）年には親権として認められていた「懲戒権」が廃止され、理由や程度を問わず体罰が禁止された。

*14
第4章p.59参照。

⑤　社会福祉法

　社会福祉法は、社会福祉を目的とする全分野の共通的基本事項を定めており、社会福祉事業の推進や社会福祉の増進などを目的として施行されている。
　社会福祉法が社会的養護に深くかかわることの一つに権利擁護がある。同法では、利用者の権利擁護として、利用者等からの苦情の適切な解決に努めることが第82条に、福祉サービスの質の向上のための措置が第78条に規定されている。児童福祉施設の苦情解決については、第85条の規定をもとに「児童福祉施設の設備及び運営に関する基準」第14条の3において苦情への対応が定められている。福祉サービスの質の向上のための措置は、第三者評価として、厚生労働省の「福祉サービス第三者評価事業に関する指針について」、および「社会的養護関係施設における第三者評価及び自己評価の実施について」の通知によって社会的養護関係施設への適切な実施が求められている。
　これにより、要保護児童が児童福祉施設などで児童虐待などの著しい人権侵害があった場合でも、責任をもって問題解決にあたるシステムができたこ

とになる。また、被措置児童が育つ環境を第三者が評価することによって、社会的責任において被措置児童に心身ともに健やかに育成されるような環境を整える体制ができあがりつつある。

6 障がいのある子どもの福祉に関する法律

障がい児とは、法律の定義上は、身体障がい、知的障がい、精神障がい、発達障がい、難病等があり、「社会的障壁」*15により継続的に日常生活または社会生活に相当な制限を受ける状態にある子どものことである。社会的養護は、前述のとおり「保護者の適切な養育を受けられない子どもを社会の公的責任で保護養育し、子どもが心身ともに健康に育つ基本的な権利を保障する」という理念のもとに行われているが、この「子ども」という表現のなかに当然のこととして「障がい児」も含まれている。

① 障害者基本法

▼障害者基本法の概要

障がいのある人の法律や制度について基本的な考え方を示した「障害者基本法」が、2011（平成23）年に改正され、法律の目的を定めた第1条に「全ての国民が、障害の有無にかかわらず、等しく基本的人権を享有するかけがえのない個人として尊重されるものであるとの理念にのつとり、全ての国民が、障害の有無によつて分け隔てられることなく、相互に人格と個性を尊重し合いながら共生する社会を実現するため」が加えられた。障がいのある人が日常生活、就労、教育などあらゆる分野において分け隔てられることなく、他者と共生することができる社会の実現が法律の目的として新たに規定されたのである。

障がいのある生徒の教育についても、障がいのない生徒と可能な限りともに教育を受けられるように教育の内容および方法の改善、充実を図るなどの必要な施策を講じなければならないとしている（第16条）。また、国および地方公共団体は、障がい者である子どもが可能な限りその身近な場所において療育その他これに関連する支援を受けられるよう必要な施策を講じなければならないと定めている（第17条）。

▼障がい児に対する福祉サービス

これまで、わが国における障がい児に対する福祉サービスは、子どものた

*15 社会的障壁
第4章p.64の*32参照。

*16 ソーシャル・インクルージョン
何らかの問題を抱え、社会から孤立したり排除されている人々に対して、行政や民間団体、地域社会が社会の一員として包み込み、つながりをつくりながらともに生活をしていくこと。

*17 制度の谷間
従来の障がい児・者の福祉は、障がいごとに縦割りに区分されてサービスが提供されてきたため、小人症や原因不明で確立した治療法のない難病を患う人などのどの障がいの分類にも属さない人に対する福祉サービスの提供が難しいとされる問題。

*18 自閉症
対人関係の障がい、言葉の発達が遅い、パターン化した興味や活動を特徴とする障がいで、3歳以前に症状が現れる。養育環境や親の育て方ではなく、生まれつき脳の中枢神経系の機能的障がいが原因とされる。自閉症である人の半数以上は知的障がいを伴う。

めの福祉サービスを規定した「児童福祉法」と「身体障害者福祉法」「知的
障害者福祉法」「精神保健及び精神障害者福祉に関する法律」「発達障害者支
援法」といった障害種別に定められた法律によってそれぞれに整備・拡充が
図られてきた。

　しかし、障がい児の保育や教育をはじめとした生活全般の援助・支援は、
障がい児用の設備や器具などを整備する必要があり、高い専門性も要求され
るため、生まれ育った地域で福祉サービスなどを受けることが難しく、結果
として乳幼児期から保育・教育の場が「障がいのない子ども」と分離されて
いることが少なくない。このことが、障がい児やその家族を社会から孤立さ
せる大きな要因の一つとなっていた。

　今後の課題として、ソーシャル・インクルージョン[*16]体制を具体的に構
築していくことが求められている。

② 障害者の日常生活及び社会生活を総合的に支援するための法律

　「障害者自立支援法」が改称され、2013（平成25）年４月より「障害者の
日常生活及び社会生活を総合的に支援するための法律」（障害者総合支援法）
となった。そして、同法に基づく日常生活・社会生活への支援が、共生社会
を実現するため、社会参加の機会の確保および地域社会における共生、社会
的障壁の除去に資するよう、総合的かつ計画的に行われることが基本理念と
して掲げられた（第１条の２）。

　また、障がい児・者の福祉には従来「制度の谷間」[*17]と呼ばれる問題が存
在していたが、その解消をめざし、障がい者の範囲に難病等を加えることと
なった。また、従来の障がいの状態や程度を示す「障害程度区分」に代わり
「障害支援区分」が創設され、障がいの多様な特性その他の心身の状態に応
じて必要とされる支援の度合が総合的に示されるようになった。

③ 発達障害者支援法

　「自閉症[*18]、アスペルガー症候群[*19]その他の広汎性発達障害、学習障
害[*20]、注意欠陥多動性障害[*21]その他これに類する脳機能の障害」[*22]（発達障
害者支援法第２条）がある人に対する福祉サービスは、従来は知的障害者施
策の一部として部分的に提供されてきたものの、知的障がいをともなわない
場合には施策の対象外にされるなど、十分な対応がなされてこなかった。そ
こで、2004（平成16）年に発達障害者支援法が制定された。同法の施行によ

*19　アスペルガー
症候群
広い意味での「自閉症」
の一つのタイプで、対
人関係の障がい、パ
ターン化した興味や活
動が特徴で、言葉の発
達の遅れがないことが
自閉症と異なる。養育
環境や保護者の育て方
ではなく、生まれつき
脳の中枢神経系の機能
的障がいが原因とされ
る。知的発達に遅れの
ある人はほとんどいな
い。

*20　学習障害
基本的には全般的な知
的発達に遅れはない
が、聞く、話す、読む、
書く、計算するまたは
推論する能力のうち、
特定のものの習得と使
用に著しい困難を示す
状態を指す。原因とし
て、中枢神経系に何ら
かの機能障がいがある
と推定されるが、視覚
障がい、聴覚障がい、
知的障がい、情緒障が
いなどや、環境的な要
因が直接の原因となる
ものではない。

*21　注意欠陥多動
性障害
多動性、注意集中困難、
衝動性という行動上の
特徴をもつ発達障がい
の一つ。注意欠如・多
動症、注意欠如・多
動性障がいとも呼ばれ
る。

*22
2013年にアメリカ
精神医学会が公刊した
ＤＳＭ-５において、
診断基準が改められた
ことによって診断名も
変更となったので注意
が必要である（「自閉
症」「アスペルガー症
候群」「その他の広汎
性発達障害」→自閉症
スペクトラム、「注意
欠陥多動性障害」→注
意欠陥・多動症）。

り発達障がい児・者の福祉サービスが施策として展開されるようになった。

　同法の目的は第1条で定められており、発達障がい者の心理機能の適正な発達および円滑な社会生活の促進をめざすことや、発達障がいの早期発見・支援の国または地方公共団体の責務、学校教育における支援、就労支援などを行うことで発達障がい者の自立および社会参加を促進する旨を目的としている。また、同法には発達障がいに関する相談・助言・発達支援等を専門的に行う、「発達障害者支援センター」などに関する規定が盛り込まれている。

🔍 まとめてみよう

> ①　児童家庭福祉の中心的な法律は何か。またその法律は、何を目的として施行されているのだろうか。そして社会的養護は、児童家庭福祉のなかでどのような役割を果たしているのかをまとめてみよう。
> ②　児童虐待とはなにか。またそれを防止するために、どのような法や制度が定められているのだろうか。近年、増加の一途をたどる児童虐待を予防するために、どのような対策がとられているのかをまとめてみよう。
> ③　障がい児の福祉を守るためにどのような法律が施行されているか。それによって、どのような福祉サービスが提供されているかをまとめてみよう。

【参考文献】
保育福祉小六法編集委員会編『保育福祉小六法　2023年版』みらい　2023年
社会福祉士養成講座編集委員会編『児童や家庭に対する支援と児童・家庭福祉制度─児童福祉論（第7版）新・社会福祉士養成講座15』中央法規出版　2019年
望月彰編著『三訂子どもの社会的養護─出会いと希望のかけはし』建帛社　2019年
神戸賢次・喜多一憲編『新選・児童の社会的養護原理』みらい　2011年
松本園子・堀口美智子・森和子『児童福祉を学ぶ─子どもと家庭に対する支援─』ななみ書房　2009年

第**6**章　社会的養護のしくみと実施体制

🖎子どもの養育にかかわる問題はどのように解決されるの？

みらいさん　社会的養護がどのように行われるのかということについては、法律や制度によって定められていることがわかってきましたが、具体的にはどのように行われているのでしょうか？

さとる先生　たとえば、保護者がいない子どもたちだけではなく、保護者や家庭が抱える何らかの事情で、家庭で生活することが困難な状態になった子どもたちが生活する場所として児童養護施設があります。

みらいさん　施設というと、集団生活でいろいろ規則とかもあって、少し窮屈な感じがしますけど、それは仕方のないことなのでしょうか？

さとる先生　最近では、より家庭的な環境のなかで暮らせるように、グループホームといって施設も少人数で一人ひとりの子どもに寄り添いケアができるよう小規模化していく傾向にあります。また、里親を積極的に活用して、家庭生活を通して、精神的な安定を図ろうとする取り組みも進められています。加えて、家庭での生活を続けながら課題解決を図る支援も重要視されてきています。

みらいさん　「子どもの最善の利益を考える」ということですね。ところで、施設にしても里親にしても、また、家庭生活を続けながら課題解決を図るにしても、どのようにして、支援にたどり着くのでしょう？　子ども自身が支援を申し込んだりするのは、とても難しいと思うのですが……。

さとる先生　大きな役割を担うのは、都道府県や政令指定都市などに設置されている児童相談所ですね。ここでは、子どもにまつわるさまざまな相談を受け付けたり、緊急時にはソーシャルワーカーがその家庭に介入したり、子どもを一時的に保護したりしています。そのうえで、その子どもをどのように養護するのか、行政的な決定をしています。そのほか、市町村などの行政機関や児童福祉関係施設、地域の児童委員など、多くの人がかかわりながら子どもの育ちと家庭における子育てを支えています。

みらいさん　なるほど。多くの人や機関が社会的養護を担っているということですね。

さとる先生　そうですね。保育士もその一人としてかかわることになるのですから、ここでは、社会的養護のしくみや種類、実施体制などをしっかり学んでいきましょう。

1 社会的養護の体系

① 社会的養護の体系

　従来の社会的養護は、家庭で生活することが困難な状態にある子どもたち（要保護児童）を家庭から離して、国や地方公共団体の社会的責任として養育・保護（養護）することを意味していた。しかし、三間（時間、空間、仲間）の喪失に代表されるように、子どもたちの育つ環境の変化に加えて、近年、家族規模の縮小化やひとり親家庭の増加、地域との交流の希薄化など、家庭や地域における子育て機能が脆弱化してきている。そのため、子どもの育ちを支えるとともに家庭での生活が困難となるような深刻な状況に陥らないための予防的支援や早期発見が求められるようになってきている。

　つまり社会的養護とは、家庭における子育てと子どもの育ちを社会的に支

図6-1　社会的養護の体系

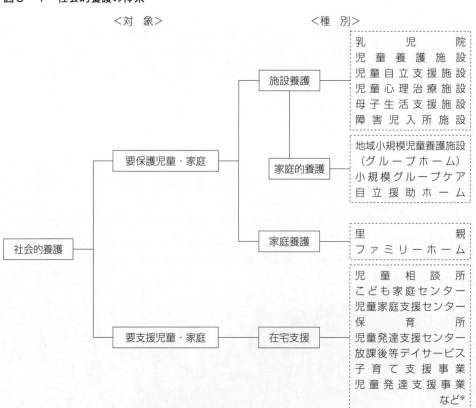

※　：本章表6-1「主な在宅支援（養護）の種類」（p.94）参照
資料：小池由佳・山縣文治編著『社会的養護』ミネルヴァ書房　2014年　p.55を参考に筆者作成

援する、子育て・子育ち支援サービスのなかで、家庭での生活が困難となる
状況（保護者の就労、子どもの疾病や障がい、虐待や非行など）が発生して
しまった場合の代替的、治療的、補完的支援とその発生を予防するための支
援の総体のことである。

　社会的養護について、対象となる保護が必要な子ども・家庭と支援が必要
な子ども・家庭を軸に分類すると、要保護児童・家庭を対象とした「施設養
護」と「家庭養護」と、要支援児童・家庭[*1]を対象とした「在宅支援（養護）」
の3つから構成されている。

　施設養護とは、児童福祉施設のうち入所型の施設において営まれる養護の
ことである。施設養護は、社会的養護のなかでも最も歴史の古いものであり、
その代表的なものが児童養護施設である。また施設養護のなかで、家庭的な
養育環境をめざす取り組みのことを家庭的養護という。一方、家庭養護は、
養育者の家庭において営まれる養護のことである。また、社会的養護におけ
る在宅支援とは、子どもが家庭での生活を続けながら利用することができる
在宅福祉サービスのうち、サービスの開始と終了に行政機関が関与する「在
宅措置・指導委託」のことを意味している。これらの支援を社会的養護の一
つと捉えることで、家庭と施設・機関との連続性をもった子どもの育ちと子
育てに対する支援が展開できる。これらを体系的に図示したものが、図6－
1である。

② 施設養護の基本的理解

▼施設養護

　施設養護は、児童福祉法第7条に定められた13種類（2024（令和6）年度
以降）の児童福祉施設[*2]のうち、入所型施設によって実践される養育・保
護（養護）のことをいう。入所型施設とは、乳児院、児童養護施設、児童自
立支援施設、児童心理治療施設、母子生活支援施設および障害児入所施設で
ある。さらに障害児入所施設は、治療や訓練、指導などの目的別に、それぞ
れ医療型と福祉型の2つに区分される。

▼家庭的養護

　施設養護のなかで、近年、児童養護施設等において養育環境の小規模化に
よる養護実践として取り組まれているのが家庭的養護である。地域小規模児
童養護施設（グループホーム）[*3]や小規模グループケア[*4]などがこれにあた
る。これらは、被虐待や発達障がいなどの子どもたちに対する、より個別的、
治療的な養護を実践するための取り組みであり、集団的な養護の限界への挑

*1　要支援児童・家庭
家庭での養育を支援することが特に必要と認められる子どもや保護者のことで、具体的には、①育児ストレス、産後うつ状態、育児ノイローゼなどによって、子育てに対して強い不安や孤立感を抱える子どもと保護者、②食事、衣服、生活環境等について、不適切な養育状態にある家庭など、虐待のおそれやそのリスクを抱えている子どもと保護者、③児童養護施設等や里親から退所もしくは委託終了により措置解除され、家庭復帰した子どもとその保護者が該当する。

*2　児童福祉施設
これまで12種類だったが、2024（令和6）年4月の改正児童福祉法施行により、里親支援センターが加わり、13種類となる。第5章p.73参照。

*3　地域小規模児童養護施設（グループホーム）
2000（平成12）年に制度化された小規模の児童養護施設で、長期にわたって家庭復帰が望めない子どもを対象に、本体施設である児童養護施設の支援のもと、地域の民間住宅などを活用し、家庭的な養育環境のもとでの養護を実践するものである。定員は原則として6名。

*4　小規模グループケア
2004（平成16）年から制度化されたもので、大舎制の児童養護施設等における集団による養護の形態を小規模化することによって、可能な限り家庭的な養育環境のなかで、職員との個別的な関係を重視した養護を実践する。ユニットケアともいう。

戦ともいえるものである。

　また、義務教育終了後、児童養護施設等を退所した子どもに対して、相談および日常生活上の援助、生活指導、就労支援などを共同生活を営む住居において行う自立援助ホーム（児童自立生活援助事業）*5も、この家庭的養護に含まれる。

③　家庭養護の基本的理解

▼家庭養護の位置づけ

　家庭養護は、養育者の家庭において子どもの養護を行うもので、里親やファミリーホーム（小規模住居型児童養育事業）がこれにあたる。集団生活のなかでの個別援助が中心である施設養護よりも、大人とのより緊密な関係を必要とする子どもへの援助形態として位置づけられている。

▼里親

　里親制度は、家庭での養育が困難または受けられなくなった子どもに、温かい愛情と正しい理解をもった家庭環境のもとでの養育を提供する制度である。里親とは、法律上の親権をもたず、都道府県からの委託で子どもを養育する者で、児童福祉法第6条の4によって定められている。

　里親は、養育里親、専門里親、養子縁組里親、親族里親の4つに分けられる。それぞれの対象となる子どもや里親になるための要件および欠格事由、研修受講義務の有無、里親の登録有効期間などが定められている*6。

▼（普通）養子縁組・特別養子縁組

　養子縁組とは、生物学的な親子関係のない者同士の間で法律的に親子関係を成立させる制度のことである。法律的には民法に規定されており、（普通）養子縁組（民法第792条～第817条）と特別養子縁組（民法第817条の2～第817条の11）がある。子どもの育つ環境の安定性と永続性（パーマネンシー）の確保という点からも重要視されるようになってきている。いずれも、家庭裁判所の許可または審判によって決定される。

　（普通）養子縁組は、養親と養子の同意（契約）によって成立するものであるが、養子が15歳未満の子どもである場合は、実親（親権者等）の同意が必要となる。戸籍上では、養親とともに実親も並記され、実親との法律上の関係が残る縁組形式である。一方、特別養子縁組は、実親による養育が困難な場合や不適切な場合に、子どもの福祉を積極的に確保するという観点から実施されるもので、原則15歳未満の子どもに適用される*7。実親との関係を断絶するとともに、養親からの離縁は原則不可という形態をとる。戸籍上

*5　自立援助ホーム（児童自立生活援助事業）
1997（平成9）年に法定化され、児童福祉法第6条の3第1項で「児童自立生活援助事業」として定められた第2種社会福祉事業。義務教育を終了した20歳未満の児童（大学等就学中の場合は22歳の年度末まで）であって、児童養護施設等を退所した子どもたちの経済的・社会的自立をめざすことを目的としており、共同生活をしながら、職員の支援のもと求職および就労活動を行っている。2022（令和4）年3月末現在で、全国に229か所設置されている（厚生労働省子ども家庭局家庭福祉課（当時））。

*6
里親の詳細については、第7章参照。

*7
以前は「原則6歳未満」とされていたが、2019（令和元）年、特別養子制度の利用を促進するために年齢を引き上げるとともに、特別養子縁組の成立の手続を2段階に分けて養親となる者の負担を軽減するなどの改正が行われた（2020（同2）年4月施行）。第7章p.121も参照。

では、実親子とほぼ同様の形式となる。

▼ファミリーホーム（小規模住居型児童養育事業）

　家庭養護（当時は家庭的養護）を促進することを目的に、2009（平成21）年度に創設された第2種社会福祉事業である（児童福祉法第6条の3第8項）[*8]。家庭的な養育環境を前提としつつ、子ども同士の相互作用も活かした養育が特徴であり、5人または6人の要保護児童が養育者の家庭で生活をするものである。

*8
2022（令和4）年3月末現在で257か所のファミリーホームが設置されている（厚生労働省福祉行政報告例）。

④　在宅支援（養護）の基本的理解

▼在宅支援（養護）が求められる背景

　近年、子どもたちの育つ環境の変化に加えて、子育て不安を抱えた保護者の存在やひとり親家庭の増加、就労形態の多様化にともなう養育ニーズの発生、地域社会の子育てを支える機能の低下などを背景に、家庭での生活を継続しながら支援を受けることができる仕組みが求められるようになってきた。そのような状況のなかで、新しく示された考え方が社会的養護における在宅支援である。なお、2017（平成29）年に示された「新しい社会的養育ビジョン」では、サービスの開始時と終了時に児童相談所や市区町村などの行政機関が関与する児童福祉司指導や市町村指導、児童委員指導、児童家庭支援センター指導などのことを社会的養護における在宅支援（養護）として位置づけている。

▼在宅支援（養護）の種類

　在宅支援には、児童相談所、児童家庭支援センターなどによる相談支援をはじめとして、児童発達支援センターなどの治療や訓練を中心とした障害児通所支援や保育所や保育者の自宅などで実施される保育サービス（家庭的保育事業）、地域の児童福祉施設（児童館、児童遊園など）等を利用して遊びや生活の場を提供する放課後児童健全育成事業（学童クラブ）などの通所支援がある。さらに、家庭への訪問等を通じて養育支援を行う訪問事業（乳児家庭全戸訪問事業、養育支援訪問事業）や保育所等の児童福祉施設を利用して養育支援を行う事業（保育所等訪問支援）などの訪問支援や家庭において、保護者が病気や仕事、出産、育児疲れなどで一時的に養育ができなくなった子どもを児童養護施設や乳児院などで一定期間預かる子育て短期支援事業（ショートステイ、トワイライトステイ）、一時預かり事業などの一時預かり支援がある。また、その他にも、子育てに関する情報提供や助言等を行う地域子育て支援拠点事業などがある[*9]。

*9
各事業については、第5章p.74参照。

▼社会的養護における在宅支援（養護）の役割

　家庭における養育を支援するこれらのサービスを社会的養護の一つとしてとらえることによって、家庭か家庭外かといった二者択一的なサービスから、家庭と社会的養護サービスとの連続性をもった社会的養護サービスが実践可能となるといえる。在宅支援は、家庭養育を補完および増進する役割を担っているとともに、家庭における養育困難な状況への予防的役割も持ち合わせているといえる（表6－1参照）。

表6－1　主な在宅支援（養護）の種類

相談支援	児童相談所	
	児童家庭支援センター	
	地域子育て支援センター	
	こども家庭センター	
通所支援	保育所	
	幼保連携型こども園	
	家庭的保育事業（保育ママ）	
	障害児通所支援	児童発達支援センター
		児童発達支援事業
		放課後等デイサービス
	放課後児童健全育成事業（放課後児童クラブ）	
	児童育成支援事業	
	親子関係形成支援事業	
訪問支援	乳児家庭全戸訪問事業（こんにちは赤ちゃん事業）	
	養育支援訪問事業	
	居宅訪問型児童発達	
	保育所等訪問支援	
	子育て世帯訪問支援事業　など	
一時預かり支援	子育て短期支援事業（ショートステイ、トワイライトステイ）	
	一時預かり事業　など	
その他	地域子育て支援拠点事業　など	

2 社会的養護の実施体制と専門機関

① 社会的養護の支援体制

　社会的養護は、措置機関である児童相談所を中心としつつ、市町村や地域の関係機関による支援ネットワーク（要保護児童対策地域協議会）とも一連のつながりをもつのであり、それぞれに密接な連携が必要である（図6−2参照）。

　なお、これまで社会的養護は厚生労働省子ども家庭局が所管していたが、2022（令和4）年の「こども家庭庁設置法」に基づき創設されたこども家庭庁*10の所管事務となった。こども家庭庁は、社会的養護のほか、これまで厚生労働省の所管事務であった児童虐待防止施策、ひとり親家庭支援、同じく内閣府所管事務であった少子化対策、子どもの貧困対策などを引き継ぐこととなっている。

*10　こども家庭庁
内閣府の外局として設置され、成育、支援、企画立案・総合調整の3部門からなっている。

図6−2　社会的養護の支援体制

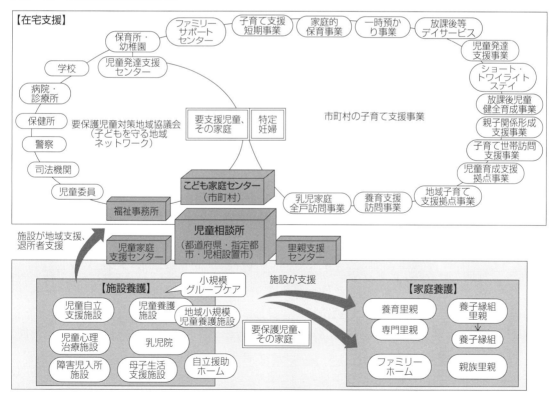

資料：厚生労働省「社会的養護の推進に向けて」（平成28年11月）を一部改変

② 措置制度と利用契約制度等

　社会的養護を利用する場合、措置制度と利用契約制度および公的契約制度（子ども・子育て支援方式）、直接利用の４つの利用方式がある。

▼措置制度

　行政機関による専門的判断、すなわち児童相談所の決定によって、母子生活支援施設を除いた施設養護および家庭養護を利用する場合にとられる方式である。施設養護を利用する場合を入所措置、家庭養護を利用する場合を委託措置という。行政処分の一つであり、

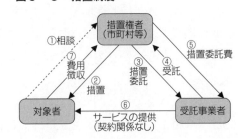

図６-３　措置制度

出典：橋本好市・宮田徹『保育と社会福祉（第３版）』みらい　2019年　p.80

国および都道府県における社会福祉に関する権限の行使であり、社会的養護が公的責任のもとで実践されていることを示すものであるといえる（図６-３参照）。

*11　措置費（児童保護措置費）
第14章p.222参照。

　措置制度に基づいて、国および都道府県から施設養護を実践している児童福祉施設に支弁されるのが、措置費（児童保護措置費）*11である。この措置費は、事務費と事業費に大別される。同様に、家庭養護を実践している養育里親および専門里親、ファミリーホームには、里親手当、生活費、教育費、医療費等が支払われる。なお、児童福祉法には、国および都道府県、市町村の負担割合が規定されている。支払われた費用については、都道府県市町村の長および厚生労働大臣が、本人またはその扶養義務者から負担能力に応じて、その費用の全額もしくは一部を徴収することができるとされている（児童福祉法第56条）。

▼利用契約制度

　利用契約制度には、行政との契約によるものと施設などとの直接契約によって提供された、サービス内容に応じた給付費が支払われるものがある。

　行政との契約によるものは、行政への利用申請を通じて行政との契約を結ぶことによって、施設や事業によるサービスの提供を受ける制度である。母子生活支援施設、助産施設、子育て支援短期事業、一時預かり事業などを利用する場合に行われる（図６-４参照）。一方、障害児施設（入所・通所）を利用する場合には、施設との直接契約によって提供されたサービス内容に応じた費用が障害児施設給付費として都道府県等から支払われる（図６-５参照）。ただし、虐待などがある場合は、子どもの権利擁護に対する公的責

図6-4　行政との契約方式（母子生活支援施設、助産施設）

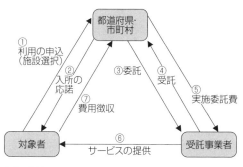

出典：図6-3に同じ

図6-5　障害児施設給付費のしくみ

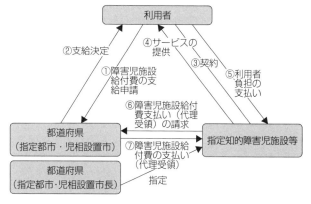

資料：厚生労働省障害保健福祉部「平成18年全国厚生労働関係部局長会議資料」障害者自立支援法施行関係　2006年を一部改変

任として、今までどおり措置制度が適用される。

▼公的契約制度

　2015（平成27）年に施行された子ども・子育て関連３法[*12]に基づく、子ども・子育て支援新制度のもとで行われる利用方式である。保育所、幼稚園、幼保連携型認定こども園を利用する際に、市町村の関与のもとで、保護者が自ら利用する施設を選択し、保護者と施設が契約する方式である。利用を希望する場合は、市町村から支給認定を受ける必要がある。

③　社会的養護の実施機関

▼児童相談所

　児童相談所は、児童福祉法第12条に基づく18歳未満の子どもとその家庭にかかわる相談支援機関であり、子どもとその家庭を社会的養護につなげる措置機関でもある。措置には、施設養護や家庭養護を利用する場合の入所措置および委託措置（児童福祉法第27条第１項第３号）、児童福祉司指導や市町村指導、児童家庭支援センター指導（いずれも、児童福祉法第26条１項２号および27条第１項第２号）などの在宅支援の一つである指導措置がある。児童相談所には措置機能を含めて６つの機能があり、なかでも相談支援機能と一時保護機能は、措置機能とならんで社会的養護を実施していくうえで、重要な機能である（表6-2参照）。

　児童相談所は、ソーシャルワークを基本としながら、これらの機能を効果的かつ有効に活用して、子どもと家庭を社会的養護という社会資源へとつなげるとともに、子どもにとっての最善の利益の実現とwell-beingの確保を目

*12　子ども・子育て関連３法
2012（平成24）年8月に成立した「子ども・子育て支援法」「就学前の子どもに関する教育、保育等の総合的な提供の推進に関する法律の一部を改正する法律」「子ども・子育て支援法及び就学前の子どもに関する教育、保育等の総合的な提供の推進に関する法律の一部を改正する法律の施行に伴う関係法律の整備等に関する法律」のことをいい、幼児期の学校教育・保育、地域の子ども・子育て支援を総合的に推進することを目的としている。

*13　政令指定都市
政令で指定する人口50万人以上の都市のことで、都道府県と同等の行政権限がある。2022（令和4）年4月1日現在で20都市（札幌市、仙台市、新潟市、さいたま市、千葉市、川崎市、横浜市、相模原市、静岡市、浜松市、名古屋市、京都市、堺市、大阪市、神戸市、岡山市、広島市、北九州市、福岡市、熊本市）。

表6-2　児童相談所の機能

相談支援機能	こどもに関する家庭その他からの相談のうち、専門的な知識及び技術を必要とするものについて、必要に応じてこどもの家庭、地域状況、生活歴や発達、性格、行動等について専門的な角度から総合的に調査、診断、判定（総合診断）し、それに基づいて援助指針を定め、自ら又は関係機関等を活用し一貫したこどもの援助を行う機能（法第12条第3項）	相談受付	家庭や関係機関からのこどもに関するあらゆる問題についての相談に応じる。
		調査	こどもやその家庭が抱える問題について、必要な調査を行う。
		判定	こどもやその家庭が抱える問題について、医学的、心理学的、教育学的、社会学的および精神保健上の判定を行う。
		援助	相談を受け付けたこどもやその保護者に対して、問題解決のための援助を行う。
一時保護機能			必要に応じてこどもを家庭から離して一時保護する機能（法第12条第3項、第12条の4、第33条）
措置機能			こども又はその保護者を委託する等の機能（法第26条、第27条（法第32条による都道府県知事（指定都市又は児童相談所設置市の市長を含む）の権限の委任）
市町村援助機能			市町村による児童家庭相談への対応について、市町村相互間の連絡調整、市町村に対する情報の提供その他必要な援助を行う機能（法第12条第3項）
ネットワーク機能			① こどもと家庭に関わる地域の各関係機関のネットワーク化を推進する。 ② 地域におけるこどもと家庭に対する相談援助活動の総合的企画およびその実施を行う。
その他の機能（民法上の権限）			親権者の親権喪失、未成年後見人選任及び解任の請求を家庭裁判所に対して行うことができる。（法第33条の7、第33条の8第1項、第33条の9）

注：「法」は児童福祉法を指す。
資料：厚生労働省「児童相談所運営指針」（令和5年3月29日最終改正）より作成

指すファミリーソーシャルワーク実践機関としての役割を担っている。その具体的な支援活動の流れと支援内容を示したものが、図6-6である。

　児童相談所は、都道府県・政令指定都市[*13]および一部の中核市[*14]に設置されており、2023（令和5）年4月現在で、全国に232か所ある[*15]。

▼市区町村の役割

　2004（平成16）年の児童福祉法改正以降、市区町村は子ども家庭相談の第一義的役割を担い、相談支援はもちろんのこと、子どもへの虐待に関する通告への対応（子どもの安全確認他）、児童相談所への送致、子育て支援事業の実施などを行ってきた（児童福祉法第10条）。2016（同28）年の児童福祉法改正では、母子保健法に基づいた妊娠期から子育て期までの切れ目のない支援を提供することを目的とした「子育て世代包括支援センター（母子健康包括支援センター）」と、児童福祉法に基づいた地域の社会資源やサービスをつなぐコミュニティを基盤としたソーシャルワーク機能を担う「市区町村子ども家庭総合支援拠点」の設置が求められた。

　そして2022（令和4）年の児童福祉法改正では、それぞれの設立の意義と機能を維持した上で、さらなる支援の充実・強化を図ることを目的として、全ての妊産婦、子育て世帯、子どもへの一体的な相談支援を行う機能を有す

*14　中核市
人口20万人以上の都市で、政令指定都市を除いて、その規模や行政能力が比較的大きな都市のことである。2022（令和4）年4月1日現在で60都市あるが、そのなかで児童相談所設置都市は横須賀市、金沢市、明石市、奈良市である。

*15
2016（平成28年）に児童虐待発生時の迅速かつ的確な対応を目的に児童福祉法および児童虐待防止法が改正され、児童相談所設置自治体の拡大が図られ、特別区においても設置されることとなり、2023（令和5）年2月現在、江戸川区、世田谷区、港区、中野区、荒川区、豊島区、板橋区に設置された。

図6-6　児童相談所における相談支援活動の体系と展開

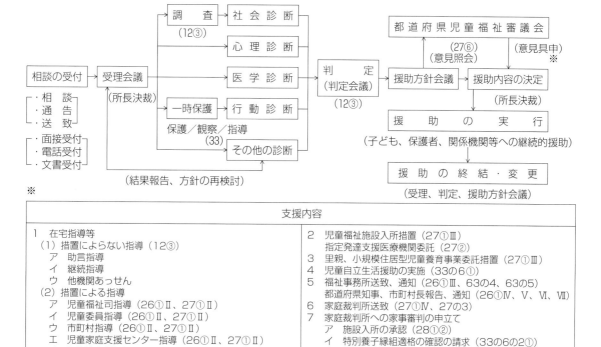

資料：表6-2に同じ

支援内容	
1　在宅指導等 （1）措置によらない指導（12③） 　ア　助言指導 　イ　継続指導 　ウ　他機関あっせん （2）措置による指導 　ア　児童福祉司指導（26①Ⅱ、27①Ⅱ） 　イ　児童委員指導（26①Ⅱ、27①Ⅱ） 　ウ　市町村指導（26①Ⅱ、27①Ⅱ） 　エ　児童家庭支援センター指導（26①Ⅱ、27①Ⅱ） 　オ　知的障害者福祉司、社会福祉主事指導（27①Ⅱ） 　カ　障害児相談支援事業を行う者の指導（26①Ⅱ、27①Ⅱ） 　キ　指導の委託（26①Ⅱ、27①Ⅱ） （3）訓戒、誓約措置（27①Ⅰ）	2　児童福祉施設入所措置（27①Ⅲ） 　　指定発達支援医療機関委託（27②） 3　里親、小規模住居型児童養育事業委託措置（27①Ⅲ） 4　児童自立生活援助の実施（33の6①） 5　福祉事務所送致、通知（26①Ⅲ、63の4、63の5） 　　都道府県知事、市町村長報告、通知（26①Ⅳ、Ⅴ、Ⅵ、Ⅶ） 6　家庭裁判所送致（27①Ⅳ、27の3） 7　家庭裁判所への家事審判の申立て 　ア　施設入所の承認（28①②） 　イ　特別養子縁組適格の確認の請求（33の6の2①） 　ウ　親権喪失等の審判の請求又は取り消しの請求（33の7） 　エ　後見人選任の請求（33の8） 　オ　後見人解任の請求（33の9）

（数字は児童福祉法の該当条項等）

図6-7　こども家庭センターの概要

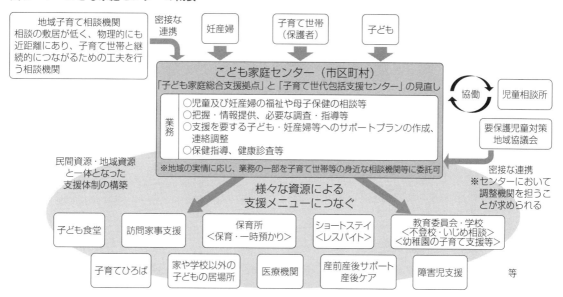

出典：厚生労働省「自治体向け改正児童福祉法説明会資料【資料1】」2022年
　　　https://www.mhlw.go.jp/content/000994207.pdf

る機関として「こども家庭センター」の設置が予定されている（図6－7参照）。この「こども家庭センター」は、これまでの「子育て世代包括支援センター（母子健康包括支援センター）」と「子ども家庭総合支援拠点」において実施している相談支援に加えて、妊産婦への支援、子どもの育ちや子育てに関する相談を支援につなぐためのマネジメント、民間団体との連携による支援体制の充実・強化を図ることが求められている。

このように、社会的養護における在宅支援（養護）の実施において市区町村の役割は、ますます重要となってきているといえる。

▼市区町村要保護児童対策地域協議会

要保護児童対策地域協議会は、地域の要保護児童等に関する関係者間の情報交換と支援に関する協議を行うことを目的に、2004（平成16）年の児童福祉法改正によって法定化された機関である（児童福祉法第25条の2）。運営の中核となる調整機関を設置することや構成員[*16]に対する守秘義務が課せられている。また、2016（同28）年の児童福祉法改正によって、調整機関への専門職の配置[*17]が義務づけられるなどの機能強化が図られ、社会的養護のおける在宅支援において、市区町村と並んで重要な役割を担うようになってきている（図6－8参照）。具体的な運営は、調整機関が中心となって、個別の事例について担当者レベルで検討する会議（個別ケース検討会議）、具体的な援助をおこなっている実務担当者による会議（実務者会議）、構成員の代表者による会議（代表者会議）の三層構造の会議によって展開される。

[*16]
主な構成員は、市区町村、児童相談所、保育所（地域子育て支援センター）、幼稚園、児童養護施設等の児童福祉施設、里親、児童家庭支援センター、民生・児童委員、主任児童委員、保健所、医療機関、小中学校等教育機関、教育委員会、警察、民間団体などである。

[*17]
児童福祉司たる資格を有する職員、保健師、助産師、看護師、保育士、教員、児童指導員など。

図6－8　要保護児童対策地域協議会の概要

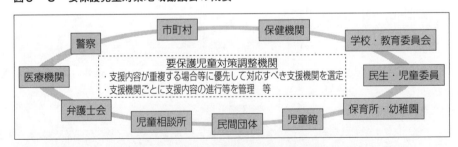

出典：厚生労働省雇用均等・児童家庭局長通知「要保護児童対策地域協議会設置・運営指針について」（平成21年3月31日発出）

▼児童家庭支援センター

児童家庭支援センターは、地域密着型の相談支援活動、児童相談所からの指導委託に基づく指導、関係機関との連絡調整、市町村からの依頼に基づく技術的助言、その他の必要な援助を行うことなどを主な業務としている（児

童福祉法第44条の２）[18]。また、2011（平成23）年４月の設置運営要綱[19]の改正により、里親やファミリーホームへの支援を行うことも役割に加えられた。児童家庭支援センターの多くは児童養護施設等の施設に附置されており、施設養護の地域支援機能の一端を担っているが、一定の条件を満たした医療機関やNPO等など単独設置も可能である。在宅支援において、重要な役割を担うようになってきているといえる。

▼児童委員・主任児童委員

　児童委員・主任児童委員は、市区町村の区域に配置され、地域の子どもたちの安心・安全な暮らしを目的とした支援活動を行う役割を担っている。児童委員のなかから、厚生労働大臣の指名を受けたものが主任児童委員である（児童福祉法第16条）。

　児童委員は、地域の子どもたちを見守るとともに、子育ての不安や妊娠中の心配事などの相談に応じ、児童相談所や福祉事務所などに協力しながら、子どもと子育て家庭が必要としている支援につなげる役割を果たしている（同法第17条第１項）。一方、主任児童委員は、児童相談所、福祉事務所に加えて、市区町村、保健所、学校などの関係機関との密な連絡のもと、区域を担当する児童委員との連絡調整を行うとともに、児童委員の活動に対する援助・協力を行う（同法第17条第２項）。なお、児童委員は民生委員[20]が兼務しているが、主任児童委員は地域の子どもと家庭に関する事項を担当することに専念することとなっている。社会的養護の窓口としての役割を担っているといえる。

▼里親支援センター（フォスタリング機関）

　2016（平成28）年の「児童福祉法等の一部を改正する法律」において、子どもの家庭養育優先原則が明記されたことにより、都道府県が行うべき里親に関する業務（フォスタリング業務）が具体的に示された。このフォスタリング業務を児童福祉法上に位置づけて、国の支援において実施するのが、2024（令和６）年から児童福祉施設として位置づけられる里親支援センターである。

　この里親支援センターは、①里親制度の普及・啓発、②里親に関する相談への必要な支援、③里親の選定・調整、④施設入所児童と里親の相互交流の場の提供、⑤子どもと里親家庭のマッチング、⑥委託児童の養育計画の作成、⑦委託児童と里親に対する相談支援を行う業務を担うこととなっている。

[18]
2020（令和２）年10月１日現在で150か所が設置されている（厚生労働省子ども家庭局家庭福祉課）。

[19]
厚生労働省雇用均等・児童家庭局長通知「児童家庭支援センターの設置運営について」

[20]　民生委員
厚生労働大臣から委嘱され、それぞれの市区町村の区域において、住民の立場に立って相談に応じ、必要な援助を行い、社会福祉の増進に努める役割を担っている。

3 社会的養護の連携機関

　社会的養護は、福祉領域だけにとどまらず様々な分野の専門機関が連携・協働して、子どもの育ちと家庭における子育てを支援している。

① 子ども家庭福祉にかかわる機関

▼福祉事務所・家庭児童相談室

　福祉事務所は、社会福祉法第14条に「福祉に関する事務所」と規定されている社会福祉六法[*21]をあつかう社会福祉の実践機関である。都道府県および政令指定都市と特別区を含む市に設置義務があり、町村は任意設置である。社会福祉六法をあつかっているので業務は多岐にわたるが、子ども家庭福祉にかかわるものとしては、①子どもと妊産婦の福祉に関する実情把握、相談支援、②助産施設、母子生活支援施設および保育所への入所契約事務、③各種手当の申請窓口、④在宅支援における各種事業の利用申請窓口などがあげられる。また、虐待などの要保護児童に関する通告先としての役割もある（児童福祉法第25条および児童虐待の防止等に関する法律（以下「児童虐待防止法」）第6条）。

　家庭児童相談室は、福祉事務所が行う子ども家庭福祉に関する業務のうち専門的技術を必要とするものが対象であり、福祉事務所における子ども家庭福祉に関する機能強化を目的に設置されている（任意設置）。地域に密着した相談援助機関としての役割のほか、児童相談所との連携をはじめとして学校、保健所、警察、児童委員や主任児童委員との協力関係のもと、地域の子どもと家庭の状況把握および情報の提供・共有などの業務も担っている。

▼保健所・市町村保健センター、医療機関

　保健所・市町村保健センターは、地域保健法[*22]に規定された地域住民の保健・衛生に関する業務を担う地域保健の実践機関である。保健所は、都道府県および政令指定都市、中核市、特別区に設置され、市町村保健センターは市町村に任意で設置されている。業務内容は、精神保健、母子保健、老人保健、食品衛生、公衆衛生、疾病対策など多岐にわたる。子ども家庭福祉に関する業務としては、母子保健法に関することが中心であるが、乳児家庭全戸訪問事業（こんにちは赤ちゃん訪問事業）や養育支援事業といった在宅支援を担当するなど、子ども虐待の発生予防に大きな役割を担っている。

　一方、社会的養護において医療機関が果たす役割は欠かせないものなって

*21　社会福祉六法
生活保護法、児童福祉法、老人福祉法、身体障害者福祉法、知的障害者福祉法、母子及び父子並びに寡婦福祉法のこと。なお、都道府県福祉事務所は、このうちの三法（生活保護法、児童福祉法、母子及び父子並びに寡婦福祉法）を担当している。

*22　地域保健法
保健所の設置や地域保健対策の基本となる事項を定めており、地域住民の健康保持および増進などに寄与することを目的とした法律である。

きている。なぜなら、施設養護や家庭養護を利用している子どもたちのなかには、被虐待体験や障がいのある子どもたちが数多くいることが明らかになっており、子どもとのかかわりにおいては心のケアや特別な配慮が不可欠となってきているからである。近隣のかかりつけ医はもちろんのこと、小児精神科などの専門医との連携が求められる。なお、施設養護のうち医療型の障害児入所施設および児童発達支援センターは、児童福祉施設でもあると同時に医療法上の病院でもあり、両者の役割を担っている。

▼地域子育て支援センター

　地域子育て支援センターは、地域全体で子育てを支援する基盤を形成することを目的として、地域子育て支援拠点事業のなかで取り組まれているものである。実施主体は市町村であるが、社会福祉法人やNPO法人、民間事業者への委託も可能となっている。主な事業は、子育て親子の交流の場の提供と交流の促進、子育てに関する相談や支援の実施、地域の子育て関連情報の発信、子育ておよび子育て支援に関する講習の実施などである。

② 司法福祉にかかわる機関

▼家庭裁判所

　家庭裁判所は、裁判所法に規定されている裁判所の一つである*23。家庭裁判所では、家事事件手続法で定める家庭に関する事件の審判および調停、少年法*24で定める少年の保護事件の審判などの業務を行っている。社会的養護との関わりでは、①犯罪少年*25および虞犯少年*26の通告先および児童相談所への送致（児童相談所送致）、②虞犯少年および触法少年*27の児童相談所からの送致（家庭裁判所送致）、③保護処分による児童養護施設送致および児童自立支援施設送致、④養子縁組・特別養子縁組の手続き、⑤未成年後見人の選任・解任などがある。また、児童福祉法第28条*28に基づく施設入所にかかわる審判、親権の一時停止*29および喪失*30の審判といった子ども虐待への法的対応の役割も担っており、社会的養護において重要な役割を果たしているといえる。

▼少年鑑別所

　少年鑑別所は、主に家庭裁判所による少年審判において観護措置（少年法第17条）の決定によって収容した少年に対して、非行の要因や立ち直りの方法を社会学、心理学、医学などの専門的知識および技術を活用して調査・診断（鑑別）する法務省所管の国立施設である（少年鑑別所法第3条）。観護措置による収容期間は概ね4週間であるが、家庭裁判所の決定により最長8

*23　家庭裁判所
裁判所法第2条に規定されている下級裁判所の一つ。家庭裁判所のほか、高等裁判所、地方裁判所、簡易裁判所がある。

*24　少年法
法に触れる行為および法に触れるおそれのある行為をした20歳未満のもの（少年）に対する保護処分を通じた健全育成を目的とした法律。

*25　犯罪少年
14歳以上で法に触れる行為をした者を指す。

*26　虞犯少年
将来、法に触れるおそれのある行為（虞犯行為）をしている20歳未満の者。

*27　触法少年
14歳未満で法に触れる行為をした者。

*28　児童福祉法第28条
子どもへの虐待などの場合で児童相談所の採る措置に対して、保護者から同意が得られない場合に、家庭裁判所にその決定の可否に関する審判を申し立てることができることを規定している。

*29　親権一時停止
保護者による虐待の場合などの場合に一時的に親権の行使を制限するものであり、2012（平成24）年4月施行の民法改正により創設された制度である。

*30　親権喪失宣告
保護者による虐待などの場合で、保護者がその親権を行使することが著しく困難または不適当であることにより子どもの利益を著しく害するときに、家庭裁判所の審判により親権の喪失を宣告できることが民法に規定されている。

週間まで延長されることがある。また、家庭裁判所からの求めにより少年を収容せずに行う在宅審判鑑別や少年院、保護観察所、児童自立支援施設・児童養護施設等からの依頼に応じて保護処分を実施する必要性を判断するために行う処遇鑑別もある。加えて、「法務少年支援センター」として、児童相談所や児童福祉施設、学校、NPO等の民間団体等と連携を図りながら、地域における非行・犯罪の防止に関する活動や健全育成に関する活動の支援などに取り組んでおり、社会的養護を支える機関の一つであるといえる。

▼少年院

　少年院は、家庭裁判所の少年審判による保護処分（少年法第24条）の決定によって送致された少年および少年法の規定により少年院において刑の執行を受ける少年を収容し、性格の矯正や非行性の解消などその健全な育成を図ることを目的として矯正教育、社会復帰支援等を行う法務省所管の国立施設である。現在、年齢や心身の状況、犯罪性の深度に応じて、①第１種（心身に著しい障害のない概ね12歳以上23歳未満の者）、②第２種（心身に障害がなく犯罪的傾向が進んだ概ね16歳以上23歳未満の者）、③第３種（心身に著しい障害がある概ね12歳以上26歳未満の者）、④第４種（少年院において刑の執行を受ける者）の４種類に分けられている（少年院法第４条）。また、退院後、自立が困難な少年については、地域生活定着支援センターと保護観察所と連携し、帰住先の確保や社会的養護につなげる取り組みを行っている。

▼警察

　警察は、警察法に基づいて犯罪の予防や治安維持、犯罪の捜査や容疑者の逮捕などを行う機関である。子ども家庭福祉とのかかわりにおいては、犯罪少年や触法少年、虞犯少年の補導・保護および家庭裁判所、児童相談所への送致を中心に、相談活動や家出少年の捜索・保護、街頭補導など非行防止の活動も行っている。また、子ども虐待への対応においては、児童相談所による立入調査（児童福祉法第29条および児童虐待防止法第９条）および臨検・捜索（児童虐待防止法第９条の３）の支援、虐待者の検挙など重要な役割を担っている。

③　その他の機関

▼女性相談支援センター

　2024（令和６）年施行予定の「困難な問題を抱える女性への支援に関する法律」によって、これまで売春防止法第34条に基づいて都道府県に設置が義務づけられていた婦人相談所が女性相談支援センターへと改称されることと

なった。

　婦人相談所は、もともとは、要保護女子[*31]の保護と更生に関する業務を行う機関として位置づけられており、加えて、2001（平成13）年の「配偶者からの暴力の防止及び被害者の保護に関する法律」（現「配偶者からの暴力の防止及び被害者の保護等に関する法律」）の成立により、配偶者暴力相談支援センターの機能を担う機関のひとつとしても位置づけられていた。しかしながら、DVをはじめとした暴力被害、ストーカー、性暴力・性犯罪、生活困窮等困難を抱える女性が置かれている実態との乖離が大きいことから、売春防止法に代わる新たな法律のもとで支援が展開されることとなった。

　児童相談所が受け付ける虐待相談において、面前DVによる心理的虐待が占める割合が高くなってきていることや性暴力・性犯罪からの保護と被害からの回復支援、経済的に困難な状況にある母子家庭への支援といった点からみても、今後、より一層社会的養護との連携・協働が必要なってくるといえる。

*31　要保護女子
1958（昭和33）年に施行された売春防止法では、「性行又は環境に照して売春を行うおそれのある女子」と定義されていたが（2024（令和6）年施行の改正法では条文が削除される）、現在は、「配偶者からの暴力の被害者」や「生活困窮者」なども含んでいる。

▼発達障害者支援センター

　発達障害者支援センターは、発達障がい（自閉症、アスペルガー症候群、その他の広汎性発達障がい、学習障害、注意欠陥・多動性障がい他）のある障がい児（者）とその家族に対する総合的な支援を行う地域の拠点として設置されている（発達障害者支援法第14条）。日常生活にかかわる相談への支援やそれぞれのライフステージに合わせた発達支援、就労支援を行っている。また発達障がいの理解を目的とした啓発・研修活動も行っている。障がいのある子どもたちの利用が増加している社会的養護において、発達障害者支援センターとの連携・協働は重要度を増しているといえる。

▼母子家庭等就業・自立支援センター

　母子家庭等就業・自立支援センターは、ひとり親家庭の父および母の自立を図ることを目的とした「母子家庭等就業・自立支援事業」に基づき設置されている。

　就業に関する助言や就業に必要な知識や技能習得のための就業支援講習会の実施、就業情報の提供等の就業支援サービスの提供、弁護士の協力のもと養育費の取り決めなどを支援内容としており、ひとり親家庭の生活の安定と子どもたちの福祉の増進を図る活動をしている。

▼NPO法人等

　NPO法人は、特定非営利活動促進法（NPO法）に基づく、営利を目的としないボランティア活動をはじめとする社会貢献活動を行う法人のことである。

社会的養護を必要としている子どもたちに対する進学支援や里親制度の普及・拡充、施設養護や家庭養護から離れた子どもたちに対するサポート、社会的養護の当事者活動、虐待を受けた子どもたちのサポート、虐待の予防および権利擁護活動、社会的養護の理解促進など幅広い活動を展開している。

🔍 まとめてみよう

> ①　社会的養護の体系について、施設養護（家庭的養護を含む）、家庭養護、在宅支援、それぞれの目的と役割についてまとめてみよう。
> ②　社会的養護の実施機関、および連携機関のそれぞれの役割についてまとめてみよう。
> ③　社会的養護サービス利用のしくみ（措置制度・利用契約制度など）をまとめてみよう。

【参考文献】

大竹智・山田利子編『学ぶ・わかる・みえる シリーズ・保育と現代社会　保育と社会的養護Ⅰ』みらい　2020年

橋本好市・宮田徹編『学ぶ・わかる・みえる シリーズ・保育と現代社会　保育と社会福祉［第3版］』みらい　2019年

吉田幸恵、山縣文治編著『新版　よくわかる子ども家庭福祉』（やわらかアカデミズム・＜わかる＞シリーズ）ミネルヴァ書房　2019年

厚生労働省子ども家庭局「要保護児童対策地域協議会設置・運営指針について」

厚生労働省子ども家庭局「児童相談所運営指針について」

厚生労働省子ども家庭局「改正児童福祉法について」（自治体向け改正児童福祉法説明会資料）2023年

こども家庭庁「こども家庭福祉をとりまく現状と対応」2023年

こども家庭庁支援局家庭福祉課「社会的養育の推進に向けて」2023年

第7章　家庭養護の基本原則と実際

里親家庭が増えるためには

みらいさん　子どもの頃、家の近くに児童養護施設がありました。クラスメイトにその施設から通う友達がいて、私も何回か遊びに行ったことがあります。今思うと色々事情はあって大変だったかもしれませんが、子どもがたくさんいて賑やかで楽しそうだなと思った記憶があります。同じ社会的養護でも、里親家庭や養子縁組家庭で育った友達には出会ったことはありません。どんな暮らしをしているのでしょうか。

さとる先生　そうですね。まずは家庭養護の割合がまだまだ少ないという現状はあるでしょう。あとは「わが家は里親です」と周囲に伝えていないこともあるので、知らない間に出会っていることもあるかもしれないですよ。

みらいさん　そうか、確かに一般家庭で家族同様に暮らしていたら、わからないですよね。でも、どうして家庭養護の割合はなかなか増えないのでしょう。国も推進しているんですよね。

さとる先生　みらいさんはどうしてだと思いますか？

みらいさん　うーん、私もそうでしたけど、まずこういう制度があることを知らない人は多いと思います。あと、施設で集団生活をするとなると、楽しそうな面もあるけど、ルールが多そうだし、プライバシーが守られるのか心配な点もあります。里親家庭の場合は、自分だけのことを見てくれる大人がいるのは安心するかもしれません。ただ、里親さんと相性があわなかったとき、施設みたいに職員が複数いないので、逃げ場がないと感じるかもしれません。それから、自分には親がいるのに、別にまた親ができるというのも戸惑うかもしれないです。

さとる先生　なるほど。最近、施設の生活は少しずつ小規模化され、個を尊重していく方向に変わってきているけれど、みらいさんが言うとおり、職員が交代で複数の子どもを養育しているので限界はありますよね。保育、福祉、心理、医療などの専門職がチームになって子どもを養育する施設と異なり、里親さんは一般家庭のなかでの養育です。社会的養護を必要とする子どもにはさまざまな課題がありますが、そういった課題に一般家庭で対応するのはとても大変なことです。里親さんが増えるためには、里親さんが学ぶ機会も必要ですし、安心して子育てするための十分なサポートが必要なのです。

1　里親制度

①　里親制度の歴史

▼近代以前・社会慣習としての里親

　近代以前より、わが国のさまざまな地域や階層で他人の子どもを育てる風習がみられる。「里子」という言葉は、平安時代中期、公家社会において、子どもを幼い頃だけ自然豊かな村里に預ける風習からはじまったといわれている。一般庶民の間では、母乳不足や母親の病気、死亡など保護者側の理由のほか、村内の他家に預けることで子どもが健やかに成長するという迷信に基づいて他児養育が行われる地域もあった。里親子の関係は、子どもが成人してからも継続することもあったようである。こうした現在の里親につながる慣習は、明文化された法的な親子関係を生じさせる養子縁組の制度とは異なり、緩やかな社会慣習として人々の間で発展してきたといえる。

▼明治期以降・慈善事業における里親

　明治期には多くの慈善事業家によって、孤児や棄児のための施設が創設された。石井十次による岡山孤児院では、近郊の農家に費用を支払い、母乳を必要とする乳幼児を院外の里親家庭に委託とし、一定の年齢以降は院内で生活させるという取り組みが行われた。人工乳が発達していなかった当時の状況もあり、こうした方法は全国の施設でみることができる。時にはそのまま里親家庭で生活したり、養子になったりするケースもあったようである。

▼第二次世界大戦終了以降・里親制度の創設

　里親制度は、戦後すぐに制定された児童福祉法（1947（昭和22）年公布）で、児童の保護の方法の一つとして他の児童福祉施設と並べて規定された[*1]。そして翌年の1948（同23）年10月、「里親等家庭養育の運営に関して」とその別紙である「家庭養育運営要綱」で具体的な運営基準が出され、児童相談所が制度の運営を担うこと、里親登録の認定基準、子どもの食事や遊び、教育、健康管理などについて記載された。要綱は、里親制度の創設から約40年後の1987年（同62）年に改訂され、5年ごとの再認定や里親への研修、指導、秘密の保持などについて明記された。

　日本が経済復興をとげるなか、里親の数は増え、1958（昭和33）年には里親委託率は20％に達した。しかし、その後、高度経済成長を経て、人々の生活水準が向上する一方、核家族化、少子化が進行し、社会的養護を必要とする子どもの状況も大きく変化する。日本の社会的養護は、施設養護を中心に

*1
乳児院や児童養護施設などが、それぞれ一つの条文に詳細が規定されているのに対し、里親はその括弧書きに「保護者のない児童又は保護者に監護させることが不適当であると認められる児童を養育することを希望する者であつて、都道府県知事が、適当と認める者」（当時の法第27条第1項3号）という説明がされたのみであった。

108

展開し、平成に入る頃には里親委託率は10%未満となった。

②　里親制度の改革の流れ

▼2002（平成14）年の里親制度改正

　平成時代に入ると児童虐待が深刻な社会問題となり、施設養護でも愛着形成や治療的な養育の必要性が議論され、生活単位の小規模化が図られるなか、里親制度の拡充が本格的に進められた。2002（平成14）年、「里親の認定等に関する省令」および「里親が行う養育に関する最低基準」で里親登録の要件や養育の基準が明文化され、新たに専門里親、親族里親が創設された。

　さらに、2004（平成16）年の児童福祉法改正では、里親による監護、教育、懲戒について児童福祉施設と同様の規定が追加され、里親が子どもの福祉のために必要な措置をとることができると明文化された（児童福祉法第47条第3項）。同じ年には「子ども子育て応援プラン」が出され、里親委託率を2009（同21）年度に15%とする目標が立てられるなど、はじめて具体的な数値目標をもって里親委託が促進された。

▼2008（平成20）年の児童福祉法改正と里親制度の充実

　2008（平成20）年の児童福祉法改正で、里親制度に、養子縁組を目的として子どもを迎えようとする里親（養子縁組里親）という区分が新設され、養育里親と区別されるようになった。里親の種類は養育里親、専門里親、養子縁組里親、親族里親の4類型になり現在に至る。このとき、養育里親には研修が義務化され、欠格事由[*2]が法定化された。また、里親に対する相談等の支援を、都道府県の業務として行うこと、この業務を一定の要件を満たす里親支援機関に委託できることが明確化された。さらに、2009（同21）年度には、養育里親・専門里親の里親手当が倍額に引き上げられた。

▼里親委託ガイドライン、養育指針などの取り組み

　2009（平成21）年、国際連合から「児童の代替的養護に関する指針」が報告された。代替的養育を必要な子どもに対して、家族のもとに戻すための支援を行うこと、養子縁組などの適当な永続的解決策を探ること、それができない場合には、適切な代替的養育を提供すること、特に3歳未満の子どもの場合は家庭養護を推奨し、施設の養育は児童の最善の利益に沿った場合に限られるべきであることなどを各国に求めた。翌2010（同22）年には、国連子どもの権利委員会が、日本政府に国連指針の原則を守るよう勧告している。この流れを受け、2011（同23）年4月、各都道府県の児童相談所、里親会、里親支援機関、児童福祉施設などの関係機関が協働し、より一層の里親委託

2008（平成20）年の児童福祉法改正で、本人やその同居人が規定される条件に該当する場合、養育里親となることができないという欠格事由が設けられた。その後、2019（令和元）年6月、「成年被後見人等の権利の制限に係る措置の適正化等を図るための関係法律の整備に関する法律等の施行について」により、養育里親および養子縁組里親について、「成年被後見人等に係る欠格条項」が削除された。現在は、表7-3の基本的な要件の③のとおりである。

表7-1　里親委託ガイドラインの概要

【里親委託の原則】
○家族を基本とした家庭は、子どもの成長、福祉及び保護にとって最も自然な環境である。里親家庭に委託することにより、 　①特定の大人との愛着関係の下で養育されることにより、安心感、自己肯定感、基本的信頼感を育むことができる、 　②家庭生活を体験し、将来、家庭生活を築く上でのモデルとすることができる、 　③家庭生活での人間関係を学び、地域社会での社会性を養い、生活技術を獲得できる、などが期待でき、社会的養護では、養子縁組里親を含む里親委託を原則として検討する。
【里親委託する子ども】
○里親委託する子どもは、保護者の養育の可能性の有無や、新生児から高年齢児まで子どもの年齢にかかわらず、また、施設入所が長期化している子どもや、短期委託が必要な子どもなど、すべての子どもが検討の対象とされるべきである。 ○障害等や非行の問題など特に専門性の高い支援を必要とする子どもも、子どもの状態に適合した専門里親等が確保できる場合には検討する。 ○施設での専門的なケアが望ましい場合、保護者や子どもが明確に里親委託を反対している場合、対応の難しい保護者の場合、子どもと里親が不調となり施設ケアが必要な場合などは、当面は施設入所措置により子どものケアや保護者対応を行いながら、家庭養護への移行を検討する。

出典：厚生労働省「里親委託ガイドライン概要」2011年（令和3年3月29日改正をもとに一部改変）
　　　https://www.mhlw.go.jp/stf/shingi/2r9852000001hqa7-att/2r9852000001hql4.
　　　pdf

の推進を図るため「里親委託ガイドライン」が策定された。「里親委託の意義」「里親委託の原則」「里親委託する子ども」のほか、保護者の理解や里親登録、委託などについての指針が示されている（表7-1）。

　同年7月、社会保障審議会児童部会社会的養護専門委員会において、「社会的養護の課題と将来像」がとりまとめられ、家庭的養護（里親、ファミリーホーム）を優先し、施設養護でも、できる限り家庭的な環境（小規模グループケア、グループホーム）での養育を推進するという方向性が示された。この時、今後十数年をかけて、それぞれおおむね3分の1ずつ、里親およびファミリーホーム、グループホーム、本体施設（児童養護施設は全て小規模ケア）とする目標が立てられた。

　このとりまとめでは、社会的養護の質の向上を図るため、社会的養護のそれぞれの種別ごとに、その理念を示す指針を作成するよう求めており、2012（平成24）年、「里親及びファミリーホーム養育指針」がまとめられた。同時に「家庭的養護」と「家庭養護」の用語の整理[*3]が行われた。

▼2016（平成28）年の児童福祉法改正と新しい社会的養育ビジョン

　2016（平成28）年に改正された児童福祉法で、家庭養育優先の理念のもと、養育支援を十分行っても、実親による養育が困難な子どもについては、特別養子縁組によるパーマネンシー保障や里親による養育を推進することが明確にされた。そして翌年この理念を具体化するためのビジョンとそこに至る工

*3　「家庭的養護」と「家庭養護」の用語の整理
「社会的養護の課題と将来像」までは、里親およびファミリーホームは、施設が行うグループホーム、小規模グループケアなどと同じく「家庭的養護」と呼ばれてきた。この指針を作成するにあたり、里親やファミリーホームには「家庭養護」を用い、施設において家庭的な養育環境をめざす小規模化の取組には「家庭的養護」を用いるよう用語が整理された。

表7－2　乳幼児の家庭養育原則の徹底と、年限を明確にした取り組み目標

・全年齢層にわたる里親委託率向上に向けた取り組み【今から】
・3歳未満：75％以上【概ね5年以内】、
・3歳以上・就学前：75％以上【概ね7年以内】
・学童期以降：50％以上【概ね10年以内】

出典：新たな社会的養育の在り方に関する検討会「新しい社会的養育ビジョン」2017年より作成

程を示すために、「新たな社会的養育の在り方に関する検討会」が「新しい社会的養育ビジョン」を発表した。このなかで「代替養育は家庭での養育を原則とし、高度に専門的な治療的ケアが一時的に必要な場合には、子どもへの個別対応を基盤とした『できる限り良好な家庭的な養育環境』を提供し、短期の入所を原則とする」と示されている。また、このビジョンに向けてすぐに改革に着手し計画的に進めるよう表7－2のような具体的な目標年限が示された。また里親を支える体制についても、里親のリクルート、登録から子どもの委託、措置解除に至るまでの一連の過程および委託後の養育支援、この一連の包括的な業務をフォスタリング業務とよび、これまで主に児童相談所が担ってきたこれらの業務を専門性の高い民間のソーシャルワーク組織（フォスタリング機関）に委託できるようにしていく方向性も示された。

　2021（令和3）年度の実績をみると、担っている具体的な業務内容や範囲はさまざまではあるが、8割以上の自治体で、部分的ないしは包括的なフォスタリング業務の民間機関への委託が行われている。

▼2022（令和4）年の児童福祉法等の一部を改正する法律

　2021（令和3）年度末の自治体の里親等委託率を見ると、1位の福岡市は59.3％であるのに対し、最下位の金沢市は8.6％と大きく差がある。

　児童相談所の業務負荷が増大する中で、2022（同4）年の児童福祉法等の一部を改正する法律（2024（同6）年4月施行）では、家庭養育をさらに推進するために、民間と協働して支援を強化する必要性があるとし、民間のフォスタリング機関を新たに「里親支援センター」と位置づけた。里親支援センターは、里親の普及啓発、里親選定・調整、委託児童等の養育計画作成といった里親支援事業や里親や委託児童等に対する相談支援等を行う児童福祉施設とされ、経営する事業は第2種社会福祉事業に追加された。

③　里親制度の概要

　里親制度は、家庭での養育ができない子どもを施設の集団生活ではなく、地域の一般の家庭環境のもとで養育を提供するものである。里親の種類は、

養育里親、専門里親、養子縁組里親、親族里親の4つである（表7－3）。
社会的養護における里親委託率は、2008（平成20）年度末には10.5％だった
が、2021（令和3）年度末には23.5％となった（図7－1）。

▼養育里親

　養育里親とは、養子縁組を目的とせず、一定期間子どもを養育する里親で
ある。児童相談所が養育の委託の措置を決定し、子どもとの間に戸籍上の関
係は発生せず、里親は子どもの親権をもつことはない。

表7－3　里親制度の概要

	養育里親	専門里親	養子縁組里親	親族里親
手当	90,000円 （2人目以降も同額）	141,000円 （2人目以降も同額）	なし	なし
一般 生活費等	一般生活費（食費、被服費等。1人当たり月額）乳児60,670円、乳児以外52,620円 ＋ その他（幼稚園費、教育費、入進学支度金、就職支度金、大学進学等支度費、医療費、通院費等）			
基本的 な要件	①要保護児童の養育についての理解および熱意並びに児童に対する豊かな愛情を有していること。 ②経済的に困窮していないこと（親族里親は除く）。 ③里親本人またはその同居人が次の欠格事由に該当していないこと。 ・禁錮以上の刑に処せられ、その執行を終わり、または執行を受けることがなくなるまでの者 ・児童福祉法等、福祉関係法律の規定により罰金の刑に処せられ、その執行を終わり、または執行を受けることがなくなるまでの者 ・児童虐待または被措置児童等虐待を行った者その他児童の福祉に関し著しく不適当な行為をした者			
要件	・養育里親研修を修了していること。	・専門里親研修を修了していること。 ・次の要件のいずれかに該当すること ①養育里親として3年以上の委託児童の養育の経験を有すること。 ②3年以上児童福祉事業に従事した者であって、都道府県知事が適当と認めたものであること。 ③都道府県知事が①又は②に該当する者と同等以上の能力を有すると認めた者であること。 ・委託児童の養育に専念できること。	・養子縁組里親研修を修了していること。 ※一定の年齢に達していることや、夫婦共働きであること、特定の疾病に罹患した経験があることだけをもって排除しない。子どもの成長の過程に応じて必要な気力、体力、経済力等が求められることなど、里親希望者と先の見通しを具体的に話し合いながら検討。	・要保護児童の扶養義務者及びその配偶者である親族であること。 ・要保護児童の両親等が死亡、行方不明、拘禁、疾病による入院等の状態となったことにより、これらの者による養育が期待できない要保護児童の養育を希望する者であること。
登録 里親数	12,934世帯	728世帯	6,291世帯	631世帯
委託 里親数	3,888世帯	168世帯	314世帯	569世帯
委託 児童数	4,709人	204人	348人	819人

注：「手当」「一般生活費」は令和4年度予算による。
出典：こども家庭庁支援局家庭福祉課「社会的養育の推進に向けて」2023年　p.91・p.243より作成

養育里親への委託には、数週間や数か月の短期委託から長期委託まで、子どものニーズに応じてさまざまなものがある。委託を必要とするのは幼い子どもだけではなく中高生もいて、子どもたちの背景、抱える課題も多様である。

委託の措置が解除される理由としては、主に満年齢（18歳になった年度末。必要に応じて、措置延長[*4]が判断される場合もある）によるもの、実親や親族などへの家庭復帰によるものがある。子どもや里親の状況が変化したり、里親子の関係に不調が起きたりした際には、施設、他の里親家庭への措置変更が行われることもある。

▼専門里親

養育里親のなかで、特に専門的なケアを必要とする子どもを養育する里親を専門里親という。2002（平成14）年度の里親制度改正で新しく設けられた専門里親は、虐待を受けたことにより情緒や行動面に課題がある子どもを養育する里親としてはじまったが、その後、非行等の問題のある子ども、知的・身体・精神障害のある子どもへも対象が広がっている。

専門的ケアを必要とする子どものニーズは高まっているものの、2021（令和３）年度末現在、専門里親として登録している家庭のうち、専門里親として子どもの委託を受けているのは約23％である。ベテランの養育里親として既に子どもの委託中であることが多いのも背景の一つではあるが、より専門性の高い研修を受けているとはいえ、一般の家庭で対応できる範囲は限られていることや、どのような子どもが専門里親としての委託をされるべきなのかの判断基準が曖昧であることも要因として指摘されている。

前述の「新しい社会的養育ビジョン」においては、ケアニーズの内容や程度による加算の導入をめざしていくなかで、現在の専門里親制度を見直し、ショートスティ里親等、新たな類型を創設していく方向性が出されている。

▼親族里親

2002（平成14）年に導入された親族里親は、親が死亡、行方不明、拘禁、入院、疾患などで子どもを養育ができない場合、３親等以内の親族（祖父母など）が、里親として登録し、子どもを養育する制度である。

民法では、「親族は、互いに扶け合わなければならない」（第730条）とあり、特に直系血族等には、扶養の義務があるとされている。しかし扶養義務のある親族がその子どもを養育することで結果的に生活が困窮し、養育が成り立

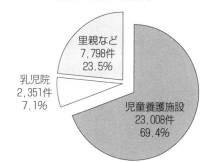

図7－1　児童の里親委託、施設入所の割合（全国：2021年度末）

注：「里親など」は、ファミリーホーム他、すべての種別の里親を含む。
出典：こども家庭庁支援局家庭福祉課「社会的養育の推進に向けて」2023年　p.26

*4　措置延長
児童福祉法において、児童は18歳未満と定義されているが、児童養護施設や里親については、必要な場合には、20歳未満まで措置延長できることとされている。

たなくなるような場合には、親族里親の制度を利用して一般生活費の支給を受けることができる。親族の子どもを委託するための登録となるため、他の子どもの委託を受けることはなく、委託が解除となると認定は取り消される。2011（平成23）年からは、親族里親のうち、おじ、おばなど扶養義務のない親族については、養育里親が適用され、一般生活費だけでなく里親手当が支給されるようになった。

　親が養育できない子どもを施設や見知らぬ里親宅ではなく、親族や身近な人々に委ねるこの制度は、子どもが家族やコミュニティとの関係が維持しやすいという肯定的な側面もあり、諸外国では増加傾向にあるといわれている。日本では、東日本大震災を機に、広く知られるようになったが、2021（令和3）年度末現在、全国で569家庭に子ども819人の委託にとどまっている。

▼養子縁組里親

　養子縁組を目的とする里親を養子縁組里親という。対象になる子どもは、要保護児童のうち、実親が特別養子縁組に同意した子どもである。里親は子どもを6か月程度養育した後、家庭裁判所で特別養子縁組の申し立てを行う。縁組が成立と同時に里親としての委託は解除される[*5]。

④　**里親制度のしくみと運用**

▼里親開拓（里親リクルート）

　社会的養育の多くを里親制度が担っていくためには、ただ里親の数を増やすのではなく、より質の高い里親養育が行われることをめざさなければならない。幅広い人々に制度を知ってもらい、多くの人のなかから適切な人材が登録されるようなプロセスが必要である。それぞれの地域でポスター、チラシ、地域の広報、テレビやラジオなどで、制度についての情報を目にする機会を増やすほか、里親経験者の体験発表会や、定期的な説明会開催により具体的な情報を得られる場を提供するなどの取り組みが行われている。

▼申請から登録の流れ

　里親になるためには（図7-2参照）、居住する地域を管轄する児童相談所に連絡をする必要がある。ここでは登録の動機、里親としての必要な要件を確認するだけでなく、社会的養護としての里親制度が理解されているか確認することも重要となる。たとえば、子どもによっては情緒的な課題、発達の遅れ、病気や障害などへの対応が必要になる場合もあること、実親との交流がある子どももいること、養育には里親本人だけでなく家族の理解や協力が必要であり、児童相談所をはじめとする関係機関との連携が不可欠である

図7－2　養育里親の里親研修と登録の流れ

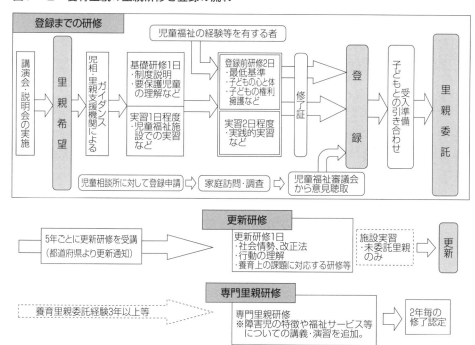

出典：こども家庭庁支援局家庭福祉課「社会的養育の推進に向けて」2023年　p.92

ことなどである。

　必要な確認を経て、研修（講義、実習など）を受講し、登録申請を行う。児童相談所の職員は、家庭訪問を行い、申請者の人柄や生活歴などを聞き取り、居住環境を確認し、要保護児童を委託する家庭として適当であるか調査する。調査した内容をもとに児童福祉審議会（里親認定部会）から意見聴取され、里親として登録が行われる。登録後は定期的に更新研修を受講し、登録の更新をする必要がある。

▼里親の選定（マッチング）

　養育を必要とする子どもにとって最適な里親を選定することをマッチングという。マッチングの際には、子どもの発達や特性だけでなく、これまでの保護者との関係、今後の保護者との交流予定、委託期間の見通しなど、家族の状況を踏まえたアセスメントを行うことが重要である。里親については、里親自身の年齢、子育ての経験、就労状況、住環境、さらには同居する家族（祖父母など親族、実子や既に里親委託されている児童など）の年齢や性別、その意見などを総合的に配慮して選定する。里親には、子どもとその背景、当面の方針なども十分説明し、理解を得てマッチングを進める必要がある。

▼引き合せ、交流から委託

　子どもが施設に在籍している場合には、まず施設で顔合わせを行い、交流に進む。交流の頻度、期間、方法は子どもの年齢や特性によって異なるが、小さな子どもであれば、最初は施設内での短い時間の面会交流にはじまり、慣れてきたところで、近隣へ外出するなどして交流時間を長くし、様子をみながら1泊程度の外泊を行い、順調に進めば長期で外泊して委託に移行となるのが一般的である。2～3か月以内を目安に行われることが多いが、子どもの年齢が上がると、これまでの生活への思いも強くなり、新しい環境へ適応するための期間を要する場合もある。施設の職員、児童相談所の担当者、里親がよく話し合い、子どもの気持ちを配慮しながら進めていく必要がある。

▼里親と子どもの関係形成のプロセスと委託中の支援

　里親家庭に委託になると、児童相談所やその他の里親支援機関が定期的に訪問し、状況を把握し、必要な支援をすることとなる。児童相談所は年1回、それぞれの子どもについて「自立支援計画」を作成する。自治体によっては、里親に定期的に報告書の提出を求める場合もある。

　交流から委託当初の里親子の関係は、お互い嫌われないようにする思いも働き、大きな問題が生じない場合が多い。しかし自分の置かれた状況がよくわからない子どもにとって新しい環境で、新しい養育者と関係を形成することは簡単なことではない。新しい養育者はどこまで自分を受け止めてくれるのか、言葉にならない不安のなかで、気持ちが揺れ、赤ちゃん返り、偏食、暴力や嘘などの行動を示すことがある。この時、里親は自分が試されていると感じ、対応に悩むことが少なくない。この「試し行動」と呼ばれる時期を乗り越えると里親子の関係が安定するが、その後も成長発達に応じて、さまざまな揺れが生じ「問題行動」といわれる行動や、時には身体化症状が見られる場合もある。里親子それぞれに対して継続的で丁寧なサポートが不可欠である。

⑤　里親制度の課題

▼子どもの抱えている課題の複雑化

　里親家庭は、複数の専門職がチームで交代しながら子どもを養育する施設と異なり、家庭で特定の養育者が24時間365日養育の責任を負う。近年、児童養護施設には、被虐待経験をもつ子ども、愛着形成に課題のある子ども、発達の遅れや偏りがある子どもが増加傾向にあるが、それは里親家庭でも例外ではない。その養育を全面的に里親家庭の熱意や愛情だけに頼っていては、

里親家庭は疲弊する一方である。里親が子どもの言動の意味を理解しようとしたり、適切な対応方法を工夫したり、さらには必要な社会資源が活用できるようにするなど、里親だけで子どもの養育を抱え込んで、孤立してしまわないような支援が必要である。

▼生い立ちの振り返りとアイデンティティ形成に向けた支援

社会的養護のもとにいる子どもたちは、必ず養育者との別れを経験している。養育者の変更という喪失体験は、子どもの人生に大きな影響を与える。乳幼児期に委託となった場合などは、実親についての記憶がないことも少なくないが、自分がなぜここにいるのか、里親宅に来る前はどこにいたのか等、発達にあわせてその生い立ちを扱っていく機会が必要になる。子どもの気持ちが揺れることで、里親が不安になることも少なくないが、そのプロセスに支援者が寄り添い、支える体制が整えられることが重要である。

実親との交流がほとんどなく、自立まで長期で養育する方針が立てられている場合などには、里親家庭でも便宜上「通称姓」として子どもが里親の姓を名乗る場合がある。しかし、当然パスポートや卒業証書、金融機関の通帳などの公的な書類は全て実姓で作られる。法的な関係が保障される養子縁組と異なり、何らかの事情で予期しないタイミングで措置が解除になり、急に子どもがこの通称姓を使用できない事態になることもある。通称姓を使用する場合には、将来、馴染みがない実姓に違和感を抱き、自らの人生の連続性を感じにくくならないように、折に触れ子どもの実の姓も大切な姓であり、この姓を使用する選択もできることを伝えていく必要がある。

実姓、実親の存在、過去の経験、家庭環境、すべてを含めてその子らしさであると受け入れてくれる里親の存在があることは、子どもが自尊感情を高め、肯定的なアイデンティティを形成していくための土台となるのである。

▼里親数確保の課題と社会的認知の低さ

里親というと、犬猫の里親を連想する人が多かったり、養子縁組と混同されていたりという状況があり、認知の低さは大きな課題である。里親登録されていても、里親の希望する条件（性別、年齢、養子縁組可能性等）が、子どものニーズとあわないことも多く、登録数が十分とはいえない。

さらに社会的認知の低さにより、里親家庭が地域の理解不足に直面し生活しにくいと感じることがある。公的な窓口で制度を知らない担当者の対応にストレスを感じたり、保育園や学校で実親子であることが前提とされる課題が出たりとさまざまである。子どもが偏見をもたれるのではという不安から、里親であることをオープンにできないと感じる人も多く、このような状況は一般に制度を広く知ってもらうことを阻んでいるといえる。

▼実親の同意の問題

　近年、社会的養護を必要とする子どものほとんどには実の親がおり、施設などでは定期的な親子交流が行われていることが多い。実親のなかには、子どもが里親家庭に委託されることで、子どもを里親にとられてしまうなどと感じ、里親委託に同意しないということがある。実際に、里親委託になることで、施設に入所していた頃よりも交流の頻度が減り、親子関係が希薄になる場合もある。委託促進のためには、里親家庭に委託されても子どもが安心できる方法で、実親と関係性を継続させていくための家族支援も重要である。

▼里親制度の実施体制の課題

　児童相談所は日々、虐待対応業務に追われており、地域によっては里親専任担当職員が配置されていないこともある。里親制度が有効に活用されるためには、一貫した体制で、継続的に里親や子どもたちへの支援を提供することが重要である。しかし、2019（令和元）年に開始されたフォスタリング事業において、主な５つの業務（里親制度等普及促進・リクルート業務、里親研修・トレーニング等業務、里親委託推進等業務、里親訪問等支援業務、里親等委託児童自立支援業務）を包括的に実施しているところは２〜３割にとどまっている現状である。2024（令和６）年に施行予定の里親支援センターでは、これらの業務を包括的に実施することが求められている。

❷　ファミリーホーム

● ファミリーホーム制度

▼ファミリーホームの創設

　1980年代以降、５〜６名の子どもを養育する里親によるグループホームが作られ「里親ファミリーホーム」や「ファミリーグループホーム」などの名称で、全国数か所の自治体で導入されるようになった。こういった取り組みが2008（平成20）年の児童福祉法改正で、第２種社会福祉事業「小規模住居型児童養育事業」として国により制度化され、これを行う住居をファミリーホームとよぶ（表７−４）。

　ファミリーホームが制度化されて数年たつと、施設が開設するファミリーホームのなかに、分園型のグループホームとの違いが曖昧なものが出てきた。このため、ファミリーホームは子どもを養育者の家庭に迎え入れて養育を行う家庭養護であるという理念と、ファミリーホームは里親が大きくなったも

表7-4　ファミリーホームの要件と形態

要件	①養育里親として2年以上同時に2人以上の委託児童の養育の経験を有する方 ②養育里親として5年以上登録している者であって、通算して5人以上の委託児童の養育の経験を有する方 ③乳児院、児童養護施設、情緒障害児短期治療施設または児童自立支援施設において児童の養育に3年以上従事した方 ④都道府県知事が前各号に掲げる者と同等以上の能力を有すると認めた方。
形態	※いずれの場合においても、養育者は、小規模住居型児童養育事業を行う住居に生活の本拠を置く者に限る（それ以外は補助者）。 ※養育者2名（配偶者）＋補助者1名、または養育者1名＋補助者2名 自営型 ①養育里親の経験者が行うもの ②施設職員の経験者が独立して行うもの 法人型 ③施設を経営する法人が、その職員を養育者・補助者として行うもの

出典：厚生労働省「ファミリーホームの要件の明確化について」2004年

表7-5　里親とファミリーホームの比較

	里親	ファミリーホーム
形態	家庭養護（養育者の家庭に迎え入れて養育を行う）	
位置づけ	個人	第2種社会福祉事業 （多くは個人事業者。法人形態も可能）
措置児童数	1～4名	定員5～6名
養育の体制	里親（夫婦または単身）	養育者と補助者が合わせて3名以上
措置費	・里親手当 ・児童の一般生活費、各種の教育費、支度費等	①人件費：常勤職員1名と非常勤職員2名分が事務費となっている ②事業費：児童の一般生活費、各種の教育費、支度費等 ③賃借費：建物を賃借して実施している場合、賃借費の実費10万円程度。

のであり施設が小さくなったものではないという位置づけが明確にされた。

▼ファミリーホームの意義

　ファミリーホームでは、養育者が職員ではなく里親として、地域のなかの一般家庭で24時間365日、子どもと一緒に生活しているというのが大きな特徴である。5～6人の子ども同士の相互の交流を活かしながら、基本的な生活習慣を確立するとともに、豊かな人間性および社会性を養い、将来自立した生活を営むために必要な知識および経験を得ることができる利点がある一方、一般の里親と比べ、子どもの人数が多いため（表7-5）、養育者の力量が問われる場面も多いといえる。子どもを社会的養護に委ねる保護者のなかには、自分の子どもを里親にとられてしまうような気持ちになり、里親委

託に同意しにくい場合があるが、ファミリーホームの場合は、多人数養育であるため比較的その抵抗感が薄まり、委託に同意しやすい傾向があるといわれている。

3 養子縁組

① 養子縁組とは

▼養子縁組の歴史

　血縁のない子を養子として迎える制度は、古来より家制度を存続させるために存在してきた。戦後、未成年の子どもと縁組する際には家庭裁判所の許可を得なければならないと決められた。さらに「里親」が制度化される際、里親家庭だけでなく、民法による養子縁組の家庭についても児童相談所が相談に応じることとされた。これまで主に民間の仲介に任されていた養子縁組の斡旋に行政がかかわるようになったのである。こうして日本の養子縁組制度は少しずつ「家のため」の制度から、保護を必要とする「子どものため」の制度へ転換していくこととなる。

② 養子縁組制度の全体像と比較

　わが国では、行政がかかわる養子縁組の場合、登録している里親家庭に養子縁組を前提として子どもを委託するというプロセスが必要なこともあり、「里親」と聞くと、養子縁組を連想し、混同する人も少なくない。しかし、養子縁組は血縁のない子どもを養育するだけでなく、法的に安定した親子関係を結ぶことを可能にする制度である。

▼普通養子縁組と特別養子縁組

　従来からある、いわゆる普通養子縁組は、必ずしも親のない子どもを引き取り育てることを目的とする制度ではなく、成人した人に家業を継いでもらう、あるいは日本ではまだ結婚をできない同性のカップルが法律上の家族になる、配偶者の連れ子との縁組など、さまざまな目的のために利用されてきた。普通養子縁組の場合、戸籍には「養子」「養女」と記載される。養親が親権をもち、養子は養親の姓を名乗ることになるが、実の親との親子関係も残り、子どもは実親と養親両方の扶養義務や相続権をもつことになる。

　一方で、特別養子縁組制度は、実親との法的関係がなくなり、もっぱら子

表７－６　普通養子縁組と特別養子縁組

	普通養子縁組	特別養子縁組
縁組の成立	養親と養子の同意により成立（子どもが15歳未満の場合は実親の同意が必要）	・養親の請求に対し家庭裁判所の決定により成立。 ・実父母の同意が必要。ただし、実父母が意思を表示できない場合や実父母による虐待など養子となる者の利益を著しく害する理由がある場合は、この限りではない。
養親の要件	養親：20歳以上	・原則25歳以上（夫婦の一方が25歳以上であれば、一方は20歳以上で可） ・配偶者がある者（夫婦双方とも養親）
養子の要件	尊属または養親より年長でない者	・原則、15歳に達していない者*6。 ・子の利益のために特に必要があるときに成立
実父母との親族関係	実父母との親族関係は終了しない	実父母との親族関係が終了する
成立までの監護期間	特段の設定はない	6月以上の監護期間を考慮して縁組
離縁	原則、養親及び養子の同意により離縁	養子の利益のため特に必要があるときに養子、実親、検察官の請求により離縁
戸籍の表記	実親の名前が記載され、養子の続柄は「養子（養女）」と記載	実親の名前が記載されず、養子の続柄は「長男（長女）」等と記載

出典：こども家庭庁支援局家庭福祉課「社会的養育の推進に向けて」2023年　p.216を一部改変

どもの福祉に適う場合にのみ成立が認められるという点で、大きな違いがある（表７－６）*7。

4　特別養子縁組

①　特別養子縁組とは

▼特別養子縁組の創設の背景

　日本には古くから、事情により子どもを育てることのできない女性から、生まれたばかりの子どもをもらい受けて実子として育てる、「わらの上からの養子」とよばれる慣習があった。戸籍制度が整備され、違法となったが、病院での出産が一般的ではない時代には、秘密裏に行われていた。この状況を大きく変えたのは産婦人科医の菊田昇である。1973（昭和48）年、菊田は、子どもに恵まれない夫婦に虚偽の出生届を書いて、100人を超える新生児を斡旋していたことを自ら告白し、マスコミにも広く取り上げられた。菊田医師は公文書偽造で起訴されたが、これを機に産んでも育てられない女性、親

*6　民法改正による特別養子縁組制度の変更
施設に入所中の子どもなどが6歳以上場合、家庭復帰の見込みがなくても特別養子縁組で家庭を得る道は閉ざされていた。2019（令和元）年6月、特別養子縁組制度で養子となる対象の年齢を15歳未満に引き上げる改正民法が成立した（2020（同2）年4月施行）。年齢要件の緩和により、制度の利用が促進されることが目的である。この民法ではこれまで家庭裁判所の審判で縁組が成立するまで、実親はいつでも縁組の同意を撤回できたのを改め、審判を2段階に分け、第2段階では実親が関与しない仕組みになっている。

*7
特別養子縁組についての詳細は第4節参照。

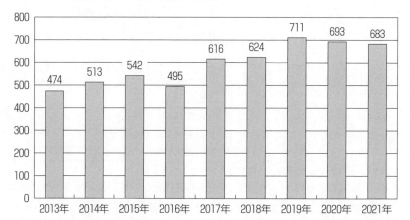

図7−3　特別養子縁組の成立件数の推移

出典：こども家庭庁支援局家庭福祉課「社会的養育の推進に向けて」2023（令和5）年 p.204より作成

＊8　民法第817条の2
「家庭裁判所は、次条から第817条の7までに定める要件があるときは、養親となる者の請求により、実方の血族との親族関係が終了する縁組（中略）を成立させることができる」。

＊9　特別養子縁組における離縁
特別養子縁組の離縁は、①養親による虐待、悪意の遺棄その他養子の利益を著しく害する事由があること、②実親が相当の監護をすることができること（実父母の双方がすでに死亡している場合は対象外）のいずれにも該当し、養子の利益のために特に必要があると家庭裁判所が認めた場合のみ可能である。その場合は離縁の日から、実親らとの親族関係が復活する。

＊10　民間の養子縁組あっせん団体
民間の養子縁組あっせん団体は、2018（平成30）年4月より施行された「民間あっせん機関による養子縁組のあっせんに係る児童の保護等に関する法律」により、これまでの届出制から許認可制となった。事業の適正な運営を確保するため、営利目的ではないこと、実親・養親の個人情報を適切に管理できること、社会福祉士の資格をもつ人などを責任者とするよう義務づけられた。

を必要とする子ども、そして実子として養子を迎えたい夫婦の存在が社会的に認知されることとなり、1987（同62）年の「特別養子縁組制度」法制化が後押しされた。制度の創設から36年が経った現在、年間600〜700件の特別養子縁組が成立している（図7−3）。

▼特別養子縁組制度の概要

　前項の表7−6で示したように、特別養子縁組は普通養子に比べ、養親子の関係がより実親子に近くなるようになっている。特別養子縁組が成立すると、戸籍には「養子」ではなく、実子同様に「長男」「長女」と記載される（戸籍の身分事項欄には「民法817条の2」＊8と表示され、特別養子縁組によって入籍したことがわかるようになっている）。養親の希望などで簡単に離縁＊9することができない制度になっており、子どもが法的に安定した家庭を得られるようにしている点も大きな違いである。

▼特別養子縁組の相談窓口

　特別養子縁組で子どもを迎えるためには、児童相談所で養子縁組里親として登録して委託を受けるほかに、行政から許可を受けた民間事業者＊10からあっせんしてもらう方法がある。児童相談所からの紹介は基本的に無料で、養子縁組里親として子どもの養育を委託され、縁組が成立するまでの間は、生活費が支払われる（p.112：表7−3）。一方、民間あっせん団体の場合はそれぞれの団体の規定によって、理念、養親希望者の条件や審査方法、研修やサポート、必要な費用などは異なっている。

▼パーマネンシー保障としての特別養子縁組

　パーマネンシー保障とは、施設や里親のように措置の期間が18歳までに定

められる養育ではなく、実親子や養子縁組など一生続く関係を子どもに確保することである。2016（平成28）年の児童福祉法等の一部を改正する法律では、社会的養護を必要とする子どものうち、家庭復帰の可能性がない場合は養子縁組を提供するという永続的解決、すなわちパーマネンシー保障を推進していくべきであることが示された。この法改正を受け、新しい社会的養育ビジョンでは、特別養子縁組の成立件数をおおむね５年間で1,000件に倍増させる数値目標が立てられた。

②　特別養子縁組の課題

▼養子縁組のマッチング

　晩婚化が進み、不妊治療をする夫婦が増え、多くの児童相談所では養子縁組を必要とする子どもの数よりはるかに多い養子縁組里親が待機している実情がある。しかし養子縁組を必要とする子どもであっても、年齢が高い、障がいがあるなどの理由で、養親候補をみつけるのが困難な場合もある。また縁組が成立してから、障がいがわかったり、情緒的な課題が生じたりするも少なくない。縁組が成立し、法的な親子になった後にも、中途からの養育に特有な難しさを支える体制を強化していく必要がある。

▼実親との関係

　特別養子縁組は、親子関係を法的に安定させることができる制度である一方、子どもが生物学的な親との関係を失う制度であることも忘れてはならない。法的な親子関係がなくなっても、子どもには出自を知り、場合によっては実親と交流することが子どもの権利であるという考え方もある。年齢に応じた方法で、自分が生まれてからの歴史を知り、その想いを養親と語り合う環境は、子どもが人生の連続性を保つために重要である。さらに実親にとっては、この制度はわが子との関係を法的に失う大きな決断である。実親が自ら育てる選択肢も選べるよう子育て支援の体制を整えることも重要である。

まとめてみよう

> ①　里親家庭を支援する際に、どのような配慮をできるか考えてみよう。
>
> ②　特別養子縁組制度の創設の背景と意義をまとめてみよう
>
> ③　「社会的養育ビジョン」における、代替養育についての理念と取組み目標をまとめ、目標に向けてどのような課題があるか考えてみよう。

【参考文献】

こども家庭庁支援局家庭福祉課「社会的養育の推進に向けて」2023年

三吉明編『里親制度の研究』日本児童福祉協会　1963年

坂井摂子「近代日本の里親慣習」『現代社会文化研究』Vol.44　2009年　pp.55-72

小笠原平八郎『里親保護―その研究と実践―』川島書店　1967年

庄司順一・鈴木力・宮島清編『里親養育と里親ソーシャルワーク』福村出版株式会社
　2011年

庄司順一『フォスターケア―里親制度と里親養育―』明石出版　2003年

厚生労働省「子ども子育て応援プラン」2004年

厚生労働省「里親委託ガイドラインについて」2011年

厚生労働省「里親委託ガイドライン」2011年

社会保障審議会児童部会社会的養護専門委員会「『家庭的養護』と『家庭養護』の用語
　の整理について」2012年

新たな社会的養育の在り方に関する検討会「新しい社会的養育ビジョン」2017年

新たな社会的養育の在り方に関する検討会「新しい社会的養育ビジョン要約編」2017年

日本財団「『里親』意向に関する意識・実態調査」2018年

厚生労働省「成年被後見人等の権利の制限に係る措置の適正化等を図るための関係法律
　の整備に関する法律等の施行について（施行通知）」2019年

家庭養護促進協会大阪事務所編　岩崎美枝子『子どもの養子縁組ガイドブック―特別養
　子縁組・普通養子縁組の法律と手続き―』明石書店　2013年

二葉・子どもと里親サポートステーション「子どもと里親のためのサポートハンドブッ
　ク1、2」二葉乳児院　2018年

株式会社政策基礎研究所『フォスタリング業務（里親養育包括的支援）の現状と包括的
　な支援体制の強化に関する調査研究報告書』2022年

第8章　施設養護の共通基盤と基本原則

✏️「施設養護」の専門性

みらいさん　家庭養護と施設養護のうち、家庭養護については第7章で学ぶことができました。では、施設養護ではどのような支援が行われているのでしょうか。

まもる先生　施設養護は、入所型の児童福祉施設で行われているケアを指します。子どもたちはそこで生活をし、職員が保護者に代わって、子どもたちの生活支援を行います。施設での生活ではありますが、みらいさんの家庭と同じような生活が保障されているのです。

みらいさん　どんな施設があるのですか。

まもる先生　施設養護には、保護者がいない子どもや養育に適切でない環境で生活する子どもが入所する乳児院や児童養護施設、障がいのある子どもが入所する障害児入所施設、社会で生きづらさを抱えている子どもが入所する児童心理治療施設、非行傾向のある子どもが入所する児童自立支援施設、何らかの問題を抱えた母と子が入所する母子生活支援施設があります。

みらいさん　いろいろな施設があるのですね。これでは単純に施設養護とひとくくりにすることはできないですね。

まもる先生　そうですね。それぞれの施設が対象とする子どもも違いますし、それぞれの役割をもった施設で、専門的な養護や療育を行っています。

みらいさん　そのような施設で、保育士はどのような役割を果たしているのでしょうか。保護者の代わりをするのでしょうか。

まもる先生　子どもたちが生活していますので、子どもたちの日常生活の世話をすることも施設養護の大切な機能の一つですが、それだけではありません。子どもたちは、家庭問題であったり、心の問題であったり、障害であったり、さまざまな課題を抱えています。そうした課題に対し、専門的な養護や療育を行いますので、保育士には専門性を発揮して子どもの支援にあたっていただく必要があります。

みらいさん　子どもたちは抱えている問題が解決したら、施設を退所するのですか？

まもる先生　保育士をはじめとする専門職によるケアが行われ、子どもの問題や課題が施設での生活のなかで改善されていくことは子どもの最善の利益としてとても重要です。しかし、家庭問題の場合、子どもだけで解決されるわけではありません。家庭環境が整うことで、子どもは家庭復帰することができます。そのため、保護者への支援も施設養護の大切な機能の一つです。

みらいさん　保護者への支援も行うのですね。施設養護はいろいろな機能をもっているのですね。

まもる先生　そうですね。施設養護は専門性がありますから、さまざまな役割や機能をもっています。ここでは、施設養護の基本的な役割や支援について学んでいきましょう。

1 施設養護とは

① 施設養護の意義

＊1
第5章p.74参照。

　施設養護は、児童福祉法第7条に定められた児童福祉施設＊1のうち、入所型施設で行われる代替養育のことをいう。2016（平成28）年の児童福祉法改正を受け、2017（平成29）年に提言された「新しい社会的養育ビジョン」1)では、代替養育は、里親やファミリーホームといった地域のなかで養育者の家庭に子どもを迎え入れて養育する家庭養護を原則とし、高度に専門的な治療的ケアが一時的に必要な場合には、施設において、子どものニーズに応じた個別的ケアを行い、「できる限り良好な家庭的環境」を提供し、その期間は短期間＊2とすることが提言された。施設においても、小規模化を図り、より家庭に近い雰囲気や環境のなかで養育することをめざしており、これを家庭的養護という。施設養護は、社会的介入ニーズの度合いが大きい子どもを保護者から分離して行うものであり、代替養育の必要性を適切に判断すること、そして、個別的に最も適切な養育環境の提供が求められる。

＊2
施設の入所期間について「新しい社会的養育ビジョン」では、原則として乳幼児は数か月以内、学童期以降は1年以内とした。特別なケアが必要な学童期以降の子どもにあっても3年以内を原則とした。

　施設で生活をする子どもたちは、在宅のままで支援を受けることが困難であり、保護者から分離することが必要と判断された、つまり、権利を侵害されてきた子どもたちである。家庭養護では提供できない専門性の高い個別化されたケアを子どもの日常生活のなかで展開しながら、子どもの権利を回復し、子どもに家庭に代替する生活の場とくらしの提供を行い、子どもが自分の人生を生きることができるように自立を支援していくことが施設養護の意義である。

② 施設養護の基盤

　施設養護における支援は、養護（養育・保護）機能中心のケアワークが基本であるため、子どもの日常生活支援が家庭的養護の中心となる。そのため、施設養護は、「できる限り良好な家庭的環境」による家庭的養護を行うために、小規模グループケアやグループホームの形態に変えていくことが求められている。また、家庭的養護の推進は、養育の形態だけでなく、養育の内容についても変えていく必要がある。施設で生活する子どもの多くは、保護者や家族との関係において不適切な関係にあり、怒りや悲しみ、無力感など否定的な感情を抱えている。そのような子どもを、職員は真に受け止め（場合によっ

図8-1　施設養護の全体像

ては受け入れ)、施設は「抱える環境(holding environment)」となり、子
どもの心身ともに安全な基地となり、子どもの権利を回復させていくことが
求められている。つまり、子どもの声を聴き、権利を擁護し、代弁し、子ど
もの権利を具現化していく子どもアドボカシーが求められているため、職員
一人ひとりの力量とともに施設が高い専門性をもつ必要がある。具体的には、
子どもの権利の保障の実現のために、図8-1のような支援を行うことが求
められている。

　また、施設養護には、家庭復帰した子どもや社会に出た子どものサポート
やアフターケア、里親支援、地域の子育て家庭支援など専門的な地域支援機
能が求められており、総合的なソーシャルワーク機能を充実させていく必要
がある。このように、家庭的養護の推進、専門的知識や技能に基づいた専門
機能の充実、そして、専門的な地域支援機能を強化し、総合的なソーシャル
ワーク機能の充実を図ることが期待されている。

③　施設養護の基本原理

　社会的養護は、「家庭的養護と個別化」「発達の保障と自立支援」「回復を
めざした支援」「家族との連携・協働」「継続的支援と連携アプローチ」「ラ

イフサイクルを見通した支援」という考え方のもと支援を行う[2]。これは施設養護においても変わらぬ原理である。

▼家庭的養護と個別化

子どもは「生活を保障され、愛護され、人として尊ばれる生活」を「あたりまえの生活」と感じ、かつ、愛され大切にされていることを実感して育つ。この「あたりまえの生活」を職員がどのように展開するかに、職員の専門性が問われている。また、子どもを権利の主体とし、子どものニーズに対応していくために、子ども一人ひとりに職員が向き合い、かかわりながら生活していくことが必要であることから小規模グループケアなどの家庭的養護が有効である。乳児院や児童養護施設だけでなく、児童心理治療施設や児童自立支援施設においても専門的支援とともに展開されることが望まれる。

▼発達保障と自立支援

子ども期の発達段階にあるため、年齢や子どもの状態に応じた発達の課題を職員が理解し、子どもの健全な心身の発達保障を行う必要がある。子ども期は、その後の人生の準備期間でもあることから、職員は、子どもの将来を見据えつつ、同時に目の前にいる子どもをそのまま受け止めることが求められる。「子どもは大人ではない。子どもは子どもである」[3]という立場を職員は忘れてはならない。職員が、子どもが子どもであること、子どものありのままを受け止めることで、子どもは職員との愛着関係や基本的な信頼関係を形成することができる。これは、子どもが自立するにあたり、生きる力の獲得となり、人間関係を形成することにつながる。つまり、幼少期からの発達保障は子どもの自立に深く関係していることに留意してほしい。

▼回復をめざした支援

子どもは、不安定な生活環境や虐待など、人権が侵害された生活を強いられてきており、それらの影響から、自我の未発達や自尊感情の欠如など心身の発達にゆがみや心の痛みをかかえている。「安全、安心感をもてる居場所」で、「大切にされる体験」をするなかで、子どもたちは人への信頼感や自己肯定感をゆっくりと回復させていく。職員は、安全で安心できる環境を提供し、子どもたちとの愛着関係を形成する日常生活のなかで、子どもの入所前の生活の影響を修復していく治療的支援を行っていく。

▼家族との連携・協働

保護者や家族との関係が不適切になり、在宅で支援を受けることが困難になった結果、施設で生活することとなった子どもに対しても、施設における代替養育は短期間とするとされている。そのため、保護者が、子どもが健やかに成長することについての第一義的責任を果たすことができるよう、職員

には、保護者の主体性を大切にしながら、保護者を支え、ともに子どもを養育する支援が求められる。

　保護者が養育することが困難な場合は、里親やファミリーホームといった家庭養護や、特別養子縁組などを検討することになる。

　乳児院、児童養護施設、児童心理治療施設、児童自立支援施設には、家庭支援専門相談員[*3]が配置されており、保護者や家族との連携や協働の役割を担っている。

▼継続的支援と連携アプローチ

　施設における子どもの支援は、できる限り特定の養育者（職員）による一貫性のある養育が継続して行われることが望ましい。担当の職員が交代することは、子どもにとって愛着関係の断絶を意味する。そのため、担当の職員を変更せざるを得ない場合においては、職員間での丁寧な引継ぎを行い支援の一貫性を維持し、継続した支援を可能とするとともに、子どもにも担当職員が変更となる理由を説明し理解を求めていく必要がある。また、他の施設への措置変更となる場合においては、施設間での情報共有や引継ぎを行うことになる。

　社会的養護における子どもの育ちは、一施設、一職員が担うのではなく、複数の施設・機関、職員が支援を引き継いでいくことに意味がある。それにより、子どもに対して、一貫性及び連続性のある支援が重層的に展開することができる。

▼ライフサイクルを見通した支援

　施設では、子どもの成長・発達に応じて支援を行っているが、施設退所後においても子どもの成長を見守る必要がある。子どものライフサイクルが青年期や成人期に入ったとしても、その時に起きた出来事や体験により、かつて乗り越えた危機に再度直面し、課題の再構築に迫られることもある。施設を退所した子どもが社会で孤立し生活困難に陥るケースもある。そのため、子どもが退所した施設によるアフターケアの取り組みが求められている。

　また、施設を退所した子どもが、何らかの課題を抱えたときに施設に相談することができるように、施設入所中に、職員との愛着関係の形成や施設への帰属意識をもてるような支援が望まれる。施設が子どもにとって「実家」となることが期待される。

＊3　家庭支援専門相談員
ファミリーソーシャルワーカーともいう。子どもの保護者と連絡・調整を行ったり、里親委託などをとりまとめたりし、家庭復帰支援や家族関係の再構築支援を行う。子どもの施設退所後の相談援助も行っている。また、児童相談所等関係機関と連絡・調整を行い、里親委託や養子縁組の推進や地域の子育て家庭支援も行っている。

④　施設運営方針に基づく支援

　施設養護は、第一種社会福祉事業であり、経営主体は原則、都道府県およ

び社会福祉法人である。子どもがどの施設に入所しても、適切な支援を受けることができるように施設養護におけるソーシャルワークやケアワークの質の標準化が必要である。そのため、施設養護の目的は「児童福祉法」に定められ、施設の設備や人員の配置などの運営に関する基準は「児童福祉施設の設備及び運営に関する基準」で定められている。そして、施設における養育や支援の質の確保と向上が図られるように、施設種別ごとに、「施設運営指針」*4が作成され。また、施設養護の理念や方法、手順が社会に開示され、社会に対しての施設養護の説明責任を果たすものとなっている。

*4　施設運営指針
施設種別ごとに作成されており、各施設の支援内容と運営を定めたガイドラインである。入所型施設については「施設運営指針」、通所型施設については「ガイドライン」がそれぞれ作成されている。

❷　施設養護の展開過程

①　アドミッションケア

アドミッションケアとは、施設養護を開始する前後に行うケアである。施設入所は、児童相談所による措置*5であり、措置するにあたり子どもの意見聴取は行われているが、入所する子どもすべてが入所を希望しているわけではなく、子どもへの精神的負荷は高い状況にある。また、子どもは、施設入所前の環境が不適切なものであったとしても、住む家も地域も、通っていた学校や友人など慣れ親しんだ環境からも切り離され、全く知らない施設へ移ることになる。これは、子どもにとって生活環境の激変であり、その影響は心身に及ぶ。そのため、不安や緊張を解消・緩和し、子どもが安全・安心を感じられるように、細やかな配慮をすることが必要である。

*5
障害児入所施設の場合は「措置入所」と「契約入所」がある。

アドミッションケアでは、「子どもの最善の利益のために」支援を考え、子ども自身の意向と選択に最大限の配慮をし、子どもや保護者へのインフォームドコンセント（十分な説明とそれに基づく同意）を行う。2022（令和4）年の児童福祉法改正において、児童相談所は、入所措置や一時保護等の際に、子どもの意見・意向を勘案して措置を行うため、子どもの意見聴取などの措置を講じることとなり、子どもの意見表明支援員（子どもアドボケイト）が配置され、意見を表明しづらい子どもの立場を理解し、意見表明を促進するとともに代弁する仕組みが設けられた。

また、児童相談所の一時保護期間に、子どもは入所先の施設の説明や施設の見学、施設職員との面談などを行い、施設が子どもにとって安心できる場所であること、子どもが意欲的に生活できる環境を整えていることを知る機会が設定されている。さらに、子どもたちを守る仕組みとして、子どもの権

利ノートを活用して、施設にある意見箱の使い方、児童相談所への連絡方法などを伝え、子ども自身が子どもの権利を理解し、権利を行使する仕組みが整備されている。

②　インケア

インケアとは、施設のなかで行われるケアのことであり、自立支援計画*6に基づいて実施される。インケアは、子どもの日常生活支援を行い、安全・安心な場の提供、基本的生活習慣の獲得、衣食住の保障、学習環境の整備や学習支援、心理的ケアなど、個別の自立支援計画に基づいた支援が行われる。また、子どもが抱える心身の課題について個別課題克服プログラムを策定し、行動変容支援や治療的支援を行う。子どもは日常生活のなかでさまざまな支援を受け、心身を回復し、自己肯定感や他者との信頼関係、人間関係調整力を形成していく。これは、子ども自身が望む人生を送ることができるようにすることや、将来、施設を退所し自立した生活を送ることができるようにすることにつながっている。そのため、職員は、子どもの今を受け止めながら、子どもの生きる力やリジリエンス*7を高め、子どもの退所後や将来を見据えて支援を行っていくことになる。

病気や障がいのある子どもには、医学的管理のもと適切な療育が行われ、日常生活や遊び、機能訓練を通して、生活に必要な支援が行われる。

また、親子の交流や保護者支援などを通して親子関係の再構築や家庭環境調整を行い、早期の家庭復帰や里親委託などの方向性を検討することもインケアの一つである。

③　リービングケア

リービングケアとは、施設を退所する前の準備期間に行う支援のことであり、家庭復帰や施設退所、就労・自活などが予定されている子どもの施設退所後の生活を想定し、具体的な社会生活に向けて実施される退所前プログラムである。具体的には、衣食住、経済生活、手続きといった社会生活で必要な生活技術、社会ルールやマナーなどの知識、技術、情報等を習得する。施設によっては、自活訓練室などを利用し実際に生活体験を行い、一人で生活する感覚をつかんだり、買い物や食事作り、家計管理、ガスや水道、光熱費の支払いなどを子ども自身が行うプログラムを実施し、子どもが退所後の生活の感覚をイメージできるよう支援している。退所者の体験談を聞く会を設

*6　自立支援計画
子どもの発達を支援し、子どもが自立して生活していくための計画であり、児童相談所の援助方針を踏まえ、担当職員、家庭支援専門相談員、心理担当職員、基幹職員、施設長など多視的に子どもの支援内容や支援方法を検討し立案する。その際、子どもや保護者の意向や希望を十分に反映することが重要である。3〜6か月ごとに定期的に見直しを行う。

*7　リジリエンス
リジリエンスには「回復力」「復元力」という意味があり、子どもが不適切な養育環境で育ったとしても、ストレス耐性を身に着け、困難を乗り越える経験をするなかで、自分の人生を取り戻していく力をいう。

けている施設もある。

　施設を退所し、新しい生活を始めるあたり、子どもは期待と不安が入り混じった複雑で不安定な気持ちになりやすいため、生活技術の習得といったハード面だけでなく、子どもの気持ちに寄り添い精神的なサポートといったソフト面での支援も求められる。

　リービングケアにおいては、子どもの退所した先の地域の支援機関と情報を共有したり、家庭復帰の場合は、保護者との情報共有や地域の子育て支援機関との情報共有を図り、子どもが退所後の生活環境に適応しやすいように環境整備を図ることも重要である。

　退所後の生活環境に適用できるかどうかを検討し、退所の時期を判断する必要もリービングケアでは求められており、措置延長の制度[*8]や社会的養護自立支援事業[*9]の活用の検討も求められる。

④　アフターケア

　アフターケアとは、施設退所後に行われる支援のことである。子どもが施設を退所する理由として、家庭復帰、里親委託、就労、他施設への措置変更などがある。施設は、退所理由や退所の経緯、退所後の子どもや保護者、家族の状況を考慮してアフターケアを行う。家庭復帰の場合は、保護者との情報共有や地域の子育て支援機関、民生委員・児童委員、学校などとの情報共有を図り、場合によっては要保護児童対策地域協議会の見守り対象として支援にあたることもある。

　リービングケアは、子どもが退所した後の生活を見据えて準備する支援であるのに対して、アフターケアは実際に子どもが社会生活を送るなかでの支援となる。子どもは施設から離れて生活しているため、何らかの問題が起きても施設が把握するまでに時間がかかり、問題が深刻化してしまう場合もある。そのため、子どもが困った時や悩みがある時、誰かと話したい時に、職員や施設が思い浮かぶ関係を子どもと職員・施設が構築しておくことが有効であり、インケアの状況や施設に入所しているときの子どもと職員・施設の関係が、アフターケアのありように大きな影響を及ぼしていることを理解しておいてほしい。

　また、施設を退所した子どもや施設出身者の声に耳を傾け、子どものインケアやリービングケア、アフターケアに反映させていくことも取り組みとして重要である。

3 施設養護のインケアの実際

　ここまでにも述べてきたように、インケアのありようや、インケアにおける子どもと職員・施設の関係は、リービングケアやアフターケアに影響するだけでなく、子どもの青年期、中年期にわたり子どもの人生に影響が及ぶものである。そのため、インケアが子どもの人生の基盤をつくると考えてもらいたい。ここでは、前掲の図8－1（p.127）に基づいて、施設養護におけるインケアについて説明を行う。

① 安全が守られる

　第一に、子どもの生命が守られることである。第二に物理的に安全な環境が保障されることである。子どもが常に良好な健康状態を保持できるように、寝具や衣類、居住空間などの清潔を保ち、睡眠、食事、排せつなどの状況を職員は把握し、発達状態に応じ、子ども自身が身体の健康を管理できるように支援する。施設入所前にネグレクト環境にあった子どもは、清潔や身だしなみへの配慮に欠けることがあるため、職員は意識して「ここちよさ」を体験できるように配慮する必要がある。児童養護施設の場合、入所している子どもの年齢は幼児から青年まで幅があるため、幼児への安全配慮が行われている居住空間の整備が求められる。

　このように生命の安全、物理的に安全な環境が保障され、かつ、「ここちよい」身体環境、生活環境での生活を通して、子どもは、精神的安全を実感できて、初めて安心することができる。

② 生活習慣

　日常生活の支援として、子どもが基本的生活習慣を身につけることがあげられる。基本的生活習慣とは一般的に「食事」「睡眠」「排泄」「清潔」「衣服の着脱」をさし、子どもが生きていくために、社会で生活するために大事な、「生きる力」となるものである。また、「生きる力」は、挨拶をする、約束を守るといった社会マナーやルール、行動様式を身につけることでもある。基本的生活習慣は、毎日の生活のなかで取り組むことで身についていくため、職員は子どもの見本となるように、一緒に取り組んでいく。入所前の生活において、昼夜逆転の生活や不十分な食事、歯磨きや手洗いなどが習慣化され

ていない子どもの場合、基本的生活習慣を獲得するのにより多くの時間を要するため、職員は粘り強く働きかけることが必要である。

　ここで気をつけることは、施設のルールや社会常識を子どもに押しつけるのではなく、「どうしてそうするのか」を子どもに丁寧に説明し理解を求めるとともに、生活習慣や社会ルールなどについて子どもと定期的に話し合う機会をもつことである。

③　衣食住の保障

▼適切な衣習慣

　適切な衣習慣は子どもの健康を守るだけでなく、衣服の社会的・心理的意味を理解することや子どもが自己を表現する手段となる。そのため、体に合い、季節に合った清潔な衣服が十分に確保されること、子どもが自分で選ぶこと、TPOに合わせた衣服が選択できることが大切である。これらの衣服支援を通して、子どもに自分が大切にされている、自分は自分でよいというメッセージを伝えることになる。

▼適切な食習慣

　食習慣は、子どもの身体的成長の基本であるため、発達段階に応じた調理方法や栄養バランスに配慮する必要がある。食物アレルギーや偏食への対応も必要である。

　施設養護においては、寮やグループホームメンバー全員で食卓を囲んで食事をとることになっている場合が多い。食事場面は、共に生活する子どもと職員のコミュニケーションや交流の場となる。子どもだけでなく職員も一緒に食卓を囲み、会話を楽しみながら時間を共有することは、子どもとの信頼関係の構築や、「家庭的」雰囲気の理解、食事マナーや礼儀の獲得などさまざまな面で有意義である。さらに、メニューの検討、買い出し、調理、配膳、食事、片づけという食の一連の流れを子どもと職員が共有することは、自立支援における食のもつ力を生かすことができる。

▼適切な住環境

　住環境はまず安全が確保されることが最も重要である。生命の安全はもとより、子どもの居場所が確保され、子どもがそのことに安全で安心だと実感できることが必要である。また、「できる限り良好な家庭的環境」である小規模グループケアやグループホームの形態のなかで、6人程度の小集団で、かつ、子どものプライバシーが守られる環境であることが重要である。

　子どもの安全・安心感や「家庭」的環境を確保するために、住環境の外装、

内装、家具、庭の樹木や草花、居室の装飾品などへの配慮も求められる。「家庭的環境」のイメージは、職員によって異なる。そのため、職員のもつ「家庭」や「家庭的環境」の価値が問われてくる。

④　学習支援

　施設入所以前、子どもは落ち着いて学習に取り組む環境にはない場合が多く、不登校になっていたり、宿題をやっていない（宿題をする時間がない、宿題をできる状況にない）、学用品の不足や忘れ物が多いなどの問題を抱え、学習意欲の喪失、低学力となっていることもある。落ち着いて学習することのできる環境を整備し、子どもの学力に応じた学習支援を行う必要がある。子どもが自分の人生を生きるには、子どもの「最善の利益」となるよう進路の自己決定を支援することが求められ、施設養護において高校進学・卒業は重要な意味をもつ。そのため、子どもの自己実現に向けて、学習機会を確保し、子どもの学習意欲を引き出し、高校進学（特別支援学校高等部進学を含む）を保障する支援を行う。

　中卒や高校中退の子どももいるため、彼らに対して施設入所措置延長を行い、子どもの希望に応じて職場体験や就労体験を含め就労支援を行い、社会経験を十分に積むことができるように支援していくことも求められる。

⑤　家族支援

　児童養護施設等に入所している子どもの在籍期間は平均5.2年[*10]であり、その間、保護者と離れて生活を送っている。施設養護の期間は短期間であることが求められているが、実際には施設入所期間の長期化の傾向は改善されていない。保護者と離れている期間の長期化は、親子関係の希薄化につながる。離れて暮らしていても、親子関係にあることは変わりない。家庭復帰の可能性の有無にかかわらず、子どもも保護者も、親子であることを意識することができ、子どもが親に思いを寄せるように、保護者も子どもに思いを寄せ、良好な親子関係を形成・維持できるように支援していく必要がある。

　保護者や家族との不適切な関係から施設入所となる場合も多く、親子関係の回復を含め、親子関係調整が必要である。そのため、電話やメール、手紙による交流や、学校や施設行事への保護者参加、面会や施設内宿泊による子どもの養育参加、一時帰宅の実施などさまざまな形態で親子がかかわりあう機会を増やし、親子関係の修復・再構築を図っていくことが求められる。

[*10]
厚生労働省「児童養護施設入所児童等調査結果」（2018年）によると、児童養護施設の「在籍児童の在籍期間」は、平均5.2年であり、「4年未満」が49.3%、「4年以上〜8年未満」が26.1%、「8年以上〜12年未満」が15.5%、「12年以上」7.8%となっている。なお、平均在籍期間は1992年：4.7年、2003年：4.4年、2013年：5.0年と推移している。

しかし、子どもが保護者との交流を求めない、あるいは拒否する場合もある。親子関係の調整においても、子どもの意見を聞き、子どもの意思を尊重していく必要がある。また、保護者の死亡・行方不明、拘禁等の理由により、保護者との交流ができない場合もあるため、子どもへの配慮が必要である。保護者との交流機会がない子どもを対象とした週末里親*11といった制度なども活用しながら子どもに家庭生活の経験を提供することも検討しておくことが望まれる。

⑥　個別課題克服プログラム

施設養護の子どもは、施設入所前に不適切な養育環境に置かれているため、心身に何らかのダメージを受け、さまざまな課題を抱えており、ケアニーズが高い状況にある。子どもの心身の回復と課題の克服を進めていくために、子どものニーズに対応した支援を行うことになる。子ども一人ひとりに自立支援計画を策定し、子どもの同意のうえで自立支援計画に基づいた支援が展開される。個別課題克服プログラムとは、子どもに対して一対一のかかわりで行うこともあれば、保護者とのかかわりや他の子どもたちとの交流なども意図的に活用しながら展開をしていくものである。

⑦　治療的支援

入所前の生活環境や親子関係などの影響を受け、心身の治療が必要な子どももいる。また、近年では発達障がいを抱える子どもも増えており、治療的支援が求められることが多くなってきている。精神的な課題を抱えている子どもの場合は、子どものケアニーズに応じて、心理療法や精神療法を行うこともある。その場合、外部の医療機関を利用することもあれば、施設の心理職員が心理治療的活動（プレイセラピー、カウンセリング等）を行うこともある。治療的支援は、心理担当職員が直接的に行うだけでなく、子どもの日常生活に治療的支援を組み込んでいくこともある。特に、児童心理治療施設においては、医師や心理士と連携し、医学的、心理学的観点から生活を見直し、施設でのさまざまな経験が治療的に働くように配慮されている。

⑧　信頼関係の構築

フロイト（S. Freud）は口唇期において母親とのかかわりのなかで基本的

信頼や安心感を獲得するとし、エリクソン（E. Erikson）は、乳児期の心理的課題を「基本的信頼VS不信」とし、乳児期が他者との基本的信頼関係の形成に重要であるとしている。施設に入所する子どもは、入所前の生活環境や人間関係により、基本的信頼感の喪失を体験しており、喪失した基本的信頼感の回復が施設養護においては重要となる。子どもは、安全で安心できる日常生活を送るなかで、職員との愛着関係の形成をし、子ども自身が自分をゆだねられる職員の存在を得て、「生まれてきてよかった」と意識して思うことができる。そのために、職員は、子どもと「ともにいる」存在であり、「ともに住まう」存在となり、子どもの人生の伴走者としての役割をもつ。時に、子どもは自分と職員の関係性を探る行動として試し行動*¹²をとることもある。職員は試し行動を行う子どもの心理を理解しながら、子どもに寄り添っていくことが求められる。

そして、そのような職員との関係を始点として、一緒に生活する子ども同士のかかわりのなかで他者を信頼する気持ちが芽生え、年齢に応じた社会の広がり（幼稚園や認定子ども園、小学校、中学校、高校等）のなかで、さまざまな人間関係を育んでいくことになる。

⑨　愛され、慈しまれる生活

子どもたちは、虐待、親の不仲、生活困窮など入所前の生活環境や親子関係が不安定であるからこそ、安全で安心できる場において、職員から愛され、慈しまれ、そのことを子どもが実感できることが大切である。図8-1のように、「安全が守られる」「生活習慣」「癒し」「衣食住の保障」「学習支援」「家族支援」「個別課題克服プログラム」「治療的支援」を日常生活のなかで受けながら、自分が愛される存在であること、自分は自分でいてよいこと、子どもは子どもでよいことを自ら感じ、自己肯定感を高めていくことになる。

⑩　心の安全基地

心の安全基地とは、子どもがネガティブな感情から自分自身を守る場所をさす。子どもは職員との愛着関係や施設を安全・安心な場であり自分の居場所と認識し、心の安全基地としていく。ボウルビィ（J. Bowlby）の安全基地現象のように、子どもたちは職員や施設を安全基地と位置づけ、他者とかかわり、自分の世界を少しずつ広げながら、社会とのかかわりをもつ。その過程のなかで、不安なことがあれば、安全基地に戻り、回復したら、また外

*¹² 試し行動
被虐待時児によくみられる行動であり、自分を受け入れてもらいたい気持ちから、職員や里親に対して、「この人は本当に自分を受け入れてくれるのか」「どのような行動をどこまで許してくれるのか」などを確認する（試す）行動である。あるときはべったりとしてよい関係がとれているかにみえるが、突然、攻撃的な行動や拒否的な行動を見せることがある。そうした子どもの振る舞いに職員や里親は、子どもの行動の意味が分からず振り回されてしまうこともある。しかし、子どもが自己認識を深めるプロセスであり、自己肯定感を高める役割もあることを理解し、適切に対応し、子どもが自分の感情を適切に表現できるよう支援することが重要となる。

に出ていくことを繰り返し、人間関係の形成、社会ルールの獲得をしていく。安全基地に戻ってきたときに、子どもは、自分の行動や経験、感情を職員に報告してくることもある。これは、子どもが他者と自分の経験を共有化したい気持ちの表れであり、自分の経験を他者に伝える言語化でもあり、子どもの自立の重要なプロセスとなる。また、この過程は、他者への基本的信頼感や自己肯定感を形成するだけでなく、リジリエンスとなっていくことも理解し、職員は、子どもを見守り、子どもの話に耳を傾け、子どもの自立を促進していく役割をもつ。

4 自立支援

① 自立支援

　1997（平成9）年の児童福祉法改正において、児童養護施設や児童自立支援施設、母子生活支援施設には「自立支援」の文言が追加された。この改正の背景には、1994（平成6）年に日本が「児童の権利に関する条約」（子どもの権利条約）を批准したことにあり、子どもが権利の主体として、自分の人生を生きることを施設養護は支えていくことを示したといえる。
　2014（平成26）年に発刊された『児童自立支援施設運営ハンドブック』では、「自立支援」について以下のように述べられている[4]。

> 自立には生活自立、心理的自立、市民的自立、経済的自立があると言われていますが、子どもの自立支援の目的は、子どもの健全育成（発達・成長権の保障）であり、少なくとも他者とともに自立した社会人として健全な社会生活を営める人間になるよう、よりよい家庭的な養育環境の中で支援することにあります。子どもが自立するためには、子ども自身と子どもを取り巻く環境である家庭、地域（環境）、事物、出来事などとの有意義な相互作用のある共生が必要不可欠です。

　さらに、上記のために必要なこととして、「健康な心身を育む」「自分を大切にする」「基本的生活を営む」「考えて対処する」「自分らしく生きる」をあげている。これらは、施設養護におけるインケアと重なるところが多くある。ここでは、「考えて対処する」を取り上げて説明をする。
　子どもが自立することは、子どもが自分の人生を生きていると実感し、社会生活で生じるさまざまな課題に悩みながらも取り組んでいくことである。

「その解決に向けて真剣に悩み続けている過程こそ、人間の発達を助長し、自立を促進する原動力」となり、その過程のなかで子どもは「問題を多角的重層的に把握し、冷静沈着な状況判断や柔軟性のある臨機応変の対応をとれるようになる」[5] のである。すべてにおいて、子どもが適切な判断ができ課題を解決できるわけではなく、時には苦労したり失敗したりすることもあるかもしれない。職員は、子どもの成育歴や成長を見守ってきたからこそ、子どもが失敗しないように保護しようとしてしまいたくなるかもしれないが、失敗の経験から学ぶも多くあることから、職員は自立支援において「待つ」支援が必要となることが増えてくる。

　子どもが、傷ついたり、苦労したり、失敗したり、あるいは、うまく解決できたり、試みが成功したりする過程を、職員は見守り、子どもが相談や報告してくることを「待ち」、子どもの安全基地として機能することが求められる。子どもの人生の安全基地となるためにも、インケアにおいて子どもの基本的信頼感、自己肯定感、リジリエンスを醸成していくことが求められる。

② 自立支援計画

▼自立支援計画の意義

　施設養護においては、子ども一人ひとりに自立支援計画を策定することが義務づけられている（「児童福祉施設の設備及び運営に関する基準」第45条の２）。これは、児童相談所の援助方針を踏まえながら、子ども自身や関係者からの情報収集に基づく的確なアセスメントを行い、担当職員、家庭支援専門相談員、心理担当職員、基幹的職員、施設長などがさまざまな角度から子どもの支援内容や方法を検討し、総合的に判断して作成するものである（表8−1参照）。その際、子どもや保護者の意向や希望を聞き取り、十分に反映して立案していくことが求められる。また、自立支援計画策定後、子どもに提示し、支援計画の内容及びその実行について、子どもの同意を得ることが必要である。

　自立支援計画は、子どもの人生をどのようにサポートするかの計画である。つまり、子どもの自立に向けてのロードマップであるといえる。自分の人生をどうデザインするかを決めることは、子どもの権利であり、権利主体として自分を作り上げていくことへの支援計画は子どもにとってはまさに自分事である。「私たちのことを私たち抜きで決めないで（Nothing about us without us）」[*13]という言葉があるように、子どもの人生は子どものものであり、子どもが決めるものである。子どもの最善の利益を考えるとき、施設

*13
この言葉は、2006年に国連で採択された「障害者の権利に関する条約」での合言葉である。障がい者が自分の人生を自らが選択し、自らが決定するという、一般社会による保護的支配からの脱却と市民としての権利をもつ人間であることを訴えたものである。「障害者の権利条約」はこの合言葉のもとに世界中の障がい当事者が参加して作成された。

表8−1　自立支援計画票（記入例）

ケアプラン（自立支援計画）　（○年○月○日作成）

作成チーム
　　○○児童相談所　　　　　　　○○福祉司　○○心理士
　　□□児童養護施設　　　　　　□□担当ケアワーカー、□□FSW、□□心理士
　　△△市子ども家庭総合支援拠点　△△相談員、△△心理師

子ども氏名	○○　　○男	性別	男女	○年 ○月 ○日生まれ（ 14歳）
親権者氏名	○○　　△雄	続柄	実父	○年 ○月 ○日生まれ（ 35歳）
親権者氏名	○○　　□子	続柄	継母	○年 ○月 ○日生まれ（ 38歳）
キーパーソンとなりえる人の氏名			連絡先	

養育・支援計画	
本児の意向 （計画作成時までの 本人面接による）	一時保護中に児童相談所福祉司のみ１回、施設職員とともに１回、入所の説明と意向聴取を行った。また、施設入所直後３日かけて、生活の説明、権利教育、心理教育を行い、そのつど、本児の意向を聞き取った。更に、その翌日、学校担任に来てもらい、学校の説明をして本児の意向を聞いた。【児童相談所での説明と聞き取り】児童相談所は一時保護中の本人に、今後の居所に関する思いを聞き取った。弟や妹と離れるのは嫌だが、継母との生活は苦痛であり、現在は家に帰りたくない。ただ、継母がいなければ帰りたいとのこと。里親および施設に関して説明したが、里親ではまた継母と同じことになる不安を表現した。福祉司も本児と同じ意見であり、施設入所となった。福祉司は入所理由として、現状では①自宅に戻ったら継母からの虐待の危険があること、②本児が犯罪等で他者を、引いては自分を傷つけることになることから守りたいこと、③本児のこれまでの人生を整理し、一方で両親にも代わってもらい、良い家族生活になる手伝いをしたいこと、を説明した時は表情は少ないものの、目の光はあり、関心は持ったようであった。施設職員が出向いて、地域小規模施設について説明したが、本児はあまり表情なく聞いており、施設生活に関する本児の意向を聞いても、答えがなかった。 【入所直後面接】施設入所直後に、職員を紹介し、基本的な生活（食事時間や門限等）や他児を傷つけない等の約束事を説明した。無表情で聞いていた。生活上での希望は「ない」とのことで、嫌いなものとして「野菜」と答えた。 【権利教育面接】子どもの権利について説明し、希望があれば第三者の面接、児相福祉司や児相弁護士との面接も可能なことを説明した。前日の面接時よりは関心を持って聞いていたが、質問や意見はなかった。 【心理教育】虐待を受けて来た子どもが当然持つ症状や状態について説明した。最初は表情なく聞いていたが、理解したかどうかを聞くと説明が可能であり、当てはまることとして、自分が何をしていたかわからなくなることがあること、自分を傷つけたくなることがあることを話した。 【学校に関して】担任とともに話したが、学校に関しては自信はないものの、短時間からの登校は拒否し、最初から全日登校を希望した。施設での学習の個別支援は希望した。部活は時間をかけて考えたいとのことであった。 【将来の希望】まだ、長期的展望は持てないようであり、高校には行きたいと言うのみで、その他の希望は出てこなかった。
保護者の意向	両親は表面的には、本児の万引きなどの行動上の問題の改善を希望し、改善すれば再び同居したいと児相SWには話している。そのためにも、将来の再統合を見据えても、両親が支援を受け、養育方法を改善し、虐待のない養育が行えることが重要であることを話したが、現状では渋々受け入れるような形であり、一方で養育を放棄したいという思いも少なからずあると思われる。
児童相談所意見 及び協議内容	本児の行動の問題は弟の出産と実母のうつから始まっており、実母を喪失した悲嘆の感情を表現して受け入れてもらい、喪失後の環境への適応を促進してほしい。しかし、その支援を行うには、本人が居場所と感じられる安全で安定した場（場所と人間関係）があり、その中の信頼関係が構築されることが必須である。地域小規模施設において、少人数で密な人間関係の中で受け入れられる体験が欠かせない。その居場所で受け入れられることで、著しく低下している自尊感情を高める支援も行ってほしい。一方、本児には心理士による、喪失とトラウマへの治療が欠かせないと考える。また、喪失及び被害体験があり、被害者への共感性が低下しているが、全ての共感性の低下ではなく、被害に対して自己を無感情にしているために他者に共感できない状態であり、その改善にも被害体験による傷付きからの回復がなされる必要がある。
入所後の状況 （入所２週間時）	入所後はトラブルを起こすことは少なく、登校もしている。表情は少なく活気がない。自己表現は少なく、些細なことでも難しいことは避ける傾向にある。ただ、時折、職員や他児と楽しそうに会話することもあり、そのような場合、心からの笑顔が見られることもある。肩こりが著明で、男性職員が揉むと力が抜けて嬉しそうにする。ただ、職員によって異なり、ある若い女性職員に対しては、口調も激しく、近づこうとすると、鋭い怒りの表情を見せることもある。1対1の時に、心理教育面接で本児が語っていた「覚えていないことがある」「自分を傷つけたくなる」について聞いたところ、本人は否定した。しかし、若い女性職員に暴言を吐いた後でゆっくりとその話をすると、その時の感情は「覚えていない。頭が真っ白になった感じ」と答えた。

支援方法

【養育上の支援方針】本児は4歳時に自分を守ってくれていた実母に弟が出来、実母自身がが変わってしまうという喪失体験があり、その反応が続いたまま、実母が死亡している。そのような体験をすれば、失った母親へエネルギーが向かい、現実世界への適応するエネルギーを失い、生活に現実感を失うことが多い。加えて継母からの虐待で感情麻痺をきたしていることから更に現実感が乏しくなっている。本児はコミュニケーションは取れるものの、真の本児を見出せない感覚を持つのはそのせいであると考えられる。従って、生活内では、本児の感情を丁寧にナレーションするようにフレームを与え、自己の感情を認識してもらうことから始めなければならない。このような場合、共通の日課を強要することは、非現実的な自分のまま行動することを促進することになるため避けることが重要である。また、本児の現実的自己は4歳で止まっているため、年齢相応の行動を要求しすぎることも避ける必要がある。本児のニーズに合わせなければならない。
更に、ケアワーカーと良い関係ができると、その時期（4歳）までの退行があることは予想しておかなければならない。また、実母喪失にともなう怒りは本児の中で大きな位置を占めており、ケアを担当する相手に怒りを向けてくる可能性もある。従って、ケアワーカーはそのことを意識し、本児の怒りや甘えに対して驚かないで、受け入れる必要がある。怒りに対しては、「何かに怒っているみたいね」と怒りの感情であるというフレームを与え、その感情のコントロールを促し、いずれはその対象を意識できるようなかかわりが必要である。退行や甘えに対しては、思春期男児であることを考えると、物理的接触はマッサージや肩もみといった形に収め、心理的に包み込むことを意識しなければならない。そのようなケアを行い、定期的に本児の状況をチームでアセスメントして、その時期の本児のニーズに対応するよう、生活を組み立て、ケアを行っていく必要がある。

【学習上の支援方針】本児は不登校が続いていたこともあり、学習に関する支援は重要である。本児に対する個別のプログラムを作成し、本児が得意としている科目で解ける問題を多く解いてもらい、成功体験を積むことが大切である。部活動に関しては、現在は野球を希望しているが、虐待体験があることから、再体験となりがちな叱責はできるだけ避け、褒めることを重視することが必要である。本児は叱責を受けると感情を麻痺させることから、周囲からはあまり感じていないように思われるが、本児の心理的回復を阻害することになる危険を学校に理解してもらう。

【心理治療の方針】心理士は本児の心理的状況を把握して、ケアワーカーにその内容を伝え、ともに、生活内での支援方針を考えていく必要がある。一方、本児は喪失体験や虐待によるトラウマがあることから、1対1の心理療法も行う必要がある。失った実母を想起し、突然変わった実母に対する怒りや悲嘆感情を表現して受け入れ、実母との思い出を整理し、ストーリー化していくプロセスとなるであろう。うつ病に関しての理解を促すことも重要である。必要に応じて、児童相談所に依頼し、実母の写真を入手するといったことが必要になることも想定しておく。更に、父親とともに、実母の思い出を共有することが治療の助けとなる。また、真の死因（自死）を父親から告げてもらう機会を設けることも必要になる。その際には、ケアワーカーとともに、本児を支えていくプランを立てる必要がある。そのような治療によって、自己に現実感が伴い、継母との関係に対して心理的に扱うことが可能になるであろう。ただし、継母からの虐待によるトラウマ反応としての感情麻痺があり、自己の感情を回復することは喪の作業にとっても大切なことになる。本児の場合、実母の記憶や就学前の記憶を相当に抑圧していることから、継母によるトラウマに関して先に取り扱い、そこから一定の回復をしたところで、実母の喪失を取り扱う方が良いと思われる。トラウマ反応に関する心理教育を行い、感情の認識を高め、感情のコントロールを促し、トラウマの叙述に至る治療を行う。その過程で、実母のことが想起されてくることも想定される。その時には実母の喪失体験を扱うことになる。そのため、トラウマの治療と実母の喪失に対する治療は相互に関係しあう可能性も高い。そのためには、本児の恐怖や悲嘆感情を複雑さを含めて扱わなければならないため、初期には週2回、安定してきたら週1回の心理療法とする。トラウマや喪失に関する治療が進んで来たら、実父、継母、実母を奪った存在である弟、その再現となった異母妹等に対する感情を整理していく必要がある。

長期目標

【約6か月後の目標】本児の生活の中での感情表現、感情認知が増加し、生活の現実感が出てきて、心からの喜び、悲しみを示すことが出来るようになること。その上で、自己の怒りの感情を認識し、「怒っている」ことを言語化できるようになること。
【約12か月後の目標】生活の中でも実母のことを自己の悲しみや怒りの感情を表現しながら語れるようになり、その感情が認識できるようになること。虐待体験に関しても支援者に語ることが出来、それを乗り越える自己像が形成される。その結果として、他者との問題が生じても、避けずに解決に向き合えるようになる。

	支援上の課題（問題）	支援目標	支援内容・方法	評価（内容・期日）
【短期目標（優先的重点的課題）】	これまで本児が自分を受け入れてくれる居場所と感じられる場がないことが問題であり、それを作ることが課題	本児が自分を受け入れてくれる現実感を持った居場所と感じられる場を提供する	日課の強要は避け、本児のニーズを見極めて個別の対応を行う	年　　　月　　　日
	感情の麻痺・未分化、現実感の低下が問題であり、そこからの回復が課題	本児が感情の認識を高め、感情に深みを持ち、表現が豊かになる。怒りの感情を言語化でき、コントロールできる	感情の表現を促し、周囲からも「嬉しいね」と言った声掛けを多くして、本児が自己の感情の認識を高めるよう支援する	年　　　月　　　日
	自己評価の顕著な低下が問題であり、自己評価を高めて困難も避けずに取り組めるようになることが課題	生活内や学習の場等において、小さな困難は避けずに取り組むことができる	叱責ではなく褒める 成功体験を多く経験する機会を作る	年　　　月　　　日

家庭復帰支援計画

支援方針・再接触計画

【家庭への支援方針】継母に対しては結婚後の思いや努力を評価し認めて受け入れ、その気持ちを父親にも認めてもらう。また、継母が虐待環境を生き抜いてきたことに敬意をもっていることを伝える。その上で、実母を喪失した本児が継母を拒否する感情を理解してもらう。更に、虐待行動が本児の行動変容には繋がらないことを理解してもらい、他の養育方法のトレーニングを受けてもらう。
父親に対しては、実母を失った悲しみや怒りについて自覚してもらい、そこから逃げなくても処理ができることを理解してもらい、本児の心理についても理解してもらう。暴力は行動を良くするためには逆効果であることを伝え、褒め方等を学んでもらう。
夫婦間のコミュニケーションの問題を解決するためのカップルカウンセリングが必要である。
弟と異母妹に関しては、兄への暴力を目撃してきていることから、心理的なアセスメントを行い、必要に応じた支援を行う。

【家族と本児の再接触計画】本児は入所時面接では、弟や異母妹には会いたいと言うが、継母には会いたくないと話していた。父親に関しては、「どっちでも」と言うが、会話の中で、会いたいけど怖いという複雑な心理が伺えた。継母の方も殊更に会いたいというわけではなく、父親も「会いたいけど忙しくて会うのが難しい」と会うために努力しようとする態度は余りみられない。しかし、父親は衝動的な側面もあり、本児をコントロールしたい、言うことを聞かせたいという思いが強いため、父が突然に電話で本児を傷つける危険性は少なくない。従って再接触は、児童相談所がコントロールして構造化した形で行う必要がある。突然の電話は禁止とし、最初の2か月は、週1回のカードのやり取りとし、その後、施設のFSW立ち合いの下での面接を行っていくこととした。本人の希望もあり、父が休みの日に子ども達を連れてくることから始め、子ども同士の遊びを支援していくこととする。本児の心理的回復や両親の認識の改善の状況を判断しながら、1～2か月毎に再接触計画を更新していく。どこかの段階で、父親と実母に関して話す機会が必要となる。その際に、死因を含めて実母のことを本児に語るよう、父親を支援しなければならない。最終的には両親が虐待に関して本児に謝罪し、現在は変化したことを伝え、双方が理解しあう和解のプロセスができることが望ましい。家庭復帰が可能かどうかはその状況を見て判断する。

地域の社会資源とその役割

【地域の資源とそれぞれの役割】継母は現在、児相には抵抗感があり、△市の相談員に心を打ち明けることができている。しかし、生活全般を支援するためには、更に密な関係が必要と考えられ、近くに住んでいる民生委員に寄り添い支援をお願いしているが、継母にうまく受け入れてもらえるような紹介が必要である。△市相談員と心理師は伴に、上記の支援方針に従って、継母の自尊感情を高め、本児を理解し、暴力に頼らない育児を身につける支援を行う。△市の隣の市にNPO団体が行っているペアレントトレーニングがあるので、そこに通ってもらう。本児の養育を想定することは困難であり、弟の育児を対象に行う。継母が拒否的な場合は児童相談所から通う必要があることを告げてもらう。
児童相談所は月1回家族全員と面接を行う。初期には父親、継母、子どもたち別々に面接し、上記父親への支援方針に沿って父親の実母喪失への感情の整理と本児の理解の促進を行う。その後、父と継母のコミュニケーションの問題に関して、カップルカウンセリングを行う。同時に、継母の△市支援による変化を評価するとともに、本児の家庭復帰のためには△市の支援を受ける必要性があることを明確に告げて、支援を受けさせる役割を負う。従って、△市の支援に拒否が出て来た時には、定期面接でなくても、児童相談所が適宜連絡を入れて、枠組みを再構成する。

長期目標

【約6か月後の目標】継母が受け入れられたと感じて支援を望むようになり、弟の養育に関してのペアレントトレーニングを受けて弟への養育が改善する。父親が継母を評価していることを伝える。また、父親が実母の死に関して語る。父親が実母のことや喪失による悲嘆感情を語ることができる。
【約12か月後の目標】父親と継母が実母を喪失した本児の心理に関して理解し、虐待行動が本児を傷つけたことを理解する。父親が本児と実母のことについて語り、死因についても真実を告げる。

	支援上の課題（問題）	支援目標	支援内容・方法	評価（内容・期日）		
【短期目標（優先的重点的課題）】	継母の母親としての自信のなさが問題であり、自信を高め、養育能力を高めることが課題	継母の母親としての自信と養育能力を高める	民生委員が頻回に訪問し、相談に乗り、寄り添い方支援 △市相談員・心理師が継母の心理的支援 NPO法人が弟の養育を対象としたペアレントトレーニングを提供する	年	月	日
	実母の喪失に関して、父親がその事実を避け、本児と共有することがなく、そのために本児の喪の作業が進まず、怒りが継母に向かうことが問題であり、父と本児が実母の死の現実を共有し、両親が本児の心理を理解することが課題	父親の実母喪失に関する感情整理	児童相談所が父親の面接支援を行い、父親の実母に対する感情を確認して整理し、同時に継母の心理の理解を促す。	年	月	日
	父親が問題を避ける傾向にあり、支援が中断する危険があるのが問題で継続することが課題	両親が支援を受け続ける	児童相談所が、支援を受けなければ家庭復帰がなく養子縁組を考えなければならないことを告げ、継続して支援を受けてもらう枠組みを作る	年	月	日

資料：厚生労働省「子ども・若者ケアプラン（自立支援計画）ガイドライン」（【別紙8】ケアプラン（自立支援計画）記入例）
2020年
https://www.cfa.go.jp/assets/contents/node/basic_page/field_ref_resources/8aba23f3-abb8-4f95-8202-f0fd487fbe16/d3c8740b/20230401_policies_shakaiteki-yougo_55.pdf

や職員は「パターナリズム」に陥っていないかを常に自己点検し、子どもと職員のパートナシップを形成しながら、子どもの意思決定支援を行うことが求められる。

▼自立支援計画のポイント

自立支援計画策定においては、的確なアセスメントが重要となる。子どもの発達保障、子どもの権利擁護、子どもの自立を目的として、子ども自身、子どもを取り巻く家庭、地域社会の状況を総合的にアセスメントし、これらが関係し、相互に影響しあいながら、その相互作用のなかで、子どもが育っていく構造を理解していくことが必要である。

また、自立支援計画は定期的に見直すことが求められ、おおむね3か月程度で再検討することが望ましい。その際、自立支援計画モニタリングにおいて留意すべきことは、子どもの達成度に重きを置くのではなく、自立支援計画が適切に実行されているか、支援者それぞれが適切に役割を果たしているか、そして、子どもが自立支援計画に基づいて支援されていると実感できているかを確認することである。つまり、支援者の活動とその成果に焦点を当て見直すことが重要である。

③　退所後の自立支援

2022年（令和4）年の児童福祉法改正により、原則18歳（最長22歳）までとなっている施設入所の年齢上限が撤廃されることとなった。これまで、18歳になり、施設養護の支援から離れたケアリーバーが生活困難に陥り、孤立を深めていることが社会問題となってきた。18歳で施設を退所し、親の援助もなく、一人で経済的にも精神的にも生活を担うことに困難が伴うことは容易に想像がつくであろう。

利用年齢制限の撤廃により、子どもが施設を退所し社会生活に向けた取り組みを、子どもの状況に応じて支援できるようになり、施設が自立可能と判断した時まで支援を継続できるようになるほか、施設を退所した後に相談を受ける拠点が整備されることとなった。

それでも、いつかは施設を退所して、社会のなかで生活をしていくことになるため、施設がアフターケアを強化していくことも必要である。施設や職員は、子どもの心の安全基地となり、子どもの人生の基盤となっていく存在であることから、退所後も子どもの「実家」として、子どもの相談に応じたり、アフターケアを行うだけでなく、心身共に休息をとったり、職員や入所中の子どもや退所した子どもが集い、楽しい時間を過ごしたりすることので

きるポジティブな場として存在していくことが望ましい。

▼児童自立生活援助事業

　児童自立生活援助事業は、児童福祉法第6条の3に基づいて設置される事業であり、義務教育終了後に、児童養護施設などを退所し、就職する子どもに対し共同生活を営む住居において相談その他の日常生活の援助及び生活指導、就業支援を行うことを目的としている。この住居を自立援助ホームという。中学校や高等学校を卒業して施設を退所する子どもや、就労したが何らかの理由で就労継続困難となった子どもたちを対象として、自立援助ホームでの支援が行われている。

　児童自立生活援助事業においても、2022（令和4）年の児童福祉法改正により対象者の年齢要件が緩和され、それまで「高等学校の生徒、大学生、その他の生徒又は学生で満20歳に達した日から満22歳に達する年度の末日までの間の者で満20歳に達する日の前日までに自立生活援助を利用していた措置解除者」とされていたものを「満20歳以上の措置解除者等で高等学校の生徒、大学生その他やむを得ない事情により自立生活援助の実施が必要と都道府県知事が認めた者」とし、22歳以降の自立生活援助の実施が可能となった（2024（同6）年4月1日施行）。

🔍 まとめてみよう

> ①　施設養護における「できる限り良好な家庭的環境」とはどのようなものか考えてみましょう。
> ②　施設養護における子どもの権利の尊重の仕組みとしてどのようなものがあるかまとめてみましょう。
> ③　「自立」とはどのような状態をいうのかまとめてみましょう。

【引用文献】
1）新しい社会的養育の在り方に関する検討会「新しい社会的養育ビジョン」2017年
　　https://www.mhlw.go.jp/file/05-Shingikai-11901000-Koyoukintoujidoukateikyoku-
　　Soumuka/0000173888.pdf
2）厚生労働省雇用均等・児童家庭局長通知「児童養護施設運営指針」2012年
　　https://www.mhlw.go.jp/stf/shingi/2r98520000026rqp-att/2r98520000026rwn.pdf
3）ジャン・ジャック・ルソー（今野一雄訳）『エミール　上』岩波書店　1962年　p.125
4）厚生労働省雇用均等・児童家庭局家庭福祉課『児童自立支援施設運営ハンドブック』
　　2014年　p.38
5）同上書　p.41

第9章　施設養護の実際　1（養護系施設）

📝施設での暮らしって家庭とは違うの？

みらいさん　児童養護施設での暮らしは、どんな感じなのでしょうか。親と離れて暮らすのは、子どもにとっては大変つらいことだと思うのですが……

さとる先生　そうですね。子どもにとって親と離れて暮らすことは大きな不安やストレスを抱えることになりますね。たとえ親が虐待するなど、子どもにとって不適切なかかわりをしていたとしても、親と一緒にいたいと思う子どもは多いのです。

みらいさん　それでは、子どもたちは毎日暗い顔をしながら暮らしているのでしょうか？

さとる先生　そんなことはありません。施設には保育士などがいて、子どもたちの生活全般をみていますし、時には子どもが不安になったり、寂しいときもあるかもしれませんが、そんな時は保育士に甘えたり、相談したりしていますよ。

みらいさん　保育士が親の代わりってことですか？　子どもを育てたことのない私に親の代わりなどできるのかしら？

さとる先生　みらいさんが一人で朝から晩まで、親の代わりになって子どもたちの面倒をみるわけではないのだから大丈夫ですよ。親の役割の一部を担っている、って言った方が適切かもしれませんね。

みらいさん　でも、施設って子どもたちがいっぱいいますよね。幼児から高校生まで年齢も違う子どもたちの集団生活で、それも24時間のかかわりのなかで、保育士が一人ひとりの子どもにていねいに対応することができるのでしょうか？

さとる先生　たしかに職員の人数は少ないけれど、少ないなりに工夫していますよ。担当を決めたり、一緒に暮らす子どものグループを小さくしたりして。とくに最近は施設でもできるだけ家庭に近い環境をつくりだそうと、グループホームなど小規模な施設が増えています。

みらいさん　でも、一般の家庭とは随分違うのでしょうね。

さとる先生　もちろん、他人と暮らし、親ではない保育士が生活のケアにあたっているのだから家庭とは違います。それに、施設に来る前に子どもたちにはいろいろなことがあって、心のケアが必要な子どもたちも多くなっています。いまでは、心理やソーシャルワークの専門職が配置されたりして、専門性の高いケアをチームで行う体制づくりが進められているのですよ。

みらいさん　虐待を受けた子どもへの心のケアが必要だって聞いたことがあります。

さとる先生　そうですね。保育士もその専門職の一人として、子どもたちのケアにあたることが求められます。ここでは、乳児院、母子生活支援施設、児童養護施設を中心にその支援の実際をみていきましょう。

1　乳児院・母子生活支援施設・児童養護施設を取り巻く現状

　近年、１世帯あたりの家族の人数の減少傾向が続いている。三世代で暮らす家族が減り、核家族が増えたことは、子育て家庭において、子育てにかかわる大人の数が減り、保護者の子育てに関する負担が増えることを意味する。それに加え、地域のつながりが希薄になったことで、子育て家庭においてトラブルが生じれば、すぐに家庭における養育が成り立たない状況になってしまう。家庭内暴力（児童虐待やDV）、低所得、保護者の疾患などにより、家族が一緒に暮らせなくなる状況が生じやすくなっている。こうした状況を受け、親子を分離せざるを得ない状況にある家族や、家族単独では生活が立ち行かない状況にある家族には社会的な支援が必要となり、社会的養護を担う施設はその重要度を増すこととなった。

　乳児院、母子生活支援施設、児童養護施設はこうした要請に応える役割を担っている。これらの施設は、施設ごとに利用対象となる家族の状況は異なるが、家族が健全になることを目的に支援を行っているという点では共通の目的を有している。

2　乳児院

①　施設の目的と現状

▼施設の目的

　乳児院は、児童福祉法第37条に「乳児（保健上、安定した生活環境の確保その他の理由により特に必要のある場合には、幼児を含む。）を入院させて、これを養育し、あわせて退院した者について相談その他の援助を行うことを目的とする施設とする」と規定されている。

　対象は乳児（状況によっては幼児）であり、施設の役割は、①保護者などに代わって養育を行うこと、②退院した後も親子を支援することである。児童相談所が家庭の状況を調べ、乳児院での養育が必要と判断された場合に入所が決定される（措置制度）[*1]。

*1　措置制度
第6章 p.96参照。

▼施設・利用者の現状

　乳児院は全国に145か所あり、2,351人の子どもたちが暮らしている（厚生労働省「福祉行政報告例」（2022（令和４）年３月末現在））。

　厚生労働省の「児童養護施設入所児童等調査結果（平成30年２月１日現在）」によると、乳児院に入所している子どもの97.9％に親がいる。入所する理由（養護問題）として最も多いのは「母の精神疾患等」（23.2％）である。これに「母の放任・怠だ」（15.7％）、「破産等の経済的理由」（6.6％）が続いている。ただし、この調査は養護問題の主なもの一つをあげたものであり、これらの理由は重なり合っているケースが多い。同調査において、乳児院を利用している子どもの27.1％が何らかの虐待被害があるとも報告されている。

②　利用児童、家庭の特性と様子

▼乳児期の発達

　乳児期における発達について、エリクソン（Erikson,E.H.）は、発達課題として保護者（主に母親）との基本的信頼感の獲得を、ボウルビィ（Bowlby,J.）は愛着対象との間における愛着形成をあげている。発達課題や愛着形成は、その子どもの将来の人格形成までをも左右する重大な体験である。この時期に安定的継続的に保護者や１人または少人数の大人との密接なかかわりが提供されることが必要となる。子どもが施設で暮らすとしても、これらの発達課題を獲得しなくてもよいということはない。したがって、乳児院では、入所している子どもと保育士との密接なかかわり、愛着関係形成を通して、これらの発達課題等の獲得が行われる。

▼家庭の状況

　子育ては、保護者にとって大きなストレスをともなう。特に乳児期の子どもは、大人のケアなしには生きていけない。この時期の子どもたちは、泣くという手段を用いて空腹や不快感などを保護者に伝える。保護者が寝ていようが、食事をしていようが、構わずに自分の欲求を保護者にぶつけてくる。保護者にとっては大きな精神的、身体的な負担がかかる。そのうえ、周産期は母体のホルモンバランスが崩れやすい。子育てが母親に与えるストレスが精神疾患や虐待、養育拒否の要因になることもある。こうした場合には一時的に親子を分離するのも支援の一つの方法となる。したがって、乳児院への入所は、保護者の状況を改善していく機会としてとらえることができるのである。

③ 支援内容と課題

▼愛着の形成

　保育士は日常的なかかわりのなかで、子どもの愛着行動への適切な対応を行う。たとえば、子どもが積み木で遊んでいる際に、うまくできたときなどは担当の保育士にみてもらいたい、ほめてもらいたい、と思うだろう。そういったときに子どもは保育士の様子を確認して、保育士がほほえみかけてくれていたらとてもうれしいと感じるであろう。一方、みてほしいときに自分の方をみてくれていなかったとしたら残念に感じるであろう。保育士は子どもの行動を常に注意深く観察し、次の瞬間に「すごいだろう」「ほめて」など保育士の表情を確認するかもしれない、と予測して事前に子どもにほほえみかけるといった準備をすると、子どもとの関係はよりよいものになっていく可能性が高くなる。この時期、応答的にかかわることは、愛着形成において重要である。

▼発達の支援

　乳児期の子どもは身体的、情緒的発達が著しい。日々目に見える形で発達していく子どもたちに対して保育士は応答的にかかわることを通して、身体的、情緒的発達が適切に行われるような配慮をしていく必要がある。子どもの身体的な発達状況をみながら、座ることができるように、ハイハイができるように、立ち上がったり歩いたりできるように、安全に配慮した適切な環境を提供する必要がある。子どもたちの発達は一人ひとり異なるため、その子どものペースを見極めていく必要がある。10か月で歩けるようになる子どももいれば、1年6か月たって歩けるようになる子どももいる。無理なく、子どもたちに寄り添いながら、個別的にその子どもに寄り添うような支援をしていく必要がある。

▼今後の課題

　乳児院を含む社会的養護サービスは、家庭が子どもを育てられない場合に、家庭に代わって子どもを育てる役割を担うだけではない。家庭で子育てができるように支援し、子どもを家庭に帰していくという重要な役割がある。実際に55.3%の子どもたちは保護者が面会に施設を訪れ、14.1%の子どもたちは家庭に一時帰宅し、宿泊することもしている（「児童養護施設入所児童等調査結果（平成30年2月1日現在）」）。

　子どもたちにとって家庭で生活することが最善の利益であることを考え、家庭に帰していくために、保育士は家庭支援専門相談員や児童相談所と連携して、家庭に働きかける必要がある。最も子どもの身近にいる保育士は、子

どもの様子を保護者に知らせる役割を担う。このことは保護者が保護者としての自分を自覚し、早く子どもと暮らしたいと思うために有効である。また、具体的に育児のしかたを伝え、育児不安の解消に努めることもする。保護者と協働で子育てをしているという認識でいることが大切である。なお、2017（平成29）年に発表された厚生労働省「新しい社会的養育ビジョン」において、親子分離が必要な3歳以下の子どもは、施設ではなく家庭（里親等）に委託すべきとの考えが示されている。そのため、乳児院は今後、家庭支援や一時保護、里親支援の機能が強化されることが期待されている。

コラム①　　乳児院で働く保育士の役割

　乳児院には主に0歳から1歳の子どもたちが暮らしている。この時期の子どもたちのかかわりにおいて、乳児院の保育士が最も配慮すべきことは愛着形成である。そのため、乳児院ではそれぞれ保育士の担当を決めて、継続的で安定した関係を築くような配慮をしている。乳児院で実習を行った学生のなかには、「保育士と子どもとの関係が密で、まるで親子のようだった」との感想が出る場合もある。子どもたちは自分の担当の保育士が来るとお母さんが来たように喜び、甘える。こうした光景は、保育所の保育士と子どもとの関係とは全く異なるだろう。愛着形成は単に一緒に過ごすことで培われるものではない。子どもの欲求に適切に対応してこそ、安定的な愛着は形成される。子どもがいま何を求めているのか、常に意識しながら、発達に応じたかかわりをする必要がある。

　こうした愛着の形成をもとに、身体的発達、情緒的発達を促すようなかかわりをし、さらに社会的な習慣を身につけるためのかかわりをしていく。またこれらが安全に安心して行われるような環境整備も重要となる。ハイハイを始めたばかりの子どもが安全に動き回れるような空間をつくったり、おもちゃを清潔に保ったりすることなどである。

　ただし、乳児院で暮らす子どもたちにはさまざまな背景がある。また、実の親がいるケースがほとんどだ。施設の最終的な目的は子どもたちに適切な家庭環境を提供することであるから、親との関係の（再）形成のための取り組みも重要な役割となる。日常的に接することができる保育士と違い、親はたまにしか子どもと接することができない。それでも子どもにとって親は特別な存在である。親子の関係を崩さないように、親と協働して子育てをするという意識が必要となる。愛着対象は1人とは限らないとボウルビィが言っているとおり、日常的なかかわりによる愛着対象は保育士が担い、将来家庭に帰ることを踏まえて親との愛着形成の橋渡しになるような声かけをする必要もある。たとえば、「明日お母さん来るね。楽しみだね」など、その場に母がいなくても子どもにつながりを意識させるような声かけは、子どもに母親の存在を意識づけるものである。

③ 母子生活支援施設

① 施設の目的と現状

▼施設の目的

　母子生活支援施設は、児童福祉法第38条で「配偶者のない女子又はこれに準ずる事情にある女子及びその者の監護すべき児童を入所させて、これらの者を保護するとともに、これらの者の自立の促進のためにその生活を支援し、あわせて退所した者について相談その他の援助を行うことを目的とする施設とする」と規定されている。

　利用対象は母子世帯であり、施設の役割は、①保護、②自立支援、③退所した後の相談その他の援助である。利用を希望する場合、直接施設または市町村の福祉事務所への申し込みにより入所が決定される。利用方法は、乳児院や児童養護施設において用いられている措置制度（都道府県の判断により入所が決定される）とは異なる。

▼施設・利用者の現状

　母子生活支援施設は、全国に215か所あり、3,135世帯（児童5,293人）が生活している（厚生労働省「福祉行政報告例」（2022（令和4）年3月末現在））。

　母子生活支援施設を利用する理由のうち最も多いのは、表9－1に示したとおり、「配偶者からの暴力」、いわゆるDVである。配偶者からの暴力から逃れるためにそれまで生活していた家や地域から離れ、施設において新たな生活を始めるのである。こうしたことから、多くの母子生活支援施設では、警備員の配置やオートロック方式の扉などにより、外部からの進入を制限している。次に多い利用理由は「住宅事情による」「経済的理由による」である。母子世帯は貧困のリスクが高い家族形態として古くから知られている。母親1人で子育てと家事をしながら就労を行うのだから、得られる賃金も少なく住居も限られる。また、女性の就労環境は男性と比較して恵まれていないと

表9－1　入所理由別母子生活支援施設入所世帯数

総数(人)	母親の心身の不安定による	職業上の理由による	住宅事情による	経済的理由による	配偶者からの暴力	不適切な家庭内環境	その他	不詳
3,216	121	2	529	413	1,631	286	165	69
100.0%	3.8%	0.1%	16.4%	12.8%	50.7%	8.9%	5.1%	2.1%

資料：厚生労働省「児童養護施設入所児童等調査結果（平成30年2月1日現在）」2020年

いう、社会における性差別的な課題も影響している。

②　利用者の特性と様子

▼DV（ドメスティック・バイオレンス）の影響

　母子生活支援施設を利用する多くの母親は、DV被害者である。DVは親密な関係性のなかにおいて、主に男性から女性に対して行われる暴力行為などを指す。男性の方が身体的にも社会的にも優位性をもっていることから、男性が加害者になることが多い。殴る蹴るなどの身体的なもの、暴言を吐くなどの精神的なもの、合意なしに性行為を強要するなどの性的なもの、そしてお金を渡さないなどの経済的なものに分類できる。

　DVの被害にあった女性の多くが、暴力によるケガなどの身体的な影響や心的外傷後ストレス障害（PTSD）[*2]、自己肯定感の低下などの精神的な影響を受ける。DVの影響により、母子生活支援施設での生活が始まってからも、精神科への通院や服薬が必要となるケースも多い。それだけ暴力は人の心を傷つけるのである。

　さらに、DVは直接暴力を受けなかった子どもにも大きな影響を与える。DVを目撃することは、子どもに恐怖や不安を与え、それが、さまざまな心身への症状の原因となることがあるからである。また、DVの加害者である父親や、被害者である母親が子どもに暴力をふるうこともある。

▼母親の養育力、生活力に関して

　母子生活支援施設で生活をする母親のなかには、養育や家事、他者とのコミュニケーションなどソーシャルスキルの面で、周りからの支援が必要な状況にある人たちもいる。また、DVの被害により本来の力が発揮できない人、若年で出産したために母親自身が情緒的・社会的に未成熟な状況にある人、知的障がいのある人、精神疾患のある人、外国から来たために日本語や日本の習慣が身についていない人など、多様な人々が利用している。個別化を図りながら、それぞれの人がもつ本来の力を活かしていく、エンパワメントの視点で支援していく必要がある。

③　支援内容と課題

▼世帯への支援

　母子生活支援施設の最大の特徴は、世帯単位での支援を施設入所という形式において取り組んでいる点である。施設のなかに家庭というプライベート

*2　心的外傷後ストレス障害（PTSD）
ＰＴＳＤとは、Post-Traumatic Stress Disorderの略であり、幼児期の虐待体験、犯罪の被害、近親者の死去、生命の危険がある自然災害など、日常とはかけ離れた耐え難いストレスによって、心に深い傷（心的外傷）を負った後の後遺症として発症する。症状として、精神的不安定、睡眠障がい、心の傷の原因となったものに対しての回避傾向、第三者の事故・事件・犯罪の目撃体験などを自分の体験として感じてしまうことなどがある。

な空間が存在し、原則として職員であっても利用者の許可なしにその空間には立ち入らない。いわば施設という小さな地域社会のなかで、子育て家庭を支援するような形態である。親子がともに暮らしていることは、支援のしやすさと難しさの両面をともなう。たとえば、母親や子どもにとって、お互いが一緒に暮らすことで安心感を得て安定する反面、母親が不安定になるとすぐにその影響が子どもに出てしまうこともある。

▼母親への支援

母子生活支援施設は母親にとって終の棲家ではなく、次の生活を確立するまでの仮の住まいである。原則、子どもが18歳となれば、退所せざるを得ない。家庭によってどの程度の期間がかかるかは異なるが、限られた期間に次の生活の準備をしていく。母子生活支援施設は、その支援を行うのである。

コラム②　　母子生活支援施設で働く保育士の役割

母子生活支援施設は、母子世帯を施設内で支援するという、児童福祉施設としては特異な形態をもっている。母子世帯を一つのまとまりとして支援するとともに、子どもに対して保育（養護）を提供し、母親に対して保育相談支援、就労支援等を行っている。保育士は母子に寄り添い、母子が地域において生活していけるように協働していくこととなる。そのため、母子のこれまでの暮らしを理解、尊重することが必要となる。

たとえばDVの被害にあった母子に対して、「なぜそんな相手を選んだの？」「なぜ早く別れなかったの？」などの質問は、母親を責め、母子のこれまでの生き方を否定することにつながる。DV加害者となる男性は、一見してそうとわかる人ばかりではない。社会的には問題なく過ごしている男性が、結婚してからDV加害者となる例も多い。また、DV被害にあっている女性は、恐怖感や無力感、将来への不安、いつか変わってくれるのではないかという期待などから、逃げ出せない状況に置かれる。DVに関する適切な知識や個々の状況を知ることなしに、母子の支援をすることはできない。

また、DVの被害者は大変な状況にさらされ続けることによって、本来もっている自分の力を発揮できない状況に陥ることがある。こうした人たちに対して、保育士は安心できる存在として寄り添い、本来の力が発揮できるようになるのを待つことも支援になる。母子が前向きに生活していけることを目的に、母子のペースにあわせて支援を行っていく。

ときには若年であるため、未成熟な状況の母親のかたわらで料理をつくったり、掃除をしたり、子どもとのかかわりをみせたりすることもある。なぜなら彼女たちは、必要なかかわりを自分の親から受けていないため、親としてどのように行動したらよいのかわからない場合もあるからである。彼女たちの親がモデルを示せなかったのであれば、職員自らモデルを示す必要がある。これは彼女たちを母親として育てていく支援であり、間接的に子どもへの支援にもつながる。

　入所の理由にDV被害があれば、母子の精神的な外傷に対する治療とともに、離婚の手続きなどが行われることもあるだろう。場合によっては、裁判所での手続きをして、元夫に対して接近禁止命令を出してもらう必要もある。経済的な理由であれば、就労支援が行われる。養育や家事に不安のある母親に対しては、職員が一緒に食事をつくったり、掃除をしたり、子どもの世話をすることで、母親は体験的にそれらの方法を学ぶこともある。たとえ未成熟だったとしても、母親であることを尊重するという姿勢が職員には求められる。

▼子どもへの支援

　子どもの基本的な生活については、母親が支えている。しかし、母親が病気や就労などで保育所への送り迎えができない場合に職員が代わったり、日中の子どもたちの遊び相手や学習支援の役割をしたり、ときには食事を提供したりする。子どもが不適切な言動をとった場合には、適切な方法を伝えたりもする。職員は、母親ができない部分を代わって子どもに提供するのである。ただ、DVの目撃（心理的虐待）などを経験している子どもたちやその他の虐待被害にあっている子どももいるため、治療的な配慮も必要となる。

▼今後の課題

　母子生活支援施設で暮らしている母親または子どもたちのニーズは多様である。既述した経済的な課題や就労における課題、養育上の課題、DV被害による心身の課題だけではない。若年の母親の入所も多く、母親自身が大人として育っていないことからくる課題もある。また、外国籍の母親における言語、習慣の違いからくる課題、精神障がいや知的障がいのある母親の課題など、母子生活支援施設が支援すべき課題は多岐にわたる。これらの課題に対して、母子生活支援施設はソーシャルワークの観点から家族間調整、社会資源の開発と連携などの支援を行うことが必要となる。

4　児童養護施設

①　施設の目的と現状

▼施設の目的

　児童養護施設は、児童福祉法第41条に「保護者のない児童（乳児を除く。ただし、安定した生活環境の確保その他の理由により特に必要のある場合には、乳児を含む。）、虐待されている児童その他環境上養護を要する児童を入

所させて、これを養護し、あわせて退所した者に対する相談その他の自立の
ための援助を行うことを目的とする施設とする」と規定されている。

　対象は、①保護者の不在、②虐待、③環境上養護を要する状況に置かれた
子どもである。年齢要件については、原則として１歳から18歳までの子ども
たちであるが、状況に応じて乳児の利用や18歳以降も利用を延長することが
できる。

　施設の役割は、①養護つまり保護し、養育すること、②退所した者への相
談、③自立のための援助である。乳児院同様に措置による利用となり、児童
相談所が家庭の状況を調べ、児童養護施設での養育が必要と判断された場合
に入所が決定される。

▼施設・利用者の現状

　児童養護施設は、全国に610か所あり、２万3,008人の子どもたちが暮らして
いる（厚生労働省「福祉行政報告例」（2022（令和４）年３月末現在））。乳児
院と同様に、子どもたちのほとんど（93.3％）に保護者がいる。つまり、ほ
とんどの子どもに保護者がいるものの、育てられない何らかの事情が存在す
るということである。表９－２は、児童養護施設に入所する子どもの養護問
題発生理由の割合を示したものである（「児童養護施設入所児童等調査結果
（平成30年２月１日現在)」）。それによると、児童養護施設に入所する理由（養
護問題）として最も多いのは、「母の放任・怠だ」と「母の精神疾患等」で
ある。また、同調査において、児童養護施設を利用している子どもの65.6％
に虐待被害の経験がある。

表９－２　児童養護施設の養護問題発生理由の割合（３％以上の項目）

	母の放任・怠だ	母の精神疾患等	母の虐待・酷使	父の虐待・酷使	その他	養育拒否	破産等の経済的理由	児童の問題による監護困難	母の拘禁
児童数（人）	4,045	4,001	3,538	2,542	2,480	1,455	1,318	1,061	993
割合（％）	15.0	14.8	13.1	9.4	9.2	5.4	4.9	3.9	3.7

資料：表９－１に同じ

② 利用児童の特性と様子

▼幅広い年齢の子どもたち

　児童養護施設に入所する子どもの年齢は幅広い。幼児期は保護者との密接
な関係を基盤にしながら同年代の子どもたちとのかかわり方を学ぶ時期であ
る。学童期は友人関係が大きな影響を子どもたちに与える時期である。中高

生の年齢は自身と社会との関係をみつめていく時期である。それぞれの時期に適切なかかわり方がある。また、後述するように、適切な時期に適切なかかわりを保護者から受けてこなかった子どもたちのなかには、年齢相応の発達をしていないケースもみられる。

▼親子関係に課題のある子どもたち

　現在、児童養護施設で暮らす子どもたちの多くに、被虐待体験がある。一般的に虐待の被害にあった子どもたちは、対人関係や情緒面での課題が生じるとされている。他者に対する攻撃や挑発、対人恐怖や情緒不安定、フラッシュバック*3、解離*4などである。こうした行動面、情緒面の課題は施設内での子ども同士または職員との関係、学校の友人との関係において表面化し、多くのトラブルを起こす。ただ、子どもたちは、過酷な環境で育った当然の結果として、こうした課題となる行動を身につけているため、単に行動を制限するのでは解決につながらない。その背後にある親子関係による傷つきへの治療的かかわりおよび心理的治療などが必要となる。

▼障がいのある子どもたち

　児童養護施設で暮らしている子どもたちのうち、36.7%の子どもたちに知的障がいや発達障がいなどの障がい等がある（「児童養護施設入所児童等調査結果（平成30年2月1日現在）」）。児童養護施設の場合、障がいそのものが入所の理由とはならない。子どもに障がいがあることで保護者の精神的身体的ストレスが高くなり、虐待が生じたケースなど、障がいのある子どもを育てていくだけの養育力や経済力などが家庭に不十分な場合に、養護問題が発生し、入所となる場合がある。また、乳幼児期の身体的虐待が原因で身体障がいをおっている場合もある。

*3　フラッシュバック
衝撃的な出来事により、急激なストレス等を体験した人が、その後、全く異なる状況下において、その出来事を突然、鮮明に思い出したり、まるでその出来事が再現されているかのような感情や感覚などの身体反応が生じたりすること。

*4　解離
急激なストレス等を体験した際、自己防衛システムとして、過去の記憶やアイデンティティの自覚、直接的な感覚などが一部ないし完全に失われた状況となること。

③　支援内容と課題

▼子どもの発達にあわせた支援

　子ども期の心身の発達は、人生のなかでも特に急激なものであり、時期によって必要となる環境や支援のしかたも異なる。児童養護施設ではさまざまな工夫のもと、対応している。

　幼児に対しては衣服の着脱やおむつ交換など、生活全般に対する直接接触を多く含む支援が必要となる。小学生になると幼児ほどの直接的な支援は必要なくなるが、社会性の構築に向けた声かけ、学習支援や友人関係などの相談の割合が増えていく。中高生となると、進路や友人関係の相談などの割合が増えていく。また時間に関しても、夕食時間や入浴時間、就寝時間、休日

の過ごし方など、年齢や発達ごとに異なる。このように、幅広い年齢の子ど
もたちが生活していることから、それらの生活時間に合わせた対応ができる
ように、各施設ではそれぞれに配慮された日課が設けられている。

▼子どもの課題にあわせた支援

　児童養護施設で暮らす子どもたちの多くは、家庭において不適切なかかわ
りを保護者から受けている。そのため、児童養護施設では他職種協働による
支援が行われている。たとえば、虐待被害に対しては、生活が安定的に過ご
せるように保育士や児童指導員が支え、心理療法担当職員や精神科医が心理
治療や投薬などの治療を行う。生活の安定なしに治療は行えないし、治療な
しに傷つきを癒やすことはできない。ただし、虐待の傷つきはすぐに癒され
るわけではない。最も身近にいて守ってくれるべき特別な存在の保護者から
傷つけられるのだから、その傷は深く、治療には時間がかかる。保育士は、
施設での生活において子どもたちに最も近い存在として、また信頼できる大
人として、子どもたちとのかかわりをもつ必要がある。

　施設における集団生活は、ともすると個別なニーズに応えられない状況が
生じやすい。しかし、子どもたちがもつ課題はそれぞれ個別的なものである。
日々の支援において、個別化を意識したかかわりは最も重要である。

▼家族関係に関する支援

　乳児院同様に、児童養護施設も子どもを家庭に帰すことは大きな役割の一
つである。そのためには、保護者が子どもを迎え入れる準備を手伝うととも
に、子どもに対して、保護者に対する認識の整理を促すことが必要となる。

　「社会的養護関係施設における親子関係再構築支援ガイドライン」（平成26
年３月）では、不適切な養育環境で暮らした子どもが、そのダメージからの
「回復プロセスの中で、親子関係を再構築することは重要な役割を担ってい
る」としている。過去の保護者との関係のなかで身につけた「自分は愛され
るに値しない子」などの否定的認知の改善には、過去の保護者との関係を振
り返る必要があるのだ。しかし、虐待場面などを思い出すことは子どもにとっ
てつらい体験となるため、無理に思い出させることは適切ではない。保育士
や心理療法担当職員等が子どもの状況を見極めつつ、保護者にされたこと、
保護者に対して抱いている感情を子どもが言語化しやすいように促し、整理
していくこととなる。「お母さんのことは大好きだけど、あの時、私をたた
いたのは間違っていた。そのことで私は傷ついた」など、自身の体験を客観
視できるようになれば、保護者との生活が再開したとしても、新たな関係を
構築できるようになる可能性が高くなる。

▼今後の課題

　2016（平成28）年の児童福祉法改正およびその内容を受けて、2017（同29）年に報告された「新しい社会的養育ビジョン」以降、社会的養護を担う施設の状況は大きく変化している。子どもたちの養育の場として家庭が重視されることから、社会的養護における里親委託児童数の増加や施設形態の小規模化等が行われ、子どもたちの権利擁護のさらなる充実がめざされている。

　現在、「都道府県社会的養育推進計画」に基づき、各都道府県で取り組みが行われているが、都道府県ごとにその状況は異なる。その背景には、都道府県の取り組み以前に、養護問題の特性や社会資源の状況など、地域ごとの差異も影響している可能性がある。こうした点も加味しつつ、子どもの権利擁護推進のために施設がどのような役割を果たしていくべきかを検討する必要がある。

🔍 まとめてみよう

---

① 　乳児、幼児、小学生、中高生では年齢やそれぞれの発達、その子どもの特質に応じて保護者から提供される事柄は異なる。あなたはそれぞれの時期にどのようなこと（もの）を保護者から提供されたでしょうか。「衣服の着脱」や「宿題の手伝い」「恋愛相談」など、具体的な項目を書き出して一覧にして、それぞれの年齢でどのようなかかわりが子どもに必要なのかを考えてみよう。

② 　児童虐待やDVなど、暴力の被害にあった人がどのような影響を受けるのか、また、なぜ加害者（保護者やパートナー）は暴力をふるうのか、文献を用いてまとめてみよう。

③ 　さまざまなペアレンティングの手法について、文献やホームページなどを用いてまとめてみよう。

【参考文献】
全国社会福祉協議会　全国乳児福祉協議会『改訂新版　乳児院養育指針』2015年
須藤八千代『〈増補〉母子寮と母子生活支援施設のあいだ―女性と子どもを支援するソーシャルワーク実践』明石書店　2010年

　児童養護施設には、さまざまな家庭背景をもった子どもたちが暮らしている。なかには、適切に愛着形成がなされていなかったり、虐待の影響を受けたりして対人関係に課題を抱えている子どもたちもいる。保育士はそういった子どもたちとともに暮らし、親の代わりに適切な大人のモデルを示し、安全な環境を提供することで、子どもたちを育て直していく。子どもたちはすでにマイナスの状況にあり、それを0にし、プラスに転じていくのだからとても骨の折れる仕事である。

　たとえば、虐待を受けた子どもによくみられる行為として、挑発的行動がある。わざと職員を怒らせるような行動をし、不適切な対応を引き出そうというのである。彼らのなかには、「大人は子どもに対して不適切な対応をするもの」との信じ込みがあり、保育士が暴力をふるわないと逆に不安になることがこの行動の要因である。保育士が嫌がる言葉を発したり、暴力をふるったり、ものを壊したり、ルールを守らなかったり、さまざまな挑発的行動が行われる。周りに迷惑をかけるような場合には、その都度制止し、なぜいけないのかを伝えていく必要がある。保育士はその都度、私は暴力をふるわない大人だということを態度で示すのである。そこで保育士が暴力をふるったり、子どもを無視したりするようだと、子どもは「保育士も親と同じだ」との認識を深めてしまう。

　しかしながら、保育士だって人間だから腹が立つ。内心では殴ってやりたいと思うこともあるかもしれない。実際に殴ってしまったら問題であるが、そう思うこと自体は人間として健全な反応である。保育士自身が自分自身の感情と向き合い、適切な表現方法を学ぶ必要がある。近年、コモンセンスペアレンティングなどの手法が施設養護にも取り入れられている。こうしたプログラムを学ぶことは、保育士が適切な関係を子どもと結ぶうえで有効である。また、グチを言い合える同僚や上司がいるなど、保育士を支える人たちの存在も、保育士が子どもと冷静に向き合うためには必要である。

　施設養護は子どもの状況に合わせて子育てをする場であり、高い専門性が必要となる。子どもの言動の背景を常に考えながら、子どもとかかわることが求められる。子どものひどい言動は、それだけ過酷な環境を生き抜いたという現れである。そうした視点でプラスに転じる方策を立てる必要がある。

第10章　施設養護の実際　2（障害児系施設）

保育士がどうして障害児施設で働くの？

みらいさん　私は「保育士」というと保育所で働く専門職というイメージをもっていましたが、保育士の資格を活かして障害児施設でも働けるのですか？

さとる先生　確かに、多くの保育士は保育所で働いているけれど、保育士は、児童福祉法で定められた子どもを保育するとともに、その保護者に対する支援と地域の子育て家庭に対する支援を行う専門職ですから、その子どもに障がいがあるなしにかかわらず、そこに子どもがいて社会的に保育の必要性がある限り、そこが保育所ではなくても活躍する場所はたくさんありますよ。法律上も多くの障害児施設で職員配置基準の職種のなかに「保育士」が明記されています。

みらいさん　どのくらいの保育士が全国の障害児施設で働いているのですか？　保育士資格をもっているからといって就職は難しそうな感じがしますが……。

さとる先生　厚生労働省の「社会福祉施設等調査」によると、2022（令和4）年10月1日時点で、保育所等を除く児童福祉施設で働く保育士資格取得者は1万9,718人となっています。このうち、障害児関係の施設で働く保育士の具体的な実数はわかりませんが、かなりの保育士が働いていることになります。

みらいさん　思っていたより多くの保育士が障害児施設で働いているのですね。驚きました。でも、先生？　障害児施設といってもさまざまな種類の施設がありますが、その種別によって施設機能や配置される専門職、求められる仕事内容も大きく異なると思いますし、それに障がいのある子どもたちに応じたケアの方法も学校では多くは学んでいません。福祉施設実習や就職のことを思うと私は不安を覚えます。

さとる先生　そうですね。その不安もわからないでもありません。一ついえることは、保育士が子どもとその保護者、地域社会を含めた人々に対して福祉を考え実践する専門職であるということです。そして、それは保育所をはじめとする通所施設であれ、入所施設であれ、障がい児を専門とする施設であれ、まったく変わりはないということです。まさしく"保育士は社会的養護の実践者"なのです。この共通する重要な部分をおさえながら、さまざまな障害児施設や支援事業について学び、みらいさんの不安を解消することにしていきましょう。

1　障害児支援の強化による障害児施設を取り巻く状況の変化

①　施設整備を中心とした施策から地域支援施策へ

　1970年代以前、障がいのある子どもの養育（介護）は家族に依存するか、施設入所を選択せざるを得ず、社会の障がいへの偏見も強かったために、結果的に社会から隔離される状況が長らく続いた。また、就学年齢に達しても地域に通学できる学校や学級がなく、あるいは障がいが重い場合は就学猶予や就学免除によって学校教育を受けられず、多くが施設に入所して施設内で教育を受けるか施設からの通学を余儀なくされてきた。

　こうした状況を激変させたのが、ノーマライゼーションの理念に基づく地域福祉への政策転換と1979（昭和54）年に制定された養護学校設置義務制度の導入であった。1974（同49）年に中央児童福祉審議会は「今後推進すべき児童福祉対策について（答申）」の3本柱の一つに「在宅福祉対策」を掲げ、それまでの施設整備を中心とする施策から地域支援施策へと転換した。また、障がいのある子どもの全員就学により、通学によって自宅や施設から地域へ出ることが可能となり、その後の社会参加、地域支援につながる大転機となった。

　これにより、重症心身障害児施設を除く障害児入所施設は、その数を減少させ、定員数も縮小していった。また、施設の機能から教育保障の役割がはずれ、家庭の代替機能、療育・治療機能（病院としての機能）が中心となり、養護内容もADL（Activities of Daily Living：日常生活動作）訓練からQOL（Quality of Life：生活の質）の保障が重視されるようになった。

　また、2000（平成12）年から推し進められた社会福祉基礎構造改革では、利用者の権利保障が強く打ち出され、2006（同18）年には障害児施設にも契約制度を導入、契約と措置（虐待等の場合）が併用され、支援費の導入により、障がい児の在宅支援サービス（「児童居宅介護等事業」「児童デイサービス」「児童短期入所事業」）が法定化された。しかし、当初から、障害種別間の格差、サービスの地域格差、在宅サービス利用者の増加等が問題視されていた。

②　障がい児の支援体制の強化に向けた改革

　こうした状況を打開するために、2012（平成24）年に「障害者の日常生活及び社会生活を総合的に支援するための法律」（以下「障害者総合支援法」）が成立し、児童福祉法の改正とあわせて、「身近な地域で支援が受けられる

よう、どの障害にも対応できるようにするとともに、引き続き、障害特性に応じた専門的な支援が提供されるよう質の確保を図る」ことを目的に、障がい児の支援体制の強化に向けた大改革がなされた。この改正での主な変更点は、①障害児施設の見直し（一元化）、②「障害児通所支援」*1の創設（市町村業務）、③「障害児入所支援」の再編（都道府県業務）、④在園期間延長の見直し（18歳以上は障害者総合支援法で対応、ただし、必要に応じて20歳まで延長可）等であった。これにより障害児支援は、障害種別の支援を改め、「障害児通所支援」と「障害児入所支援」とに区別されるようになった。

＊1　障害児通所支援
本章p.166参照。

　2016（平成26）年には、この障害児支援の流れをさらに強力に推し進めるため、厚生労働省社会保障審議会障害者部会「障害者支援の在り方に関する検討会」より「今後の障害児支援の在り方について（報告書）～『発達支援』が必要な子どもの支援はどうあるべきか～」が出された。そこでは、今後の障害児支援の4つの基本理念として、「地域社会への参加・包容（インクルージョン）の推進と合理的配慮」「障害児の地域社会への参加・包容を子育て支援において推進するための後方支援としての専門的役割の発揮」「障害児本人の最善の利益の保障」「家族支援の重視」が示された。

2　障害児入所支援

① 施設の目的と現状

▼施設の目的

　障害児入所支援は、日常的な医療ケアの必要性の有無により、「福祉型障害児入所施設」と医療法に基づく病院機能を有する「医療型障害児入所施設」の2種別があり、その目的として児童福祉法では次のとおり規定している。

第42条　障害児入所施設は、次の各号に掲げる区分に応じ、障害児を入所させて、当該各号に定める支援を行うことを目的とする施設とする。
　1　福祉型障害児入所施設　保護並びに日常生活における基本的な動作及び独立自活に必要な知識技能の習得のための支援
　2　医療型障害児入所施設　保護、日常生活における基本的な動作及び独立自活に必要な知識技能のための支援並びに治療

　また、「福祉型障害児入所施設」「医療型障害児入所施設」ともに、「主として知的障害のある児童を入所させる施設」「主として自閉症児を入所させる施設」「主として盲ろうあ児を入所させる施設」「主として肢体不自由のある児童を入所させる施設」「主として重症心身障害児を入所させる施設」と

いった入所児童の障害特性でさらに区分している（児童福祉施設の設備及び運営に関する基準（以下「設備運営基準」））。

＊2
『令和5年版障害者白書』の「障害者数（推計）」によると、身体障がい児の総数は7.2万人（うち施設入所は0.4万人）、知的障がい児の総数は22.5万人（うち施設入所は1.1万人）である。

▼利用児童 [2]

利用児童の障害種別について「福祉型障害児入所施設」と「医療型障害児入所施設」で区別はないが、前述のとおり、改正児童福祉法の施行（2012（平成24）年4月1日）前に設置された施設では、種別体系が残っており、利用児童の障がい特性に傾向がある（表10-1）。また、近年、地域での障害児支援サービスが整備されつつあるなか、「福祉型」においては、虐待をはじめとする養育困難家庭の子どもが入所する傾向や、「医療型」においては、入所児童の障がいが重度化してきている傾向がある。

▼施設の現状

障害児入所施設の現状について、2019（平成31）年3月時点における施設数（表10-2）は福祉型が260施設、医療型が268施設となっており、入所児童数（18歳以上で引き続き入所している者を含む）は福祉型が6,944人（内訳：18歳未満5,444人、18歳以上1,500人）、医療型が21,424人（内訳：18歳未満3,283人、18歳以上18,141人）となっている。このうち福祉型の多くを占める旧知的障害児入所施設について、18歳以上の入所児童数の推移をみると、2012（同24）年時点で1,809人であったものが、2015（同29）年度には1,204人となっ

表10-1　障害児入所施設の利用児童

施　設		主な利用児童の特徴
福祉型障害児入所施設	日常的に医療的なケアを必要としない障がい状況の子どもが入所	知的機能・適応機能に障がいがある子ども
		視覚に障がいがある子ども
		聴覚に障がいがある子ども
		肢体不自由のある子ども
		自閉症などの発達に障がいのある子ども
医療型障害児入所施設	日常的に医療的なケアを必要とする障がい状況の子どもが入所	重症心身障害児
		肢体不自由のある子ども
		自閉症などの発達に障がいのある子ども

表10-2　障害児入所施設の施設数と利用状況

（2019（平成31）年3月現在）

	施設数	入所児童数	入所形態
福祉型障害児入所施設	260か所	6,944人	措置66%　契約34%
医療型障害児入所施設	268か所	21,424人	措置29%　契約71%

資料：厚生労働省「障害児入所施設の機能強化をめざして―障害児入所施設の在り方に関する検討会報告書―」2020年より作成

ており、減少傾向にある（日本知的障害者福祉協会の調査による）。また、入所児童の措置と契約の割合を見ると、福祉型では、措置66％、契約34％。医療型では、措置29％、契約71％となっている。

②　利用者の特性

　今後の障害児入所施設が一つの障がいに限定せず、さまざまな障がいのある子どもたちが入所することを踏まえて、ここでは、利用者の特性を知的障がい、身体障がい、重症心身障がいに区分して説明することにする。

▼知的障がい

　わが国において知的障がいの定義は、法的に規定されていない。施設では、子どもの入所時、児童相談所からの所見にある知能指数（IQ）[*3]や療育手帳[*4]保持児童であれば、その区分から知的障がいの程度を「重度」「中度」「軽度」と把握する。しかし、あくまでも一つの目安として参考にする程度である。障害児入所施設の支援で重要なのは、その子どもの生活適応力がどの程度であり、支援の必要性や発達の課題が何であるのかを把握することである。

　具体的には、知的障がいがあることによって、社会・生活上の課題（他者とコミュニケーションがうまくとれない、物や人の行動に対して固執[*5]があって、スムーズな行動の切り替えができない等）や身体機能の発達の課題（座位・立位・歩行不安定、視覚障がい、内部奇形や疾患等）、精神的な安定の課題（情緒不安定、自傷・他傷行為等）を抱えている場合もある。また、その反面、素直で明るく、何事にも一生懸命に取り組むといったよい特徴を多くもっている子どもたちも少なくない。そうした長所、課題を詳細に把握しながら知的障がいをとらえていくことが大切である。

▼身体障がい

　身体障害者障害程度等級表（身体障害者福祉法施行規則別表第5号）では、身体障がいを「視覚障害」「聴覚障害」「肢体不自由」等の障がいで規定し、1～7級の等級（ただし、障がいの種類によってはこの限りではない）に区分している[*6]。

　施設では、子どもの入所時、児童相談所からの所見にある障がいの種類および等級を一つの参考にしている。改正前の児童福祉法に基づく盲児施設では「視覚障害の重度（1級および2級）」に該当する障がいの子どもが、ろうあ児施設では「聴覚障害の重度（2級）」に該当する障がいの子どもが、肢体不自由児施設では「肢体不自由の重度（1級）」に該当する障がいの子どもが、おおむね入所していた。

＊3　知能指数（IQ）
Intelligence quotientの略。知能検査結果の表示法の1つで、「精神年齢÷生活年齢×100」で求められる。

＊4　療育手帳
厚生事務次官通知「療育手帳制度について」（1973（昭和48）年9月27日厚生省発児第156号）に法的根拠をおく。地方自治体によって区分が異なるが、おおむね、A（重度）、B（その他）に区分して表記されている。

＊5　固執
細かなところまで、自分なりのパターンをつくり、過度の執着をみせること。強度で過度なこだわりのこと。

＊6
おおむね「重度」は1～2級、「中度」は3～4級、「軽度」は5～7級とされている。

▼重症心身障がい

　重症心身障がいとは、重度の知的障がいと重度の肢体不自由をあわせもつことで、診断名ではなく、行政で便宜上使われている用語である。重症心身障がいについて大島分類[*7]では、重度身体障がいの程度が「座れる」か「寝たきり」、重度知的障がいの程度が「IQ35以下」によるものとしており、施設では、この分類による理解が一般的である。詳細な原疾患による入所児童の障がいの傾向は、施設によっても異なるが、おおむね「脳性まひ」を基礎疾患とした入所児童が多い傾向にある。また、てんかん発作や咀嚼・嚥下機能の障がいなど、医療的ケアが必要な子どもも入所している。

＊7　大島分類
東京都立府中療育センター元院長大島一良が副院長時代に発表した重症心身障害児の区分。

③　支援内容と課題

▼主として知的障がいのある子どもを入所させる施設

　施設では、子どもが施設を退所後、社会参加や社会生活が営めるよう生活指導や能力に応じた職業指導を実施している。支援の内容・方法は、子どもの発達や障がいの程度、年齢によって大きく異なるが、ライフステージにより、「就学前支援」「就学期支援」「就学後支援」に大きく分けられる。「就学前支援」では、幼稚園、保育所、盲・ろうあ学校の幼稚部、通園施設との連携のもと、子どもを通わせ早期療育体制の拡充と同年齢の子どもとの交流の場の重要性に留意しながら支援を行っている。「就学期支援」では、訪問教育、施設内分校・分教室、地域の特別支援学校、地域の小中学校の特別支援学級など教員との連携のもと、教育・発達支援を行っている。「就学後支援」では、職業・生活指導に向け、職場実習の参加や成人施設の活動参加、施設独自で職業・作業指導などのプログラムを組み、支援を行っている。

　支援の課題としては、18歳以上の過齢児が入所している比率が高い傾向にある現状に対して、退所後の生活の場への道筋をどのように立てるのか、そして、それに向けた施設内支援と施設外の関係機関との連携に基づく支援をどのように行っていくのかが課題である。特に、入所過齢児の特徴として、重度重複の障がいがある傾向にある。また、知的障がいは軽度であるものの、入所前に家庭で虐待を受けていた経験をもつ子どもであったり、それらの要因が家庭復帰や成人施設への移行を阻んでいる。

▼主として盲ろうあ児を入所させる施設

　近年、聴覚障がい、視覚障がいのある子どもは、乳児期に発見される傾向にあり、早期の家庭訪問や通園施設、盲・ろうあ学校での親子教育や、そこでの幼稚部教育が行われ、成果があがっている。よって、施設では、入所直

後から教育機関への通所による早期教育の開始を重視して支援を行っている。具体的には、点字や手話等のコミュニケーション手段の獲得のための教育・支援などである。

　支援の課題としては、少子化の影響で、視覚や聴覚の単独の障がいのある子どもの数は減少しているが、医学の進歩等により、盲・ろう以外の重複した障がいのある子どもの数は増える傾向にある。主障がいである盲・ろうの専門性も必要であるが、重複障がい児に対応したさらに高い専門性が求められている。

▼主として肢体不自由のある子どもを入所させる施設

　施設では、医師による医療（主に整形外科的治療）、理学療法士[*8]、作業療法士[*9]、言語聴覚士[*10]による専門的な訓練（理学療法、作業療法、言語聴覚療法）、看護師、保育士による生活指導、教職員による教育などの各部門の専門職が連携のもと、支援（療育）を行っている。

　支援の課題としては、入所している子どもの人数は減ってきているものの、脳性まひ、二分脊椎、事故による後遺症による肢体不自由の障がいがあるだけではなく、知的障がいやてんかん等、さまざまな障がいをあわせもつ重複障がいの子どもが入所しており、医療との連携を含めた専門性の高い支援が求められている。

▼主として重症心身障がい児を入所させる施設

　重症心身障がい児は、重度の知的障がいと重度の肢体不自由があるために、身体的には四肢体幹機能の運動機能障がいだけではなく、感覚、呼吸、摂食、体温調節など生命維持にかかわる活動・機能の障がいがあることが少なくない。また、心理的・社会的にも他者とのコミュニケーションをとることが容易ではない。そこで施設の支援では、バイタルチェックをはじめとする詳細な身体情報を日常的に把握したり、咀嚼・嚥下力が弱く、経口摂取が不可能な子どもには、経管栄養などを行うなどの医療的ケアを行ったり、子どもの五感を活用して情緒的・感覚的に刺激を与えながらコミュニケーションをとり、発達を促す支援などを行っている。

　支援の課題としては、医療の進歩により利用者の過齢化、超重症児（呼吸管理、栄養摂取管理等、24時間医療的ケアが必要な子ども）や行動障がいのある重症児など、これまでの支援よりさらに複雑多様化する障がいに対しての支援が求められている。そのなかにあって、医療的ケアの重要性もさることながら、生活的ケアの充実が課題である。障がいが重度であっても個人として尊重され、社会とかかわりをもちながら生活の質（QOL：Quality of Life）を高める支援が求められている。

*8　理学療法士
第13章p.206参照。

*9　作業療法士
第13章p.206参照。

*10　言語聴覚士
第13章p.206参照。

昨日、自分の担当ケースＡちゃんの入所後２回目のケースカンファレンスが行われました。私にとっては、ケース担当職員として、はじめてのカンファレンスであったので非常に緊張しましたが、あらためて自分の職務についての誇りと責任の重さを知ることができました。そして、何よりもＡちゃんへの今後の対応や支援の方向性が明確になり、安心しています。今ここに、昨日の様子をふりかえり、今後の自分に活かしていきたいと思います。

カンファレンスの参加者は、小児整形外科医のＢ先生、Ｃ看護師、Ｄ理学療法士、Ｅ児童発達支援管理責任者兼ソーシャルワーカーと保育士（私）の５名で行われました。まず、Ａちゃん入所４か月後の支援方針会議であることを確認し、Ａちゃんの入所前・後の状況をそれぞれの職員が報告を行いました。具体的には、Ｅワーカーからは基本情報（障がい：脳性まひによる四肢体幹機能障がい、中度の知的障がい、入所理由：親の養育拒否、親権：母親、面会状況：入所面談時、面会頻度等）が、Ｂ先生からは診療情報（これまでの治療状況、今後の治療上、発達上のリスク等）が、Ｃ看護師からは看護状況（入所前の罹患歴、バイタル、通院状況等）が、Ｄ理学療法士からは機能訓練の状況（関節可動範囲の状況と訓練メニュー、取り組み状況等）が報告され、そして、保育士（私）は生活状況（人間関係、コミュニケーションの状況、日中・夜間の様子、好きなこと嫌いなこと等）を報告しました。この報告の後、情報の確認・質疑が行われ、支援方針案に対する活発な討議がなされ、結果、医療的ケアの部分では、適正な姿勢保持に向け座位保持装置（車いす兼用）を作製し、体幹のわん曲防止と自立動作の促進を行うことが、生活的ケアの部分では、小学校就学に向けて、食事の自力摂取、他利用者との人間関係の広がりをつくっていくことが支援方針として確認されました。

私は今回の経験を通じて、肢体不自由児施設での保育士の仕事は、子どもたちの生活上（食事、入浴、排泄等）のお世話をしたり、医師や看護師、訓練職員から指示されたことを行えばよいと考えていましたが、それは大きな理解不足であることがわかりました。保育士が行わなくてはならない職務とは、そのような生活上のかかわりを通じて、障がいのある子どもたちが、今、何を思っているのか、そして、この子どもたちがこの先の人生で何が必要で、私たちが支えなければならないのか、あるいは発達を促さなければならないのかを考え、時に自分たち保育士が生活のなかで実践し、時に他の専門職にその必要性を伝えいくことなのだということです。

3　障害児通所支援

① 施設の目的と現状

▼施設の目的と役割

障害児通所支援には、児童発達支援[11]、放課後等デイサービス[12]、居宅

訪問型児童発達支援[*13]、保育所等訪問支援[*14]（第6条の2の2）があり、これらを提供する児童福祉施設が「児童発達支援センター」（第7条）である[*15]。児童福祉法に規定された目的は、次のとおりである。

> 第43条　児童発達支援センターは、地域の障害児の健全な発達において中核的な役割を担う機関として、障害児を日々保護者の下から通わせて、高度の専門的な知識及び技術を必要とする児童発達支援を提供し、あわせて障害児の家族、指定障害児通所支援事業者その他の関係者に対し、相談、専門的な助言その他の必要な援助を行うことを目的とする施設とする。

　児童発達支援センターは、通所利用する子どもや家族の支援だけでなく、施設の有する専門機能を生かして、地域の障がいのある子どもやその家族への支援、障がいのある子どもを預かる施設への援助・助言をあわせて行う地域の中核的な療育支援拠点としての役割と、関係機関や児童発達支援事業所[*16]等と連携を図りながら重層的な支援ネットワークを形成して地域支援体制を強化する役割も担っている。

　これまでは対象の障がい児により「福祉型」「医療型」と区分されていたが、児童発達支援センターが地域における障がい児支援の中核的役割を担うことの明確化や、障がい種別にかかわらず障がい児を支援できるよう児童発達支援の類型（福祉型、医療型）の一元化が行われた（2024（令和6）年4月1日施行）[*17]。

▼施設・利用児童の現状

　児童発達支援センターは、身体に障がいのある子ども、知的障がいのある子ども、精神に障がいのある子ども（発達障がい児を含む）を対象とし、手帳[*18]の有無にかかわらず、児童相談所、市町村保健センター、医師等により療育の必要性が認められた子どもも利用できる。2021（令和3）年10月1日現在における施設数は771施設、利用児童は4万1,857人となっている。

②　支援内容と課題

▼主として知的障がいのある子どもを通わせる施設

　主に保護者のもとから通園できる知的障がい児を対象とした児童発達支援センターで、日常生活における基本動作の指導や、自立に向けて必要な知識や技能の付与、集団生活への適応訓練をさせることを目的としている。

　近年は、就学前の乳幼児を利用対象者の中心として、子どもひとりの単独通園だけでなく、母子通園や隔日通園、保育所に通いながらの「併行通園」などを行っている。対象児の障がいは重度化・重複化するとともに広汎性発達障がい、アスペルガー症候群、注意欠陥・多動性障がい、学習障がいなど

[*11] 児童発達支援
日常生活における基本的な動作や知識技能の習得、集団生活への適応のための支援等を行い、児童発達支援センターにおいて規定された治療を行うこと。

[*12] 放課後等デイサービス
本章p.169参照。

[*13] 居宅訪問型児童発達支援
本章p.169参照。

[*14] 保育所等訪問支援
本章p.169参照。

[*15]
児童発達支援や放課後等デイサービスは、児童発達支援センターのほか、児童発達支援事業所、独立行政法人国立病院機構、国立研究開発法人国立精神・神経医療研究センターの設置する医療機関等（指定医療機関）によっても提供される。

[*16] 児童発達支援事業所
児童発達支援を促進することを目的に、専ら通所利用の障がいのある子どもに対する支援を行う身近な療育の場と位置づけられ、児童発達支援センターよりも緩やかな実施基準ともなっている。児童発達支援と放課後等デイサービスを行うほか、児童発達支援センターとの支援ネットワークにより地域をカバーする役割を担う。

[*17]
以下、本項では2023（令和5）年度時点での支援内容、課題を示している。なお、施設の一元化以降も、これまで医療型で行ってきた治療（本項では「主として肢体不自由のある子どもを通わせる施設」にて記述）は引き続き実施可能である。

[*18]
療育手帳、身体障害者手帳、精神障害者保健福祉手帳。

の発達障がいのある子どもの利用が増加し、さらに多様な障がいに対応する高度な専門的支援が求められている。また、通過施設である観点から、通園期間のなかでどのような発達支援ができるか、保護者の要望に沿いながら家族を支えることができるのか、そして、地域で育て、地域生活を楽しく過ごせるかが課題となる。

▼主として難聴児を通わせる施設

　主に強度の難聴の幼児を保護者のもとから通園させ、聴能訓練・言語機能訓練や自立に向けて必要な知識や技能の付与、集団生活への適応訓練をさせることを目的としている児童発達支援センターである。

　施設に通う子どもは、ろう学校での満3歳以降の教育を補完する形で、主に3歳未満の難聴児が通園していることが多い。支援の内容は、「言語発達に問題のある幼児の相談・評価・言語訓練」であるが、入所定員が充足できない地域では、難聴児以外の障がいのある子どもを受け入れて支援を行っている施設もある。難聴児の支援（療育）効果は、0、1歳から行えば、重度の聴力障がいであっても6歳時点で年齢相応の言語力を習得して、小学校普通学級に就学できるとされている。よって、早期発見をはじめ、充実した設備設置とともに、聴力検査・補聴器等の専門知識のある言語聴覚士や難聴児の療育に精通した療育担当職員（保育士含む）の質・量の充実が求められる。

▼主として肢体不自由のある子どもを通わせる施設

　主に保護者のもとから通園することのできる肢体不自由のある子どもを対象とした児童発達支援センターで、医療的ケアや日常生活における基本動作の指導や、自立に向けて必要な知識や技能の付与、集団生活への適応訓練をさせることを目的としている。

　診療所を設置しており、医療的ケアの比重が高い支援が提供されている。近年、他の障害児施設の傾向と同様に重度化・重複化が進んでいる。対象児の障がいは、ほとんどが知的障がいを合併し、その他にてんかんや摂食障がい、呼吸障がいのある子どもも増加してきている。そのため、子どもへの支援と並行して、保護者の精神的援助や障がい理解への援助、育児支援など総合的な家族支援が求められてきている。

③　その他の障害児通所支援

　児童発達支援センターは、児童発達支援や医療型児童発達支援以外にも以下の支援サービスを提供している。

▼障害児相談支援事業

　障害児相談支援とは、障がい児の保護者に対し、障害児通所支援の利用に必要な「障害児支援利用計画」を作成するために行う相談支援のことである。市町村単位に事業所が置かれ、市町村は民間事業者に委託することもできる。これまで、通園対象児への支援は、保護者の意向に基づき市町村窓口へ申請し、通園が開始される状況にあった。しかし、この障害児相談支援事業の創設によって、「障害児支援利用計画」の作成にあたって子ども個々の発達支援はもとより、保護者・家族に対しても精神的な支援や制度的利用援助などトータルな支援を行うことが可能となった。

▼放課後等デイサービス

　放課後等デイサービスは、就学している障がいのある子どもに対して授業の終了後または休業日、夏休み等の長期休暇中に児童発達支援センターなどに通わせて居場所を提供するとともに生活能力の向上のために必要な訓練、社会との交流の促進その他の便宜を供与することを目的とした事業である。学校と放課後等デイサービス事業所間の送迎も行い、障がいのある子どもの発達支援はもとより、保護者・家族支援においても重要な役割を担っている。

▼保育所等訪問支援

　保育所、幼稚園、認定こども園、小学校、放課後児童クラブなどに通う障がいのある子どもや乳児院、児童養護施設に入所している障がいのある子ども[19]について、その施設に訪問支援員が訪問し、集団生活に適応するための専門的な支援を行う。本人に対する支援だけではなく、訪問先の職員に対する支援方法などの指導や就学移行に関する支援も行う。今後ますます利用増が見込まれる。

▼居宅訪問型児童発達支援

　重度の障がい等により外出が著しく困難な障がいのある子どもに対して、居宅訪問して児童発達支援を提供するサービスが新設された[20]。

[19・20]
乳児院と児童養護施設に入所している障がいのある子どもへの保育所等訪問支援の拡大と、居宅訪問型児童発達支援のサービス提供は、障害者の日常生活及び社会生活を総合的に支援するための法律及び児童福祉法の一部を改正する法律（2016（平成28）年6月3日公布）の施行日（2018（同30）年4月1日）より実施された。

✎ まとめてみよう

> ①　障害児入所施設の子どもたちの障がいにはどのようなものがあって、その特徴（傾向）には、どのようなものがあるかまとめてみよう。
>
> ②　児童発達支援センターの「福祉型」と「医療型」の相違点（目的、障がいの特性、支援内容）について整理してみよう。
>
> ③　障がいのある子どもへの支援で、専門職としての保育士に求められているものとは何か具体的に考えてみよう。

【参考文献】
厚生労働省「社会福祉施設等調査結果の概況」各年
日本知的障害者福祉協会児童発達支援部会「平成24年度全国知的障害児入所施設実態調
　　査報告」2012年
厚生労働省「障害児入所施設の機能強化をめざして―障害児入所施設の在り方に関する
　　検討会報告書―」
厚生労働省「第３回障害児通所支援に関する検討会資料」2022年
厚生労働省「第11回障害児通所支援に関する検討会資料」2022年

コラム②　　児童発達支援センター（知的障害者通園施設）での保育士の仕事とは？

保育士からの手紙（報告）

　　児童発達支援センターでは、支援の目標として、「子どもの生活リズムを整える」「生活習慣を身につける」「体づくり、対人関係や言葉の発達を促す」「情緒の安定を図る」などがあります。その方法として、集団による指導や、それぞれの子どもの発達段階に合わせた発達課題別小集団指導、さらには、個別指導を行っています。また、家庭訪問を通じて家庭での生活や地域での生活を知り、療育に役立てたり、親子行事や保育所との交流を通じて、地域や仲間づくりをしています。

　　これらの支援方法と内容は、児童福祉法が改正される以前の名称の知的障害者通園施設の時から、今の児童発達支援センターに変わっても、同様に行われています。以前と少し異なる点は、これらの実践が利用者個々に作成されている「障害児支援利用計画」に基づいて行われている点です。以前は、支援が施設内だけで完結していたのですが、その計画書を相談支援事業所のワーカーが保護者の相談を受けながら作成するので、現在はワーカーとの連携を意識しながら実践するようになりました。また、その子どもが保育所等訪問支援の他の支援事業を受けていることなど総合的な支援の全体像が把握できて、私たちの実践がどの部分を担っているのか把握できるようになりました。

　このように児童発達支援センターにおいて、保育士の仕事は、療育の中枢的な役割を担っているといえる。具体的には、日々通園してくる障がい幼児のクラスに入り、その子どもたちの発達課題にともに取り組みながら、指導・訓練を行うわけである。

　また、通所支援では母子通園が原則となっており、母親とともに、子どもの育成に取り組むことが大切な仕事といえる。特に、障がいのある幼児の母親は、子どもの成長を願い、日常のなかで苦悩しながらわが子を育てている。そうした母親に対して、相談、指導をしていくことは、単に母親にとって必要であるばかりでなく、障がい幼児の発達・成長に大きな影響を及ぼす。保育士は、こうした母親に対して援助していくことも大変重要な仕事といえます。

第11章　施設養護の実際　3（治療系施設）

🖋️ 児童心理治療施設や児童自立支援施設にはどのような子どもたちがいるのだろう？

みらいさん　先生、児童心理治療施設や児童自立支援施設という名前は聞いたことがない施設ですがどのような施設なのですか？

さとる先生　確かに、以前学んだ児童養護施設はテレビなどで取り上げられることもありますが、児童心理治療施設などはあまり話題にあがりませんね。2022年の厚生労働省調査によれば、児童養護施設は全国612か所あるのに比べて、児童心理治療施設は51施設（2023年現在、53施設）、児童自立支援施設は58施設で、数からみてもわたしたちの身近にあるという感じはないのかもしれませんね。

みらいさん　これらの施設にはどのような子どもが入所しているのですか？

さとる先生　まず児童心理治療施設には、心理的な問題を抱えていて日常生活を送ることに支障をきたしている子どもが入所しています。そして児童自立支援施設は、不良行為をしたり、そのおそれのある子どもが入所しています。

みらいさん　そうなんですね。児童養護施設は、家庭などの環境的な事情があって、施設が代わりに養育を行っているところだと学びましたが、これらの施設は、主に子どもたちが抱える問題に対応している施設ということなんですね。

さとる先生　確かに、子どもたちの抱える問題に対応していますが、その問題の背景には、児童養護施設に入所している子どもたちと同じように、家庭環境上の理由が大きく影響しています。特に近年は虐待など不適切な養育の影響で、心理的な問題や不良行為など行動の問題を抱えてしまった子どもたちが多く入所しています。

みらいさん　子どもたちの心や行動に、より強く影響を及ぼしてしまっているということなんでしょうか？

さとる先生　そうですね。そのような子どもたちに児童心理治療施設や児童自立支援施設は、福祉や心理、医療などの専門職が専門的な体制を組み、生活を中心に子どもたちの治療や支援と家族の支援を行っています。

みらいさん　なんとなく児童心理治療施設や児童自立支援施設と社会的養護のつながりが理解できたような気がします。

さとる先生　よかったです。では、実際にこれらの施設がどのように支援を行っているのか勉強していきましょう。

① 児童心理治療施設・児童自立支援施設を取り巻く現状

　近年、家族や地域における養育機能の低下など、子どもを取り巻く環境は大きく変化している。それらの影響を受け、児童虐待の増加、いじめ、不登校、ひきこもりといった問題や、重大な少年事件の発生、その低年齢化など、子どもの問題が深刻化し、社会的支援を必要とする子どもの範囲が広がり、複雑・多様化する傾向にある。

　このような時代に注目される子どもの心や行動の問題に専門的に対応する児童福祉施設として、児童心理治療施設や児童自立支援施設の役割に対する期待は大きくなっている。近年では、児童養護施設や里親では対応することが困難な被虐待児や、発達障がいにより人間関係に行きづまり心の傷つきを深めた子どもの利用が両施設ともに増えてきている。

② 児童心理治療施設

① 児童心理治療施設の目的と現状

▼施設の目的

　児童心理治療施設は、心理的困難や苦しみを抱え、日常生活の多岐にわたり生きづらさを感じている子どもたち[*1]に、通所または入所させて、心理治療や施設内の分級など学校教育をあわせた総合的な心の治療や支援を行う、子どもの心理治療を専門とする、児童福祉法第43条の2に規定された児童福祉施設である。

> 第43条の2　児童心理治療施設は、家庭環境、学校における交友関係その他の環境上の理由により社会生活への適応が困難となつた児童を、短期間、入所させ、又は保護者の下から通わせて、社会生活に適応するために必要な心理に関する治療及び生活指導を主として行い、あわせて退所した者について相談その他の援助を行うことを目的とする施設とする。

　児童心理治療施設は、かつて情緒障害児短期治療施設[*2]とよばれ、不登校や軽度の非行などを中心に心理治療や支援を行ってきたが、近年、利用する子どもの実態にみあっていないこともあり、2016（平成28）年の児童福祉法の改正で児童心理治療施設と名称が変更になった。

▼施設・利用者の現状

　児童心理治療施設は、1961（昭和36）年に前身の情緒障害児短期治療施設

*1
友達とうまくかかわれない・乱暴なことをしてしまう・すぐに怒ってしまう・人のものを勝手に取ってしまう・落ち着きがない・いつも不安や心配事を抱えている・どうしても学校に行けない・家ではしゃべれるのに外ではしゃべれない・自分のからだのことが気になってしまうなどの心理的困難を抱え、日常生活を送ることに支障をきたしてしまう状態。

*2　情緒障害児短期治療施設
1950年末から60年代にかけて不登校や低年齢非行などの児童問題が出現し、それへの心理治療的なアプローチを行える施設として、1961（昭和36）年に制度化され誕生した施設。情緒障害とは、精神医学用語のemotional disturbanceを「情緒障害」と訳してつけられた（本来は「情緒的混乱」）。当初の目的は、軽度の情緒障害を有する児童を、短期間、入所させ、または保護者のもとから通わせて、その情緒障害を治すということであった。施設の名称も長く、意味がわかりづらいことや、時代の変遷とともに子どもたちの抱える問題も変化し、短期という名称も含め、利用する子どもたちの実態に見合っていないため、改称された。

として全国3か所からスタートした。20か所になるまで約30年かかり、2015（平成27）年で43か所と倍増、2023年（令和5年）には53か所と急激に設置数を増やしている（厚生労働省調べ）。設置数の推移をみても児童心理治療施設の役割への期待の大きさがわかる。

　家族のなかで暮らしていても状態がよくならずに悪化する可能性が高い子どもたちを家族から離して入所させ、施設での共同生活を通して治療を行う。入所期間は原則として2〜3年程度で、その後家庭復帰や、児童養護施設などへの措置変更を行い、地域のなかで生活を送ることになる。退所後は、通所などでアフターケアを行う。施設への入所・通所は、子どもと保護者・施設職員・児童相談所と話し合いを行いながら治療動機[*3]を整え、児童相談所の措置として決定される。対象年齢は、おおむね学童期（6〜12歳）から18歳に至るまでの子どもが対象となり、特別な場合には20歳まで措置延長が可能となる。

　利用者の現状については、2020（令和2）年3月現在、1,603人（入所1,457人・通所146人）の子ども[*4]が利用し、年齢割合は、小学生が43％、中学生が42％を占め、その他は高校生となっている。

　「児童養護施設入所児童等調査結果（平成30年2月現在）」によると、子どもの平均在所期間は、2.2年で、28.7％が1年未満の在所期間である。入所している子どものうち、何らかの障がいのある子どもが84.2％で、その内訳は、広汎性発達障がい（47.5％）、注意欠陥多動性障がい（37.0％）、反応性愛着障がい（29.2％）となっている（重複回答）。そうした子どもたちの家族状況をみると、「父又は母の虐待・酷使」（27.4％）、「父又は母の放任・怠だ」（8.6％）、「父又は母の精神疾患」（7.2％）となっている。また、被虐待経験のある子どもが78.1％[*5]を占めており、子どもの心理的困難や苦しみの背景には、不適切な養育などの養護問題が大きく横たわっている。

　どの施設もおおむね生活・治療・教育・管理スペースで構成され、大小さまざまな部屋がある。居住スペースに個室をどれだけ配置するか、文化活動や集団活動ができるスペースをどのように組み込むか等については、施設それぞれに工夫がなされている。また、パニックなどでほかの子どもたちがいる場面ではどうしても落ち着きを取り戻せない状態になる子どももいることから、生活場面から離れて落ち着きを取り戻せるような部屋を配置したり、年長化や長期化に対応できるように退園に向け自立性を高められる設備のある部屋[*6]を配置する施設も多くなってきている。施設には学校教育（文部科学省管轄）も重なるため、校区の分級（支援学級）を併設することが多く、その他には、分校という形態や、校区の学校へ通学通級する場合もある。ま

＊3　治療動機
子どもが心理的な困難を治していくために施設で治療を受けながらがんばろうという気持ちの確認や、その気持ちを高めていく支援を行う。保護者に対しても同様の支援が必要となる。

＊4
全国児童心理治療施設協議会臨床統計調べ（令和2年3月1日付）。

＊5
被虐待経験の有無については、児童養護施設65.6％、児童自立支援施設64.5％、里親38.4％となっており、児童心理治療施設が社会的養護の施設のなかで最も高い割合となっている。

＊6
キッチンなどがあり生活の基本を練習する部屋。

た、その形態に応じて教員も加わる。

②　利用者の特性と様子

　児童心理治療施設の対象は、心理的困難や苦しみを抱え、日常生活に生きづらさを抱えていることで、心理治療が必要とされる子どもたちである。現在は被虐待の経験から心理治療が必要とされる子どもたちが多く入所している。また、発達障がいの子どもの入所も増えているが、施設での治療は発達障がいを治すのではなく、発達障がいや被虐待経験を背景とした、人間関係のうまくいかなさやつまずきなど、二次障がいとよばれるものに対した治療や支援が行われる。

　子どもたちの多くは、自分を取り巻く周囲の世界がこわく、傷つくことをおそれて自分の世界に閉じこもっていたり、周囲から脅かされることに対して過敏になり暴力的な対処をしてしまったり、自分を受け止めてくれる存在を切実に求めてはいるものの、人に身を委ねられないなどのために、不登校やひきこもり、落ち着きのなさ、大人への反抗や暴言暴力、情緒不安定、パニックなどの状態を示す精神的なもろさを抱えた子どもたちである。また、なかには虐待やいじめなどでPTSDの症状が出ている子どもたちもいる。

　年々、利用する子どもの年長化・重度化・長期化・困難化がいわれ、入所している子どもたちの７〜８割が「虐待」、２〜３割が「発達障がい」のケースとなっている（全国児童心理治療施設協議会臨床統計調べ）。対人的なかかわりの困難さや、情緒的な混乱のしやすさ、自己コントロール力の弱さを抱え、施設の生活の支援に加え、精神医学的な治療の必要性が高くなっている。

③　支援内容と課題

▼総合的な治療と支援

　児童心理治療施設は、「医学・心理治療」「生活指導」「学校教育」「家族との治療協力」「地域の関係機関との連携」を治療の柱にして、医師、心理療法担当職員、児童指導員や保育士、教員など、子どもにかかわる職員全員が協力・連携し、一人ひとりの子どもの治療目標を達成できるよう、子どもと家族を支援している。施設内でこれらの活動を有機的に結びつけながら総合的に治療・支援を行うことができるため「総合環境療法」の施設とよばれている。

▼医学・心理治療

　児童心理治療施設では、子どもの状態を考察し判断するときに医学的な立場に重きをおいた治療が進められる。心理治療は、心理療法担当職員が子どもの状態をみながら、週に１回から２回程度行っている。子どもと話しながら不安や悩みを一緒に整理したり、絵を描いたり、ゲームなどを行いながら、心のなかの不安や葛藤を表現させたり、それを乗り越えていけるよう支援する。また、スポーツや工作、調理などの集団心理治療のプログラムを取り入れ、集団のなかで自分を表現したり、人とのやりとりの練習を行っている。

　心理療法担当職員は、心理治療を通し子どもたちの内面の状態を把握し、治療方針について、医師や児童指導員、保育士等と協議を行い、生活や学校場面、家族の支援に活かしていく。また、子どもの状態に応じて医師による診察を行い、服薬治療をすることもある。服薬治療は、イライラや不安、眠れなさ等の症状の緩和により、生活のリズムを整え、人とのやりとりがスムーズにいく時間を増やしていくという目的がある。看護師は医師と連携しながら、定期的に身体状況の確認を行い、病院受診の付き添いなど、子どもの心身のケアを担う。

▼生活指導

　生活指導は主に児童指導員や保育士が担う。「総合環境療法」の環境とは、生活環境を指し、生活指導は治療の重要な部分と考えられている。子どもたちの特性から、まずは生活環境そのものがわかりやすいルールや、見通しの立てやすい安心できる治療の場となるよう環境を整え、それを保つことが重要になる。子どもたちは、その環境のなかで、さまざまな生活体験を積み重ねていく。施設での生活体験は、家庭生活体験（大人からこまやかな世話を受けること）と、社会生活体験（共同生活のなかでさまざまな人とかかわりをもつこと）に分けられるが、虐待を受けた子どもの入所が大半を占めている現在、親子の関係が不調で情緒的な発達につまづいている子どもたちに、乳幼児期に親から日々こまやかに世話を受けるという家庭生活体験を、施設生活のなかで与えなおすことに支援の重点がおかれている。施設は心理治療というイメージがあるが、規則正しい日課のなかで、食事や入浴、身の回りの世話など「からだ」を通した個別的な手厚いかかわり（支援）が治療的な意味をもつ。このかかわりを土台にして、やがて子どもたちは外界への怖さや、大人への不信感を少しずつ緩め、職員に支えられながら、基本的生活習慣の確立や、友だちとのかかわり方、気持ちをことばで表すことなどができるようになり、自律に向けての歩みをはじめる。

▼学校教育

学校教育は施設によって校区の学校、施設内の分教室や分校などさまざまな形態があり、教員と施設職員が連携しながら、一人ひとりの子どもに合わせた教育ができる体制が整えられている。子どもたちは、入所前は学校適応が悪く、学力も低く、学習に向かう姿勢も育っていない場合がほとんどであり、個別的な学習支援を受けることで、「わかる」ことや「やればできる」という経験を積み重ね、自尊心や自信の回復を図っている。

▼家族との治療協力

子どもの治療に家族の協力は不可欠である。入所に至るまでの家族の労苦をねぎらい、施設や関係機関とともに治療や子育てをしていくという協力関係づくりを土台に、家族に対しての福祉的、心理的支援を行う。子どもたちにとって、家族が施設に頼りながら、自分のことを大切に考えてくれているかということは、治療の進展を大きく左右する重要なことである。そのため、家族とのつながりを断たないよう、電話連絡や面会、一時帰宅等、状況に応じた家族とのつながりのあり方を、児童相談所と協議をしながら取り組んでいる。そうした家族と施設の協働の姿が、子どもたちにとり、周囲の大人たちへの安心感の取り戻しや社会参加を促していくことにつながる。

▼地域の関係機関との連携

子どもがやがて地域社会の一員として生きていくために、子どもの治療は施設内だけでなく地域とのつながりを感じられるための連携や協力が必要となる。地域の行事に積極的に参加し社会性を身につける練習をしたり、施設の理解や子どもたちの理解を地域に広める取り組みを行っている。

また、退所後に家庭や学校に戻り地域の一員として元気に生活できるよう、児童相談所や地域の関係者、学校との連携を行う。退所後に児童養護施設等に措置変更になる場合や、児童養護施設の子どもたちも児童心理治療施設の通所利用が可能になり、児童養護施設との連携や治療支援も行っている。

ほかには、地域住民を対象にした子育てに関する研修や、外来相談など、施設がもつ治療機能や、子どもに対する支援のノウハウを地域に提供している施設もある。

▼今後の課題

児童心理治療施設は、1960年代に、新たな現象として現れた不登校のケアを目的に創設されたが、現在では「虐待」や「発達障がい」が主な支援の対象となっている。児童心理治療施設は、その時代に注目される支援のあり方や社会資源が整っていない子どもの問題への受け皿として、その子どもたちの成長と支援を生活ごと引き受ける治療施設としての役割をもっている。

「虐待」や「発達障がい」で入所している子どもたちも、まさしく現代に注目されている子どもの問題であり、施設で取り組んでいる治療の知見をさまざまな形で社会に還元していくことが必要になる。

現在、児童養護施設や里親のもとで暮らす子どもが、施設の通所部門を利用したり、心理治療や精神科治療を受けたりできるようになっている。また、子どもの担当職員が通所部内の職員に相談できるようにもなっている。このような形で、児童心理治療施設が地域の子ども心理治療センターとして活用される機会が増えていくことが大切になる。

子どもたちの治療を通し、施設の専門性を向上させ、さまざまな支援機関と連携しながら、地域や社会全体の心理的ケアのレベルを上げていくための活動が望まれる。

3 児童自立支援施設

① 児童自立支援施設の目的と現状

▼施設の目的

児童自立支援施設は、子どもの行動上の問題、特に少年非行問題に対応する、児童福祉法第44条に規定された児童福祉施設であり、何らかの理由により生活の乱れた子どもが、その立て直しを図る入所施設である。

> **第44条**　児童自立支援施設は、不良行為をなし、又はなすおそれのある児童及び家庭環境その他の環境上の理由により生活指導等を要する児童を入所させ、又は保護者の下から通わせて、個々の児童の状況に応じて必要な指導を行い、その自立を支援し、あわせて退所した者について相談その他の援助を行うことを目的とする施設とする。

▼施設・利用者の現状

児童自立支援施設は、かつて「教護院」とよばれていたが、1997（平成9）年の児童福祉法改正で「児童自立支援施設」に名称変更した。それにより、入所の対象が「不良行為をなし、又はなすおそれのある児童」に、「家庭環境その他の環境上の理由により生活指導等を要する児童」が加わった。戦前より非行少年を収容し家庭的な環境のなかで教育を行ってきた「感化院」がその原型となる施設である。

児童自立支援施設は、児童相談所からの措置による入所だけではなく、少年法に基づく家庭裁判所の保護処分により入所する場合があるため、その性

格上、各都道府県および政令指定都市に設置が義務付けられており、大多数が公立施設である。対象年齢はおおむね学童期から18歳に至るまでの子どもを対象にしており、特別な場合は20歳まで措置延長が可能である。

2020（令和2）年3月現在、全国に58か所設置され（国立2か所[*7]、公立54か所、民間2か所）、1,201人の子どもたちが利用している。年齢構成は、12～15歳の中学生にあたる年齢が多くを占めている（厚生労働省調べ）。

入所経路は、家庭からのケースが最も多く、次いで児童養護施設や児童心理治療施設などからの入所も多い。入所理由は、窃盗・家出徘徊・性非行・暴力などの行動上の問題が多くの割合を占めている。

「児童養護施設入所児童等調査結果（平成30年2月現在）」によると、入所している子どものうち、何らかの障害のある子どもが46.7％で、その内訳は、注意欠陥多動性障がい（ADHD）（30.0％）、広汎性発達障がい（自閉症スペクトラム）（24.7％）、知的障がい（12.4％）となっている（重複回答）。子どもたちの家庭状況をみると、「父又は母の虐待・酷使」（9.8％）、「父又は母の放任・怠だ」（6.5％）、「父又は母の精神疾患」（3.0％）、「父母の離婚」（1.7％）となっている。また、被虐待経験のある子どもが64.5％と、子どもの半数以上が何らかの虐待経験をもつ。入所している大部分の子どもたちの行動上の問題の背景には、児童心理治療施設の子どもたちと同じように、発達障がいによる生きづらさの問題や虐待などの養護問題が影響していることがわかる。

施設形態は、大部分の施設は、施設敷地内に数人の子どもが生活する寮が点在する小舎制で、職員夫婦が数人の子どもたちと家族のように寝食をともにしながら支援を行う夫婦小舎制や、何人かの職員が小舎に通勤し、交代で支援を行う小舎交代制の形態で運営している。寮（小舎）以外では、管理棟や、作業指導が行える作業場や農園、グランドなどを備えている。また、学校教育も行うため、分級や分校を併設している施設が多く、その場合は教員も配置される。近年は、人材確保や勤務体制等の運営上の困難さから交代制へ移行する施設が増えている。

② 利用者の特性と様子

児童自立支援施設へ入所する子どもたちの多くは、窃盗やシンナー吸引、暴力、性的逸脱、怠学、家出、深夜徘徊等の触法、虞犯行為などの行動上の問題を抱えている。1997（平成9）年の児童福祉法改正で、不登校や引きこもりで生活が乱れている子どもたちも対象となったが、その割合は少ない。

*7
国立の児童自立支援施設は、問題行動の内容や支援の困難性等から他の児童自立支援施設では指導が難しい子どもを全国から入所させている。また児童自立支援専門員養成所（国立武蔵野学院が国から委託）として職員の養成を行っている。男子が入所する国立武蔵野学院（埼玉）と女子が入所する国立きぬ川学院（栃木）がある。

　行動上の問題の背景には、前述したように虐待など不適切な養育環境におかれていたり、発達障がいによる生きづらさから、家族関係や学校での対人関係に行きづまり、それが行動上の問題として強く表れていることが多い。子どもたちの特徴としては、年齢にふさわしい生活習慣が身についていない・保護者や人に対する信頼感が育まれていないため、精神的に未熟で対人関係をとることが不得手である、また、学習に向かう姿勢や習慣がなく、基礎学力に乏しいなどが指摘されている。支援を通して、子どもたちの約半数が中学卒業と同時に退所しているが、それ以前に自立支援が達成され家庭引き取りとなる子どももいる。

③　支援内容と課題

▼支援の内容

　子どもたちは、家庭的雰囲気の寮のなかで、児童自立支援専門員や児童生活支援員[*8]と寝食を共にしながら生活する。行動上の問題を抱え、生活が乱れた子どもたちであるため、「枠のある生活」が支援の基本となる。これは、規則の押し付けや管理のためではなく、子どもにとってわかりやすい規則のもと、安心できる居場所を提供し、規則正しい日課（変わらない時間の流れ）のなかで、大人（職員）とのかかわりを通して安心感や安全感を育てるためのものである。そのなかで、一人ひとりの子どもについて、その適正や能力、家庭の状況などを検討し、自立支援計画を立て、それに基づいて、生活指導、学習指導、作業（職業）指導、家庭環境の調整を行いながら、子どもの成長と自立に向けた支援に取り組んでいる。

▼生活指導

　規則正しい生活を通して、生活のなかのさまざまな役割を、職員の支援を受けながら、ほかの子どもたちと一緒に行う。そのなかで、基本的な生活習慣の確立や、自律性や協調性を養い、自立した生活を送るための知識や経験の獲得に向けた支援が行われている。

▼学習指導

　小学生・中学生は、施設内にある学校（分校や分級など）に通学し、義務教育を受ける。寮のなかでも学習時間が設けられ、基礎学力の習得を目指した支援が行われている。子どもの学力に応じた支援が行われ、学んだことが生活のなかで役立つよう学校と生活の連携が図られている。

▼作業指導（職業指導）

　集団で子どもたちが助け合いながら、農作業や工作、施設の清掃などの作

*8　児童自立支援専門員・児童生活支援員　児童自立支援専門員は、児童自立支援施設において児童の自立支援を行い、児童生活支援員は、児童の生活支援を行う。児童自立支援専門員は、社会福祉士等の資格や施設での実務経験が必要になる。児童生活支援員は、保育士の資格や施設での実務経験等が必要になる。

業を通して、達成感や責任感、働くことの楽しさや大切さを学ぶ支援を行っている。施設によっていろいろな特徴がある。必要に応じて就労に向けた職業指導を行い、職業選択のための支援を行う。

▼家庭環境の調整

入所の背景には、複雑な家庭環境や親子関係があるため、子どもたちの支援に加え、家庭環境や親子関係の調整を図り、家庭復帰に向けた支援も大切な役割となる。児童相談所と連携・協力しながら、家族の相談に応じたり、面会や帰省などを実施し、子どもと家族がもう一度馴染みなおすことができよう支援を行う。

また、児童養護施設や児童心理治療施設から措置変更で入所する場合や、退所後の措置変更先となる場合もあるため、関係のつながりを断たないよう施設間の連携も大切である。

▼今後の課題

近年、入所してくる子どもたちの行動上の問題の背景に、虐待や発達障がいがあるなど、子どもたちの抱える問題が複雑化し、精神的に不安定な状態を呈す子どもたちが増えてきている。集団生活を基盤にした支援に加え、個別支援も必要となり、個別寮や個別対応室など個別支援ができる環境整備や、心理的・医学的なケアを含めたより高度で専門的な支援が求められるようになっている。

寮舎の運営形態においては、伝統的な小舎夫婦制から、小舎交代制へ移行する施設も増えているが、職員の連携体制の問題から、適切な支援に結びついていない現状もある。専門的な支援の提供や、子どもの発達保障という視点から、移行後の円滑な施設運営のあり方も大きな課題となっている。

社会的養護の施設が、地域の子育て支援のセンター的役割として求められる現在、児童自立支援施設の知見や経験を活かし、非行などの行動上の問題がある子どもなど、支援の難しい子どもに対して相談、通所、アフターケアなど総合的な対応ができるセンター施設としての取り組みが望まれている。

🔍 **まとめてみよう**

> ①　児童心理治療施設・児童自立支援施設に入所する子どもたちの特性や様子と養護問題の関連を考えてみよう。
> ②　施設という環境や、規則正しい日課がどうして子どもたちの安心感や安全感につながるのか考えてみよう。
> ③　児童心理治療施設・児童自立支援施設における保護者に対する支援で、援助者としてどのような姿勢が大切になるか考えてみよう。

【参考文献】
滝川一廣・高田治・谷村雅子・全国情緒障害児短期治療施設協議会編『子どもの心をはぐくむ生活―児童心理治療施設の総合環境療法―』東京大学出版会　2016年
全国情緒障害児短期治療施設協議会・杉山信作編『子どもの心を育てる生活―チームワークによる治療の実際―』星和書店　1990年
厚生労働省雇用均等児童家庭局家庭福祉課『情緒障害児短期治療施設（児童心理治療施設）運営ハンドブック』2014年
全国児童心理治療施設協議会ウェブサイト「児童心理治療施設ネットワーク」
http://zenjishin.org/
厚生労働省雇用均等児童家庭局家庭福祉課『児童自立支援施設運営ハンドブック』2014年
児童自立支援施設のあり方に関する研究会「児童自立支援施設のあり方に関する研究会報告書」2006年
全国児童自立支援施設協議会ウェブサイト
http://zenjikyo.org/
田中康雄編『児童生活臨床と社会的養護―児童自立支援施設で生活するということ―』金剛出版　2012年
喜多一憲・堀場純矢『みらい×子どもの福祉ブックス　社会的養護』みらい　2020年
全国社会福祉協議会・全国児童養護施設協議会「この子を受け止めて、育むために―育てる・育ちあいとなみ―」2008年
楢原真也『児童養護施設で暮らすということ―子どもたちと紡ぐ物語―』日本評論社　2021年
髙田治『施設心理士から伝えたいこと―児童心理治療施設などで働くケアワーカーへ向けて―』世織書房　2022年

　子どもたちは施設での生活から何を体験し、成長の糧として受け取っているのだろうか。そのことを考えることは、援助を行う者として支援の意味や、支援のあり方をみつめる上で大切なことである。杉山信作は「子どもの心を育てる生活」（全国情緒障害児短期治療施設協議会編・星和書店1990年　pp.21-22）のなかで、子どもたちが施設から体験し受け取っているものとして、以下の6点をあげている。

　①距離の確保

　　　子どもも親も行きづまりどうにもならなくなった日常から、施設は待避の場として、親子関係や、学校での友人関係から、ほどよい間合いをおいてみることができる。

　②猶予の保障

　　　せきたてられ、せめたてられるのではなく、できるまで待ってもらい、やり直してみるゆとりを手に入れることができる。

　③理解の会得

　　　自分のことをわかってもらえる、つきあってもらえることを通して、何かを見つけたり、気づくことができ、感動や意欲を取り戻すことができる。

　④欠落体験の補充

　　　温かく落ち着いた雰囲気につつまれ、過去に失われた体験を埋め合わせたり、行き過ぎた体験を中和したり、それまでにもちえなかったり許されなかったもうひとつの世界を垣間見ることができる。

　⑤試行錯誤やリハーサル

　　　他人と共同の生活（同じ釜の飯を食べる）を送りながら、まずはそのなかでやってみることにより力をつけることができる。

　⑥自律や自治への挑戦

　　　職員からしてもらったり、やらされてきたことを、自分からしてみようとし、自分たちだけでやろうとし、やがて社会に戻っていくためのエネルギーやスキルを身につけることができる。

　施設によって子どもたちの支援の考え方や方法はさまざまある。施設のなかで子どもたちとかかわるときに、援助者は支援のやり方に目を奪われてしまうことがあるが、援助者の支援をとおして、子どもたちがどう体験として受け取っているのかを考えることは大切であり、杉山はその大切な視点を示してくれている。

第12章 在宅支援—地域支援機能の充実—

📖 社会的養護って施設で生活している子どもへの支援のことだけではないの？

みらいさん ここまで社会的養護について学んできましたが、保護者と家庭で生活できず、児童福祉施設や里親のもとなどで生活している子どもたちの支援というイメージが強いです。

さとる先生 たしかに従来は、そのように考えられてきました。でも、たとえば親子分離のイメージが強い虐待問題でも、厚生労働省の調査では、児童相談所が受け付けている虐待相談のうち、児童福祉施設への入所や里親等へ委託された子どもは全体の数パーセントなんですよ。

みらいさん え？　では、ほとんどの場合は在宅での支援になるということですか？

さとる先生 そうです。そもそも子どもには、親とともに生活する権利があります。もちろん、親子を離さなければならない重篤なケースもあります。でも、親子が分離され実親との関係が築けぬままの状態は、子どもが自分の人生を前向きに生きることを阻害することにもつながるのではないでしょうか。

みらいさん なるほど。

さとる先生 親子分離とならないよう、子どもが在宅のまま地域で生活を継続できるよう、家庭をサポートしていく在宅支援の充実が、ここ数年でより強く求められるようになりました。

みらいさん そうなのですね。でも、児童相談所の人手が足りないというニュースを聞いたこともあります。支援の充実にはたくさんの社会資源が必要なのではないですか。

さとる先生 そのとおりです。たとえば近年では、児童相談所だけでなく、子どもと家庭にとって最も身近な市区町村での子ども家庭支援の充実が図られています。地域の実情にあわせて事業を充実させたり、今まで児童相談所が担ってきた子ども家庭相談を、まず市町村で受け付けて、必要があれば多機関と連携するといった活動も行っています。また、「支援が必要となる状態」を未然に防ぐ観点からも、すべての子育て家庭を対象とした子育て支援サービスの充実が各地域で求められています。

みらいさん 支援が必要となる状態を未然に防ぐ……。そうすれば、傷ついてしまう親子を減らすことにもつながりますね。

さとる先生 そうですね。そして、専門機関による支援も重要ですが、地域住民の一人として、私たち自身がまず、社会全体で子どもを育むその一員としての自覚をもち、子どもの健やかな育ちのために何ができるかを考えていくことが大切です。

1 社会的養護と在宅の子ども家庭支援

① 社会的養護と在宅支援

▼社会的養護における在宅支援の意義

　子どもには、親と引き離されない権利、すなわち親とともに暮らす権利がある[*1]。しかし、何らかの事情により親と離れて暮らすことが、子どもの最善の利益のために必要な場合がある。その際には、法律などの正当な手続きによって子どもの保護や施設入所などの代替養育の措置が、行政により行われることになる。

　ただ実際には、児童相談所が対応している虐待相談のうち、代替養育の措置が取られるのはわずか数％に過ぎない。95％以上の子どもは、その後も家庭生活を継続する。なかには、家庭で生活を続けながら、行政等による継続的な支援や見守りを必要とする子どもやその家庭もある。また、いったん施設入所などの代替養育の措置が取られたとしても、それが最終的な目的ではない。その子どもが家庭で健やかに育つためにどのような環境が必要か、家族が再びともに暮らすためにはどのような家庭支援が必要なのかといった検討が重ねられ、家族再統合が模索される。施設を退所してから家庭復帰した子どもの多くは、家族や地域の人々との関係性のなかで生活していく。

　子どもが、保護者と家庭での生活を安心して継続していくために、在宅においても適切かつ集中的な養育支援を受けられるような体制を整えていくことが、子どもの権利を守ることにつながるのである。

▼社会的養護と在宅支援の関係

　本章では、社会的養護や社会的養育、さらには地域福祉のイメージを図12－1のように整理したうえで、児童福祉施設や里親等の「代替養育」を除いた、「社会的養護（措置）としての在宅子ども家庭支援」「社会的養育（サービス）としての在宅子ども家庭支援」「地域福祉」について取り上げていく。「社会的養護（措置）としての在宅支援」は、要支援児童が在宅において、児童相談所などの行政の措置下で必要な支援を受ける場合をいう。「社会的養育（サービス）としての在宅子ども家庭支援」は、特に市町村を中心とした子ども家庭相談のかたちや、子ども・子育て支援事業などすべての子どもとその家庭を対象としたサービス等をあらわす。さらに、「地域福祉」では、地域福祉と子ども家庭支援の関係について触れていく。

　ただし、これら3つの領域の境界ははっきり区分されているわけではない。

[*1]
児童の権利条約第9条1（政府訳）：締約国は、児童がその父母の意思に反してその父母から分離されないことを確保する。ただし、権限のある当局が司法の審査に従うことを条件として適用のある法律および手続に従いその分離が児童の最善の利益のために必要であると決定する場合は、この限りでない。このような決定は、父母が児童を虐待し若しくは放置する場合または父母が別居しており児童の居住地を決定しなければならない場合のような特定の場合において必要となることがある。

図12－1　社会的養護・社会的養育・地域福祉のイメージ

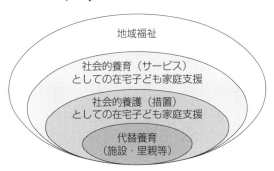

それぞれの領域にまたがった連続性のある支援としてとらえていくことが必要である。

▼要保護児童・要支援児童・特定妊婦

　子どもの在宅支援の充実をめざす背景には、2016（平成28）年の児童福祉法改正により明確化された家庭養育優先の理念がある。この理念を実現させるためには、家庭養育を可能にするさまざまな方策が必要とされる。

　「要保護児童」[*2]は、施設等の家庭に代わる代替養育の場を必要とすることから、児童福祉施設や里親、ファミリーホーム等において養育されることとなる。一方、「要支援児童」は、行政等による積極的な保護者支援を受けることで、在宅生活の継続をめざす。いずれも、行政の関与により支援を受けながら健やかな育ちをめざすことになる。

　また、親の虐待によって命を落とす子どもの年齢は生後間もない子どもが少なくない。そのため、妊娠中からの切れ目のない支援を継続して行うことで、安心して子育てができる環境を整えることも必要である。出産前から支援を行うことが特に必要と認められる妊婦は、「特定妊婦」として手厚いケアを提供していくことが子どもの福祉につながる。

＊2
要保護児童、要支援児童、および特定妊婦の定義については第5章参照。

② 自治体における子どもへの支援体制

▼市区町村における子どもへの支援体制

　子どもが育つ社会環境は時代とともに大きく変化し、家庭機能や地域力の低下が指摘されるようになった。このような子育て環境の変化等にともない、すべての子どもとその家庭を社会がいかにサポートしていくのかが、今問われている。

　1947（昭和22）年に児童福祉法が制定されて以来、子どもと家庭の相談へ

図12－2　市区町村における子どもへの支援体制のイメージ

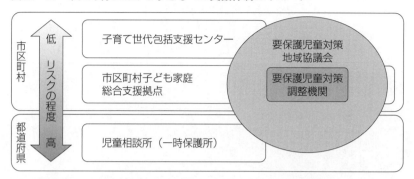

出典：「市区町村における児童等に対する必要な支援を行う体制の関係整理（イメージ図）」（厚生労働省「市町村・都道府県における子ども家庭総合支援体制の整備に関する取組状況について（追加資料）」2018年）をもとに筆者作成

の対応は児童相談所を中心に行われてきた。しかし、児童相談所における児童虐待の相談対応件数は増加の一途をたどり、児童相談所には、より専門性の高い支援と機能の強化が求められている。

　そこで、子どもとその家庭にとって身近な市区町村などの基礎自治体が中心となり、子育て家庭のニーズを丁寧に把握し、児童相談所や関係機関と緊密な連携を図りながら支援を展開させていくソーシャルワークの重要性が高まっている。市区町村には、子育て世代包括支援センターや市区町村子ども家庭総合支援拠点、要保護児童対策地域協議会などの設置をとおして、すべての子どもとその家庭への子ども家庭支援を行うことのできる体制を整えることが求められてきた（図12－2）。

▼子育て家庭のニーズの把握と分析

　市区町村が主体となって子ども家庭相談を受け付けるためには、その相談内容のニーズを的確に把握し、リスクの程度を分析する必要がある。すなわち、その子どもが要支援の段階なのか、要保護の段階なのかのグレードを判断し、児童相談所をはじめとする関係機関と連携することとなる。厚生労働省が示した「市町村子ども家庭相談指針」では、市町村における子ども家庭相談の流れについて図12－3のように示している。

　まず、市町村が子ども家庭相談を受け付ける経路は2通りある。1つめは、ポピュレーションアプローチとしての乳児全戸訪問事業や乳幼児健康診査などでの「気になる子ども」や「気になる妊婦・養育者」への気づきからの相談である。2つめは、「気になる子ども」や「気になる妊婦・養育者」についての通告や相談である。これらの受け付けた相談について、子どもの安心・安全の確認と、養育者への支援という視点から、その家族全体のアセスメントを行う。その際、①緊急度アセスメント、②リスクアセスメント、③ニー

図12－3　市町村における子ども家庭相談の流れ

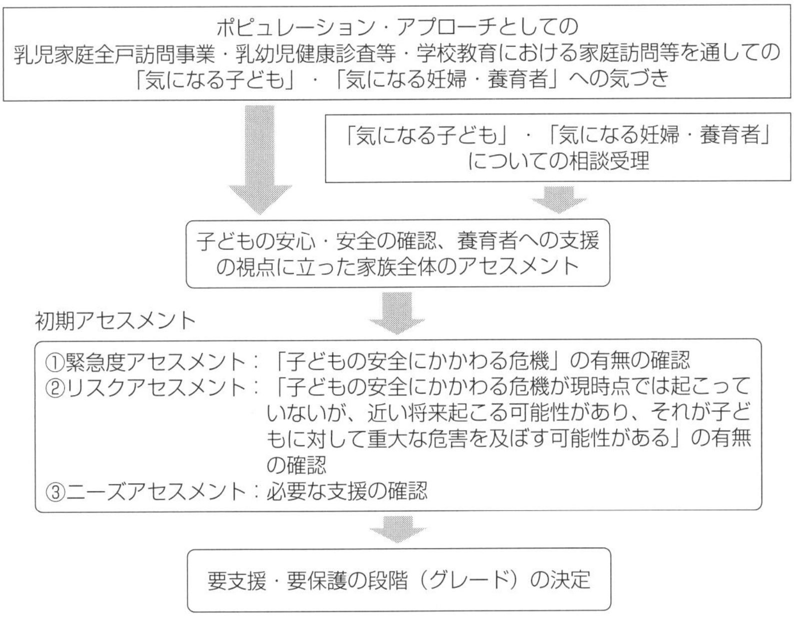

ポピュレーション・アプローチとしての
乳児家庭全戸訪問事業・乳幼児健康診査等・学校教育における家庭訪問等を通しての
「気になる子ども」・「気になる妊婦・養育者」への気づき

「気になる子ども」・「気になる妊婦・養育者」
についての相談受理

子どもの安心・安全の確認、養育者への支援
の視点に立った家族全体のアセスメント

初期アセスメント

①緊急度アセスメント：「子どもの安全にかかわる危機」の有無の確認
②リスクアセスメント：「子どもの安全にかかわる危機が現時点では起こって
　　　　　　　　　　　いないが、近い将来起こる可能性があり、それが子ど
　　　　　　　　　　　もに対して重大な危害を及ぼす可能性がある」の有無
　　　　　　　　　　　の確認
③ニーズアセスメント：必要な支援の確認

要支援・要保護の段階（グレード）の決定

出典：厚生労働省雇用均等・児童家庭局「『市町村子ども家庭支援指針』（ガイドライン）」
　　　2018年　p.24

ズアセスメントを行い、支援の段階（グレード）を見極めていくことになる。

　このようなアセスメントによって、施設や里親といった「代替養育」の必
要性や、「社会的養護（措置）としての在宅子ども家庭支援」あるいは、子
育て支援サービスに積極的につなげるといった「社会的養育（サービス）と
しての在宅子ども家庭支援」の必要性などを判断していくことになる。

2　社会的養護（措置）としての在宅子ども家庭支援

① 措置としての在宅支援

▼児童相談所の措置による在宅指導

　子どもへの不適切な養育がみられる場合であっても、在宅で適切な支援が
受けられれば、子どもの生活環境を大きく変えることなく保護者とともに生
活を続けることは可能である。そこで、子どもの安全が守られ、かつ保護者
が児童相談所との援助関係を結ぶことができると判断された場合などには、
児童相談所による措置による指導（法第26条第1項第2号、法第27条第1項
第2号）というかたちで在宅支援を行うことがある。

措置による指導には、①児童福祉司指導、②児童委員指導、③市町村指導、④児童家庭支援センター指導、⑤知的障害者福祉司指導・社会福祉主事指導、⑥障害者等相談支援事業を行う者による指導、がある。このように、措置による指導は児童福祉司によるものに限らず、その指導を市町村など他の行政機関や専門職等へ委託するものも含まれる。委託される場合であっても、措置やその解除の判断は児童相談所によって行われる。

　また、虐待などにより子どもが児童福祉施設に入所中の保護者等に対する指導も、措置として行われることがある。保護者がこれを受けない場合には、都道府県知事等によって保護者に対して指導を受けるよう勧告することができ、これらの積極的な活用も期待されている。

▼児童福祉施設への通所措置

　さらに、児童心理治療施設や児童自立支援施設などには、入所だけでなく通所措置というかたちで保護者のもとから子どもを施設での支援プログラムに参加させる等の機能がある。これは、施設への外来相談からつながる場合や、児童相談所の判断で通所させる場合、また退所後に通所で継続した治療が必要な場合などがあり、児童養護施設や里親宅から通うことも可能である。いずれにしても、子どもや保護者と支援者側との適切な援助関係・治療契約が結ばれることが必要となる。

　このような施設の通所機能を活用することで専門的な支援を在宅でも受けられることは、子ども自身が生活環境を大きく変えなくて済む。このように、地域の社会資源を最大限活用していくことで、子どもが地域生活を継続しながら課題を解決する方法を見出していくことも可能となる。

② 在宅支援を可能にする社会資源

▼児童家庭支援センター

　児童家庭支援センターは、1997（平成8）年の児童福祉法改正より制度化された第2種社会福祉事業である（法第44条の2）。子どもに関する家庭等からの相談のうち、特に専門的な知識および技術を必要とするものに応じて助言等を行う。また、児童相談所からの委託を受けて子どもやその保護者等への指導を行ったり、市町村の求めに応じて技術的助言その他必要な援助を行うなど、総合的な援助を行うことを目的としている。

　児童養護施設などに併設されている場合が多く、施設の専門的な機能を地域の子どもや子育て家庭への支援に生かしている。特に、虐待相談への対応が増加し続ける児童相談所に対する補完的な役割が期待されている。具体的

には、施設入所に至らない段階の家庭への専門的な支援や、家庭復帰後の子どもとその家庭への見守り、施設退所後の子どものアフターケアなど、その専門性を活かして、支援を必要とする子どもやその家庭の地域生活を支える役割が求められている。また、里親やファミリーホームへの支援の充実も図られている。

▼養育支援訪問事業

養育支援訪問事業は、児童福祉法第6条の3第5項に規定され市町村が主体となって行う事業である。乳児家庭全戸訪問などで把握された要保護児童や要支援児童、また特定妊婦などに対して、その養育が適切に行われるよう、保健師や助産師、保育士等が居宅を訪問して養育に関する指導や助言を行う。

たとえば、安定した妊娠出産・育児を迎えられるよう妊娠期から継続的に相談・支援を行ったり、特に出産後間もない時期の養育者への育児のため相談・支援などを行う。また、不適切な養育状態にある家庭など虐待のリスクを抱える家庭への養育環境改善や、子どもの発達保障に関する相談・支援、施設退所や里親委託終了によって家庭復帰した子どものいる家庭への相談・支援などが行われる。

保護者や特定妊婦が安心して子どもの養育に携わることができるよう、それぞれの家庭で支援を受けることによって、生活場面における具体的な養育に関する技術を獲得することが可能となる。

▼要保護児童対策地域協議会

増え続ける子ども虐待への対応には、さまざまな関係機関が連携しネットワークを構築しながら対応する必要がある。そこで、支援を必要としている子ども等の早期発見や関係機関との連携・協働を行うために、要保護児童地域対策協議会（以下「協議会」）が2004（平成16）年の児童福祉法改正によって法的に位置づけられた。

協議会は、要保護児童や要支援児童およびその保護者、特定妊婦に関する情報等を関係機関で共有することにより、支援を必要とする子ども等への支援内容に関する協議を行う。設置主体は住民に身近な市町村が想定されているが、地域の実情に合わせて複数の市町村による共同設置なども可能である。地方自治体にはその設置の努力義務が課せられている。

協議会は、保健機関、児童相談所、警察、学校・教育委員会、医療機関、児童福祉施設、保育所・幼稚園、弁護士会、民生児童委員協議会などの関係機関によって構成される（表12-1）。行政機関に限らず、子育て家庭にかかわる機会のある関係機関や団体等が幅広く参加することで、それぞれの情報を共有し、適切な連携が可能となる。

表12－1　要保護児童対策地域協議会の構成員の例

【児童福祉関係】	【保健医療関係】	【警察・司法・人権擁護関係】
・市町村の児童福祉、母子保健、障害福祉等の担当部局	・市町村保健センター	・警察（警視庁及び道府県警察本部・警察署）
・児童相談所	・子育て世代包括支援センター	・弁護士会、弁護士
・福祉事務所（家庭児童相談室）	・保健所	・家庭裁判所
・保育所	・地区医師会、地区産科医会、地区小児科医会、地区歯科医師会、地区看護協会、助産師会	・法務局
・児童養護施設等の児童福祉施設		・人権擁護委員
・児童家庭支援センター	・医療機関	
・里親会	・医師（産科医、小児科医等）、歯科医師、保健師、助産師、看護師	【配偶者からの暴力関係】
・児童館		・配偶者暴力相談支援センター等配偶者からの暴力に対応している機関
・放課後児童クラブ	・精神保健福祉士	
・利用者支援事業所	・カウンセラー（臨床心理士等）	
・地域子育て支援拠点		【その他】
・障害児相談支援事業所	【教育関係】	・NPO法人
・障害児通所支援事業所	・教育委員会	・ボランティア
・民生委員児童委員協議会、民生委員・児童委員（主任児童委員）	・幼稚園、小学校、中学校、高等学校、特別支援学校等の学校	・民間団体
・社会福祉士	・PTA協議会	など
・社会福祉協議会		

出典：厚生労働省雇用均等・児童家庭局「要保護児童対策地域協議会設置・運営指針」（雇児発0331第46号平成29年3月31日）

　協議会は、①代表者会議、②実務者会議、③個別ケース検討会議、の３層構造を基本として設置されている。また、協議会の参加者等には守秘義務が課せられている。

③　自立支援と18歳以降の支援

▼18歳以降の支援の継続

　児童福祉法の対象となる子どもは基本的に18歳未満である。しかし、現代の日本社会では、高校卒業後すぐに経済的、社会的、精神的に自立することは容易ではない。特に、代替養育を受けてきた子どもが自立するためには、住居の問題、経済的問題、就労の継続、生活の安定、教育の機会の確保など、個々の子どものニーズもそれぞれである。そこで、児童養護施設や里親のもとで生活する子どもたちは、必要に応じて20歳未満まで措置を延長することが可能となり、それらの積極的な活用が求められている。

　さらに、「社会的養護自立支援事業」を利用し、必要があれば原則22歳の年度末まで引き続き里親や施設等に居住し、支援を受けることが可能である。また、施設等に入所中または退所した子どもの進学や就職、アパート等の賃貸の際に「身元保証人確保対策事業」を活用するなど、退所によってつながりが絶たれることなく自立を促進していくことが必要とされる。

　なお、2022（令和４）年の児童福祉法改正では、児童自立生活援助事業（自

立援助ホーム）の対象年齢も弾力化され、義務教育終了後20歳未満で措置解除された者や20歳以上の措置解除者で自立生活援助が必要だと認められた者は、教育機関に在籍していなくても22歳以降も引き続き児童養護施設等に居住が可能となるなど、年齢制限が撤廃されることとなった。

　措置の下で生活してきた子どもの18歳以降の継続的な支援を行うことは、その者が将来親となり子育てをする準備段階を支えることでもある。年齢によって一律に退所を迫られたり支援が途切れてしまうことなく、自立のための準備が整っているかなど個々に応じた柔軟な対応が求められている。

3　社会的養育(サービス)としての在宅子ども家庭支援

　困難を抱えた子どもやその家庭が地域生活を続けながら支援を受けるためには、在宅の子ども家庭支援サービスの充実が欠かせない。2016（平成28）年の児童福祉法改正では、市区町村にはすべての子どもや家庭にとって最も身近な基礎的な地方公共団体として子ども家庭支援等の業務を行うことが求められ、「市区町村子ども家庭総合支援拠点」（以下「支援拠点」）や、「子育て世代包括支援センター」の全国展開がめざされてきた。

　しかしながら、児童相談所における虐待相談対応件数は依然として増加傾向にあり、子育てに困難を抱える世帯もこれまで以上に顕在化してきている。そこで、2022（令和４）年の児童福祉法改正では、これら「支援拠点」や「子育て世代包括支援センター」の意義や機能は維持しつつ組織を見直し、市区町村は、すべての妊産婦・子育て世帯・子どもの包括的な相談支援等を行う「こども家庭センター」の設置に努めることとされた。

　また、各市区町村で、子育て家庭等にとって身近な保育所等の「地域子育て相談機関」を地域に整備すること、さらに子育て家庭に対する訪問型支援や通所型支援、短期入所支援などの種類や量・質を充実させ、それら「家庭支援事業」を市区町村が必要に応じて利用勧奨・措置を行うことが求められることとなった[3]。

＊3
本項に関する2022（令和４）年児童福祉法改正は、2024（同6）年4月1日施行予定である。

①　市区町村における子ども家庭支援の体制

▼こども家庭センター

　こども家庭センターの実施主体は基本的に市区町村とされる。また、利用対象者は、すべての妊産婦、子どもとその家庭（里親を含む）が想定されて

いる。

その業務は、保健師等が中心に行う各種相談等（母子保健機能）と、子ども家庭支援員等が中心となり行う相談等（児童福祉機能）で、それらの一体的な提供が求められている。できる限り利用者の希望を確認し、関係機関のコーディネートや地域の社会資源等につなぎ、支援を必要とする子どもや家庭等へのサポートプランを作成するといったソーシャルワークの中心的な役割を担うことが求められている[4]。

*4 こども家庭センター
第6章も参照。

▼地域子育て相談機関

地域子育て相談機関には、各市区町村が定める一定の区域ごとに、住民からの子育てに関する相談に応じて必要な助言を行うことができる場所として、保育所や認定こども園、幼稚園、児童館、地域子育て支援拠点事業等が想定されている。この地域子育て相談機関は、子育て世帯が1つ以上の地域子育て相談機関を自由に選択して登録することで、いわゆる「かかりつけ」の相談機関となり得ることをめざしている。そのため、利用者にとって身近で足を運びやすい機関であること、また、市区町村が地域のすべての子育て世帯に対し必要な情報を発信したり、情報にアクセスしにくい子育て世帯につながることができるような能動的なアプローチが求められている。さらに、必要に応じてこども家庭センターと連絡調整するなど、関係機関との間で相互に情報共用・連携を行っていく。

▼「家庭支援事業」の利用勧奨・措置

要支援児童や要保護児童、特定妊婦、支援を必要としている保護者等が、自ら情報を得て子育て支援サービスを利用することは簡単ではない。そこで、2022（令和4）年の児童福祉法改正では、市区町村による訪問型支援、通所型支援、短期入所支援の種類・量・質の一層の充実を図るとともに、親子関係の構築に向けた支援を行うことが規定された。また、特に支援が必要な者に対しては、市区町村が「家庭支援事業」の利用を勧めてその利用ができるよう支援しなければならないとされ、それでも利用が困難な者に対しては、「家庭支援事業」による支援を措置として提供することができることとなった（2024（同6）年4月施行）。

*5 子育て短期支援事業
本章p.195参照。

*6 養育支援訪問事業
本章p.189参照。

*7 一時預かり事業
本章p.195参照。

「家庭支援事業」は、既存の子育て短期支援事業[5]、養育支援訪問事業[6]、一時預かり事業[7]の内容を拡充させ、新たに子育て世帯訪問支援事業、児童育成支援拠点事業、親子関係形成支援事業を加えた6事業をいう。

子育て世帯訪問支援事業は、要支援・要保護児童およびその保護者、特定妊婦、ヤングケアラーなども対象として家庭を訪問し、調理や掃除等の家事や子どもの送迎、子育ての助言等を行う。児童育成支援拠点事業は、虐待のリ

スクが高かったり不登校など、養育環境の課題を抱える学齢期の子どもを主に対象とし、子どもの居場所となる拠点を開設することで居場所や食事の提供、学習支援等を行う。また、親子関係形成支援事業は、要支援児童や要保護児童およびその保護者、特定妊婦等を対象とし、適切な親子関係が築けるよう、グループワーク等を通してペアレントトレーニングをするなど、子どもの発達状況等に応じた支援を行う事業である。

②　地域における子ども・子育て支援の充実—地域子ども・子育て支援事業—

　2015（平成27）年4月より、子ども・子育て支援新制度における「地域子ども・子育て支援事業」が制度化された。これは、各市区町村の子ども・子育て支援事業計画にもとづき地域の実態に合わせて実施されている。これらの子ども・子育て支援事業が子育て家庭によって適切に利用されることで、育児不安や虐待などを未然に防いだり、子育て家庭のニーズの発見や把握につながることが望まれている。

▼利用者支援事業

　子育て支援に関する事業が地域で行われていても、どこでその情報が得られるのか、自分が利用できるサービスは何かなどがわからなければサービスを選択することができない。そこで子ども・子育て支援法第59条第1項に基づき、利用者支援事業が制度化された。

　利用者支援事業は、市町村等が実施主体となり、子どもやその保護者、妊産婦等が、子育てをするうえで必要な教育・保育・保健その他の子育て支援を、保護者の選択に基づき身近な地域で円滑に利用できるよう、必要な支援を行うことを目的にしている。本事業の事業類型には、①基本型、②特定型、③母子保健型の3つの形がある。

> ①基本型：地域子育て支援拠点等の身近な場所で保護者の相談を受け情報提供や助言を行う利用者支援と、地域の関係機関との連携・協働の体制作りや社会資源の開発など子育て支援のネットワークに基づく地域連携を行う。
> ②特定型：主として市区町村の窓口にて子育て家庭からの保育サービスに関する相談に応じ利用支援を行う。
> ③母子保健型：主として市町村保健センター等で妊産婦等からのさまざまな相談に応じて情報提供を行ったり、関係機関と連携をとりながら支援プランを策定したりする。

　この利用者支援事業と各市町村が立案する市町村子ども・子育て支援事業計画が、子ども・子育て支援制度が機能するために不可欠な車の両輪となることで、地域の子育て家庭が安心して子育ての継続の実現をめざす。

▼乳児家庭全戸訪問事業（こんにちは赤ちゃん事業）

　乳児家庭全戸訪問事業は、生後4か月までの乳児がいるすべての家庭を訪問し、育児等に関する相談に応じたり子育て支援に関する情報提供を行う。すべての家庭を訪問することで、いわゆる「気になる子ども」や「気になる妊婦、養育者」への気づきが可能になる。養育環境等の把握や助言を行うなかで支援が必要な家庭については、ケース対応会議を実施し、養育支援訪問事業をはじめ適切なサービスの提供につなげていく。さらに、特に支援が必要な家庭があれば、要保護児童対策地域協議会にて必要な支援内容等について協議していく。

　訪問者には、保健師、助産師、看護師、保育士、民生委員などが充てられる。本事業は、児童福祉法第6条の3第4項に規定され、2009（平成21）年4月より法定化・努力義務化されている。

▼子育て援助活動支援事業（ファミリー・サポート・センター事業）

　子育て援助活動支援事業（ファミリー・サポート・センター事業）は、児童福祉法第6条の3第14項に規定されており、育児の援助を受けることを希望する人（依頼会員）と、育児の援助を行うことを希望する人（提供会員）の双方が会員となり、ファミリーサポートセンターがその仲介役として連絡、調整を行う事業である。依頼会員は、活動時間や内容に応じた料金を支払い、提供会員は活動報酬を受けるというような、会員同士の子育ての相互援助活動である。

　提供会員による援助活動の内容は、保育施設等までの送迎、保育施設の開始前や終了後、放課後の子どもの一時預かり、保護者の疾病や急用、冠婚葬祭、外出時等の子どもの預かり、病児・病後児の預かり、早朝・夜間等の緊急預かりなどの対応が一般的である。

▼地域子育て支援拠点事業

　子育て環境が大きく変化し、家庭や地域における子育て機能の低下や保護者の不安感や孤独感の増大が懸念されている。そこで、地域子育て支援拠点事業は、子育て中の親子が地域の身近な場所に気軽に集い、相互交流を行いながら子育てについての不安や悩みを相談できる場を設置することで、地域の子育て機能の充実や保護者の負担感の軽減、子どもの健やかな育ちを支援することを目的に展開されている。本事業は、児童福祉法第6条の3第6項に基づき市町村が実施する事業である。

　本事業では、①子育て親子の交流の場の提供と交流の促進、②子育て等に関する相談、援助の実施、③地域の子育て関連情報の提供、④子育ておよび子育て支援に関する講習等の実施を基本事業とする。また、それらに加えて、

一時預かりなどの取り組み、出張ひろばの開設、高齢者や等の多様な世代との交流、伝統文化や習慣・行事の実施など、地域の子育て家庭に対する多様な支援も可能である。

　実施方法により、保育所や幼稚園の活用、民家やマンション等の一室の活用、公共施設の空きスペースや商店街の空き店舗を活用した一般型と、児童館等の児童福祉施設等を活用する連携型がある。NPOなどの多様な主体が参画することで、地域の支え合い、子育て中の当事者による支え合いなど地域の子育て力の向上をめざしている。

▼一時預かり事業

　一時預かり事業は、児童福祉法第6条の3第7項に基づき規定されており、家庭で一時的に保育が困難になった乳幼児を保育所や幼稚園等で預かる事業である。これは、突発的な保護者の用事などに限らず、育児疲れなどの保護者の負担を軽減し、安心して子育てができる環境を整備することも意図している[8]。

　本事業には、保育所などに在籍していない子どもを、保育所や幼稚園、認定こども園、地域子育て支援拠点などで一時的に預かる「一般型」や、主に幼稚園在籍児を在園時間以降に預かる「幼稚園型Ⅰ」、入園前の2歳児の定期利用のための「幼稚園型Ⅱ」、保育所等への入所決定までの間に利用できる「緊急一時預かり」があり、用途に応じた利用が可能となっている。

▼子育て短期支援事業（ショートステイ、トワイライトステイ）

　子育て短期支援事業は、児童福祉法第6条の3第3項に規定された市町村が実施する事業である。保護者の疾病や経済的理由などにより一時的に子どもや母子の保護が必要になった場合等に、児童福祉施設等の保護を適切に行うことができる施設で、一時的に養育・保護を行うことで、その子どもや家庭の福祉の向上を図ることを目的としている[9]。

　本事業には、短期入所生活援助（ショートステイ）事業と、夜間養護等（トワイライトステイ）事業の2種類がある。短期入所生活援助事業では、保護者の疾病や育児疲れ、育児不安など身体上または精神上の事由、出産、看護、事故、災害、失踪などの家事養育上の事由、冠婚葬祭や転勤、出張などの社会的な事由、経済的問題等により緊急一時的に母子を保護する場合などが対象となる。利用期間は基本的に7日以内で、市町村が必要を認めた場合には必要最小限の範囲内での延長が可能となっている。

　一方、夜間養護等事業は、保護者が仕事などにより平日の夜間または休日不在となり、その間家庭で子どもを養育することが困難になった場合などに、その子どもを施設で保護し、生活指導や食事の提供等を行う。

[8]
2022（令和4）年児童福祉法改正により、保護者の子育てにかかわる負担軽減を目的としたレスパイト利用が可能であることが明確化された。

[9]
2022（令和4）年児童福祉法改正により、保護者も子どもとともに入所利用が可能であることが明確化された。

これらを実施する施設は、児童養護施設、母子生活支援施設、乳児院、保育所、ファミリーホーム等である。身近に適切な施設がない場合には、事前に登録された保育士や里親等に委託し、その者の居宅や子どもの居宅にて養育・保護を行う。ひとり親家庭や地域で継続的な見守り支援が必要な子どもや家庭が安心して自宅での生活を続けられるよう、積極的な活用がのぞまれる。

　また障がい児の場合にも、障害児支援施設等でのショートステイを定期的に利用するなどして、在宅生活を継続しながら専門的なケアを受けることが可能となる。

4 社会的養護と地域福祉

① 社会的養護と地域化

▼社会的養護の地域化と市町村との連携

　社会的養護のあり方が大きく変化している今、子どもの養育の場を施設か家庭かという二者択一で考えるだけでなく、私たちが生活する地域全体における子どもの養育機能の向上をめざす必要がある。地域には、子どもの福祉や保健、教育機関、子育て支援に携わる団体や人々など、さまざまな社会資源がある。このような関係機関等によって、市区町村における多様な子育て支援サービスの充実が図られるとともに、虐待防止をめざしたネットワークを展開していくことが必要である。これら地域の社会資源によるネットワークを、より強固にしていくことが、要支援児童やその家庭、特定妊婦など、地域でニーズを抱える人々の支えとなる[*10]。

*10
第6章も参照（図6－2ほか）。

　一方、要保護児童においても、地域小規模児童養護施設や里親、ファミリーホームなどの地域のなかで生活を送る子どもが徐々に増加している。単に住まいが地域の小規模施設や里親家庭にあるというだけでなく、その地域のなかで、近所の人などさまざまな人とつながりをもって生活していくことが大切である。そのためには、子ども家庭福祉にかかわる人々や関係機関だけでなく、地域で生活する住民の社会的養護への理解と啓発が欠かせない。

　それぞれの自治体が、子育て世帯に対する包括的な支援を充実させながら、児童相談所等の関係機関との連携を含めた子ども家庭福祉システムを地域の実状にあわせて構築させていくことが求められている。

②　地域共生社会をめざして

　私たちが暮らす社会は、時代とともに変化している。現在、わが国の子どものいる世帯は全世帯の25％にも満たず、その世帯のうち約8割は核家族世帯である。子どもや子育てにかかわる問題は、この子育て世帯だけの問題なのだろうか。

　昨今、いわゆる子ども食堂がさまざまな地域で開設されている。子ども食堂の形態は、困難を抱える子どもたちを対象としたものから、その地域のさまざまな子どもたちを対象としたもの、また、子どもだけでなく高齢者や地域住民の交流の場として展開されているものなど多様である。このような、地域住民が主体となって身近な子どもや住民同士の居場所となる場を地域に作り出す活動は、まさに、地域の社会資源を住民自らの力で開発している地域福祉の実践といえよう。

　子どもは未来を担う存在である。それと同時に、子どもの存在は、今この社会に、大人である私たちに大きな幸せをもたらしてくれる存在でもある。すべての子どもが健やかに育ち、保護者が安心して子育てができるよう、地域の住民が主体となって地域の実情に合わせて課題を解決していく地域福祉の展開が求められている。

　私たちの身近な地域には、さまざまな人がそれぞれの暮らしを営んでいる。地域共生社会とは、「子供・高齢者・障害者など全ての人々が地域、暮らし、生きがいを共に創り、高め合うことができる」[1]社会である。子どもをはじめさまざまな世代の地域住民が互いに認め、かかわりあい、それぞれの役割を担いつながりながら生きていくことだともいえる。私たち自身がまず、社会全体で子どもを育むその一員としての自覚をもち、子どもの健やかな育ちのために個々ができることから考えていくことが大切だろう。

📝 まとめてみよう

> ①　社会的養護における在宅支援の意義について、まとめてみよう。
> ②　自分が暮らす自治体の子ども・子育て支援サービスをまとめてみよう。
> ③　地域で暮らす子どもたちのために自分ができることは何か、考えてみよう。

【引用文献】
1）地域力強化検討会「地域力強化検討会最終とりまとめ～地域共生社会の実現に向けた新しいステージへ～」2017年　p.4

【参考文献】
新たな社会的養育の在り方に関する検討会「新しい社会的養育ビジョン」2017年
厚生労働省雇用均等・児童家庭局長「地域子育て支援拠点事業の実施について」
文部科学省初等中等教育局長・厚生労働省子ども家庭局長「『一時預かり事業の実施について』の一部改正について」2018年
厚生労働省「平成28年国民生活基礎調査の概況」2017年
厚生労働省子ども家庭局「改正児童福祉法について（第一部)」
　　https://www.mhlw.go.jp/content/000994207.pdf
厚生労働省子ども家庭局「改正児童福祉法について（第二部)」
　　https://www.mhlw.go.jp/content/000995561.pdf
「官報」号外第127号（令和4年6月15日）
　　https://www.mhlw.go.jp/content/000991033.pdf
厚生労働省雇用均等・児童家庭局長「社会的養護自立支援事業等の実施について」2017年

第13章　社会的養護にかかわる専門職

専門職者の一人としての保育士

みらいさん　保育士は保育所で働く、というイメージがありますが、これまでの勉強で、保育所以外でもさまざまな児童福祉施設で働いていることがわかりました。

さとる先生　そうですね。保育士資格を取得していることで、児童養護施設や乳児院、障害児施設など、幅広い施設や機関で働くことができます。

みらいさん　保育士資格はさまざまなところで生かせるのですね。保育所だと、職員の多くは保育士なのだと思いますが、その他の施設では、色々な専門職が働いているのですよね。

さとる先生　はい。この点は、保育所とは大きく異なるところですね。

みらいさん　たとえば児童養護施設では、児童指導員、医師、個別対応職員、家庭支援専門相談員など、とてもたくさんの専門職が働いていると学びました。なぜそんなにさまざまな職種の方が働いているのでしょうか。

さとる先生　子ども家庭福祉、特に社会的養護の領域では、さまざまな背景や特性をもつ子どもたちが生活しています。そのような子どもたちを支えるためには、画一的な支援ではなく、さまざまな専門性をもった専門職者が集まり、多面的に子どもを支える必要があるのです。

みらいさん　子どもにかかわる仕事は、主に保育士がメインかと思っていました。さまざまな職種の方が連携をしながら、子どもの生活を支えているのですね。もっと詳しく知りたくなってきました。

さとる先生　保育士＝保育所とうイメージが強いと、なかなか想像できないかもしれませんね。興味をもつことはとても大切なことです。それでは、子ども家庭福祉、特に社会的養護にかかわる専門職の種類や役割、専門技術、他機関連携、さらに保育士として働くうえでの倫理などについて具体的に学んでいきましょう。

1 専門職とは

① 専門職と資格制度

▼専門職とは何か

　専門職というと、医師、弁護士のような高等教育を受け、国家試験に合格した一部の者をイメージするかもしれない。たとえば、厚生労働省が定める基準[*1]では、高度な専門的知識や技術、経験を有する者として、博士の学位を有する者や医師、弁護士などがあげられている。しかし、現代は国家資格に限らず、各職業において専門的な知識や技術が求められていることから、それぞれの分野において専門職が存在する。よって、一般的に専門職とは、特定の分野に関する専門的教育を受け、その分野に関する高い専門的知識や技術・技能をもつ者ととらえられている。保育士は、保育に関する高い専門的知識や専門的技術が求められる専門職である。

▼免許と資格

　社会福祉関連領域における専門職は、多くの場合、免許や資格を有している。免許とは、主に名称と業務が独占されているものを指す。身近な例でいうと、運転免許がなければ運転をしてはいけないし、医師免許がなければ手術はできない。免許がない者がそれらの行為を行うことは違法であり、免許をもっているからこそ、その名称を用いて業務を行うことができるのである。

　一方、資格は、各分野における専門的知識や技術・技能を保証する基準のようなものであり、いわゆる能力保証されたものを指す。ただし、資格のな

* 1
厚生労働省告示「労働基準法第14条第1項第1号の規定に基づき厚生労働大臣が定める基準」。

表13－1　社会的養護領域における免許・資格構造

		資格の種類	資格の例
強 ↑ 公的関与 ↓ 弱	免許	名称独占・業務独占（法律に基づくもの）	医師、看護師、助産師
	資格	名称独占（法律に基づくもの）	保育士、社会福祉士、介護福祉士、精神保健福祉士、公認心理師
		任用資格（法律に基づくもの）	社会福祉主事、児童福祉司、母子・父子自立支援員
		任用資格（省令に基づくもの）	児童指導員、母子支援員
		任用資格（通知に基づくもの）	家庭相談員
		民間資格（学会・業界団体等による認定資格）	
		民間資格（企業・学校・個人が定めた資格）	

資料：西郷泰之『子どもと家庭の福祉』ヘルス・システム研究所　2004年　p.104を加筆修正

かでも、たとえば飛行機の運転をする操縦士は操縦士資格であるが、業務独占となっている資格があることに留意する必要がある。

　社会的養護領域にかかわる免許や資格については、表13－1のようになっており、保育士や社会福祉士のように、資格取得者のみがその呼称を許されている名称独占資格や、社会福祉主事や児童福祉司のように、その職業に就いた場合に効力を発する任用資格などがある。それ以外にも、近年は学会・団体等が独自に資格制度を設け、その学会・団体等が認めた場合に資格を出す認定資格などがある。

② 児童福祉施設にかかわる専門職

▼児童福祉施設の専門職

　各児童福祉施設には、「児童福祉施設の設備及び運営に関する基準」（以下「設備運営基準」）に基づき、児童福祉施設の目的に応じてさまざまな専門職が配置されている[*2]。また、近年では措置費における加配基準が定められ、専門職が充実するよう図られている[*3]。

　各児童福祉施設は、家庭において適切な養育を受けられずに心身に傷を負っている子どもやその保護者、夫からの暴力により逃げてきた不安定な状態にある母子、発達に遅れがある子どもや障がいにより専門的な療育が必要な子どもなど、さまざまなニーズをもつ子どもや保護者が対象となる。そのようなニーズに対して、専門的知識や技術がなければ、適切な支援を行うことができない。さらにそのような支援を行うためには特定の専門職だけでは難しく、多職種が連携しながら支援をしていくことが求められる。そのため、各児童福祉施設には、それぞれの専門性をもったさまざまな専門職が配置され、各専門職が連携しながら子どもや保護者の支援にあたっている。

▼専門職としての保育士

　前述のように、保育士は国家資格であり、保育に関する専門職である。1947（昭和22）年の「児童福祉法」制定時は、保育士ではなく保母という名称であった。その後、1998（平成10）年の「児童福祉法施行令等の一部を改正する政令」により、1999（同11）年から保育士資格へと名称変更されたものの、名称独占ではなかった。そのため、保育士資格の詐称による社会的信用が損なわれる事態が起こったことや、一方で地域の子育て支援の中核を担う専門職として保育士の重要性が高まっていったことから、2001（同13）年の国会にて保育士資格の国家資格化が可決・成立した。そして、2003（同15）年に名称独占の国家資格となり、保育士の役割に子どもの保育や保護者

＊2
主に社会的養護にかかわる児童福祉施設の専門職（職員）配置については、本章後述、および第5章の表5－6（p.78）を参照。

＊3
「家庭支援専門相談員、里親支援専門相談員、心理療法担当職員、個別対応職員、職業指導員及び医療的ケアを担当する職員の配置について」（厚生労働省雇用均等・児童家庭局長通知）により加配基準が定められており、基準を満たすことで措置費が支弁・加算される。

に対する保育指導が位置づけられた経緯がある。保育士資格は、都道府県知事の指定する保育士を養成する学校にて所定の単位を取得して卒業するか、保育士試験に合格するかのいずれかの方法で資格を取得することができる。

現在の保育士の位置づけは、総務省の日本標準職業分類の大分類「専門的・技術的職業従事者」の中分類「社会福祉専門職業従事者」に定められており、保育士が保育に関する「専門職」であるという認識が広まっている。

保育士に対して支援を実施する団体の一つに全国保育士会がある。全国保育士会の「全国保育士会倫理綱領」[*4]では、専門職としての責務として、研修や自己研鑽を通して、常に自らの人間性と専門性の向上に努めることを示しており、保育士が専門職として研鑽を積めるよう支援している。

*4 全国保育士会倫理綱領
本章p.221参照。

❷ 児童福祉施設の専門職の役割

児童福祉施設は、子どもやその保護者を支援するために多様な専門職が働いている。ここでは、社会的養護の領域に限らず、児童福祉施設全般における専門職の役割をみていく。

① 運営・管理職

▼理事長・理事

社会福祉法に定める社会福祉事業を実施する施設を運営する法人等には、経営組織として業務執行の決定機関である理事会が置かれる。理事会を構成する理事には善管注意や評議委員会における説明、監事に対する報告などの義務がある。この理事会から法人の代表である理事長[*5]が選出される。理事長は、業務を執行する役割をもつ。その他、法人運営の重要事項の議決機関である評議員会、理事の職務執行の監査を行う監事なども配置される。

*5 NPO法人などの場合は代表理事とよばれることもある。

▼施設長

施設長は、施設における責任者である。児童福祉法第47条ならびに同条第3項では、施設長は入所中の児童に対して、親権者や未成年後見人がある場合に親権代行の権限をもつことや、親権者や未成年後見人がない場合でも、監護、教育、懲戒に関して、子どもの福祉のため必要な措置をとることができることが定められている。これにより、親権者等の意に反しても、児童の生命や安全を確保するために、施設長が必要な措置をとる権限をもっている。

施設長の資格要件は、設備運営基準に明記されており、乳児院、母子生活

表13－2　児童福祉施設長の資格要件（概要）

こども家庭庁長官が指定する（児童自立支援施設についてはこども家庭庁組織規則第16条に規定する人材育成センター）、各施設の運営に関して必要な知識を習得させるための研修を受講し、人格が高潔で識見が高く、施設を適切に運営する能力を有する者のうち、以下のいずれかの要件を満たす者。 ①精神保健または小児保健に関する学識経験を有する医師（乳児院長は小児保健、児童自立支援施設長は精神保健のみ） ②社会福祉士 ③同種別の施設職員として３年以上の勤務経験（児童自立支援施設は児童自立支援事業に５年以上（人材育成センターが行う講習課程を修了した者は３年以上）従事） ④都道府県知事が①～③の者と同等以上の能力を有すると認める者であり、社会福祉施設職員として３年以上の勤務経験など（児童自立支援施設は社会福祉施設職員として５年以上の勤務経験など（人材育成センターが行う講習課程を修了した者は３年以上））またはこども家庭庁長官が指定する講習会を修了した者。

支援施設、児童養護施設、児童心理治療施設、児童自立支援施設の施設長の資格要件が規定されている。各施設のおおむね共通する要件として、表13－2の事項があげられる。なお、各施設長は２年に１回以上、こども家庭庁長官が指定する資質向上のための研修の受講が義務づけられている。

　施設長は、施設の運営管理や人材育成、子どもの養育や親権の代行、権利擁護など、さまざまな業務の責任を担っており、その専門性やマネジメント能力が求められる。

▼児童発達支援管理責任者

　児童福祉法に基づく福祉型児童発達支援センター、医療型児童発達支援センター、福祉型障害児入所施設、医療型障害児入所施設には、児童発達支援管理責任者を配置することが定められている。

　児童発達支援管理責任者の主な役割は、個別支援計画の作成や評価、個別支援計画の検討会議の運営、関係機関との連絡調整、サービス提供の管理、他の従事者に対する技術指導や助言、保護者への相談支援などがある。児童発達支援管理責任者には、個別支援計画の作成や評価などにかかわるアセスメント、モニタリング、リスクマネジメントなどの専門的技術が求められる。

　児童発達支援管理責任者になるためには、障がい児の保健・医療・福祉・就労・教育の分野における直接支援・相談支援業務などの所定の実務経験に加えて、研修を修了する必要がある。

② 専門相談員

▼家庭支援専門相談員（ファミリーソーシャルワーカー）

　家庭支援専門相談員は、一般的にファミリーソーシャルワーカーとよばれ、

児童養護施設、乳児院、児童心理治療施設、児童自立支援施設に配置されている。入所児童の早期の家庭復帰等を支援する体制の強化と、被虐待児童等に対して適切な支援体制確保のために、1999（平成11）年より配置された。家庭環境上の理由により入所している子どもの保護者等に対して、児童相談所との連携のもとに子どもの早期の家庭復帰や里親委託を可能とするための相談援助を行うとともに、入所児童の早期の退所を促進し、親子関係の再構築等が図られるよう支援する役割をもつ専門職である。

家庭支援専門相談員は、社会福祉士あるいは精神保健福祉士の国家資格を有する者や、児童養護施設等で5年以上児童の養育を経験した者などがその役職に就いている。

▼里親支援専門相談員（里親支援ソーシャルワーカー）

里親支援専門相談員は、一般的に里親支援ソーシャルワーカーとよばれ、乳児院と児童養護施設に配置されている。「家庭支援専門相談員、里親支援専門相談員、心理療法担当職員、個別対応職員、職業指導員及び医療的ケアを担当する職員の配置について」（厚生労働省雇用均等・児童家庭局長通知）により、里親支援の充実を図ることを目的に、2012（平成24）年度より配置された。児童相談所の里親担当職員や里親委託等推進員、里親会等と連携しながら、所属施設の入所児童の里親委託の推進や、退所児童のアフターケアとしての里親支援、施設の退所児童以外を含めた地域支援としての里親支援の役割をもつ専門職である。

里親支援専門相談員は、社会福祉士あるいは精神保健福祉士の国家資格を有する者や、児童養護施設等で5年以上児童の養育を経験した者などがその役職に就いている。

▼こども家庭ソーシャルワーカー

こども家庭ソーシャルワーカーとは、こども家庭福祉分野の現場においてソーシャルワークの専門性を十分に身につけた人が取得する認定資格である。一定の実務経験があり社会福祉士や保育士などの有資格者や相談援助の実務経験者が、研修を経て試験に合格すると認定資格を取得することができる。児童相談所や市区町村、児童福祉施設など、こども家庭福祉分野の幅広い現場で活用できるソーシャルワークの専門職である。

③ 日常生活を支援する専門職

▼保育士

子どもとは未就学児だけを指すのではなく、0〜満18歳*6と幅広い。そ

＊6
児童福祉法第4条において、児童とは、満18歳に満たない者であることが規定されている。

のため、子どもが生活している施設における保育士の役割は、保育所保育士とは異なり多岐にわたる。施設における保育士は、一般的に施設保育士とよばれており、主に、基本的生活習慣や経済観念、社会性の獲得、自己の健康管理など、子どもの生活支援や自立支援を担当する。また、子どもの退所後のアフターケアや保護者への相談支援も役割の一つである。保育士は、ほとんどの児童福祉施設において配置されている[*7]。

*7
保育士の配置が必置であったり、乳児院における看護師の代替、必置である職員の条件を満たすなど、さまざまな形で配置されている。

▼児童指導員

児童指導員は、子どもの生活指導を担当する職員であり、設備運営基準第43条に資格要件が規定されている。生活指導以外にも、学習指導や職業指導、家庭環境の調整などの役割も担っている。子どもの心身の健やかな成長とその自立のために、子どもの安定した生活環境を整えるよう支援を行っている。児童指導員は、児童養護施設、障害児入所施設、児童発達支援センター、児童心理治療施設に配置されている。

▼母子支援員

母子支援員は、設備運営基準第27条に規定される、母子生活支援施設において母子の生活支援を担当する職員である。母子の状況に応じて、就労や家庭生活ならびに子どもの養育に関する相談・助言、指導や連絡調整を行うなかで、親子関係の再構築や退所後の生活の安定が図られるよう自立を促進する役割を担っている。

▼児童自立支援専門員・児童生活支援員

児童自立支援施設において、児童自立支援専門員は児童の自立支援を担当し、児童生活支援員は児童の生活支援を担当する職員である。児童自立支援専門員と児童生活支援員は、生活指導や学習指導、職業指導、家庭環境の調整を行うなかで、児童の自立を支援する役割を担っている。どちらも設備運営基準第80条に規定されている。

④　治療・療育にかかわる専門職

▼医師

医師は、医師法第1条により、「医療及び保健指導を掌ることによつて公衆衛生の向上及び増進に寄与し、もつて国民の健康な生活を確保する」と定められ、ほとんどの児童福祉施設において配置されている。各児童福祉施設の医師は、たとえば乳児院は小児科の診療経験や、児童心理治療施設や障害児入所施設のうち知的障がい児や自閉症児が入所する場合は精神科や小児科の診療経験、児童自立支援施設は精神科の診療経験など、各施設の特性に応

じた診療経験等を有する条件が定められている。

▼看護師

　看護師は、保健師助産師看護師法第5条により、「厚生労働大臣の免許を受けて、傷病者若しくはじよく婦に対する療養上の世話又は診療の補助を行うことを業とする者」と定められ、乳児院や障害児入所施設、児童心理治療施設などの医療行為が必要な児童福祉施設に配置されている。また、保育所では保育士の替わりに看護師を配置することができるなど、児童福祉施設における活躍の場が設けられている。

▼理学療法士・作業療法士・言語聴覚士

　理学療法士、作業療法士、言語聴覚士は医学的リハビリテーションに関する国家資格をもつ専門職である。

　理学療法士（Physical Therapist：PT）は動作に関する専門家である。身体に障がいのある人や、障がいの発生が予測される人に対して、基本的動作能力の回復や維持、悪化の予防を目的に、運動療法や物理療法などを用いて、自立した日常生活が送れるよう支援する。

　作業療法士（Occupational Therapist：OT）は作業、つまり人の日常生活にかかわる諸活動に関する専門家である。作業を通じて、基本的動作能力、応用的動作能力、社会的適応能力を維持・改善し、その人らしい生活が送れるよう支援する。

　言語聴覚士（Speech-Language-Hearing Therapist：ST）は、話す、聞く、食べることに関する専門家である。言葉によるコミュニケーションの問題や摂食・嚥下の問題がある人に対して、その人らしい生活を構築できるよう支援する。

▼心理療法担当職員・心理指導担当職員

　心理療法担当職員は、乳児院や母子生活支援施設、児童養護施設、児童心理治療施設、児童自立支援施設において、心理療法が必要だと認められる子どもなどが10人以上いる場合や、地域の里親家庭やファミリーホーム、自立援助ホームなどを定期的に巡回して心理療法を行う場合に配置される。主な業務は、虐待等により心理療法を必要とする子どもに対して、遊戯療法やカウンセリング等の心理療法や生活場面面接を行い、安心感・安全感の形成や人間関係の修正などを行う。また、職員に対する助言・指導なども行う。

　心理指導担当職員（心理指導を担当する職員を含む）は、福祉型児童入所施設において心理指導を行う必要があると認められる子どもが5人以上いる場合（設備運営基準第49条第14項）や、重症心身障害児を入所させる医療型障害児入所施設に配置される（設備運営基準第58条第6項）。主な業務は、

児童の安心感の再形成や、人間関係の修正等を図り心的外傷を治癒すること、児童の保護者等に対する助言・援助、児童相談所との連携などを行う。

　これらの職に就く職員は、大学で心理学を専修する学科などを卒業し、個人あるいは集団心理療法の技術を有することが求められる。公認心理師や臨床心理士、認定心理士などの資格[8]を有する者が多い。

⑤　その他の専門職

▼個別対応職員

　個別対応職員は、被虐待児童等に対する適切な援助体制を確保するために、2001（平成13）年より配置された。個別対応職員は、被虐待児等、個別の対応が必要な子どもへの生活場面での1対1の対応や個別面接、当該児童の保護者への援助等を行う役割をもち、児童養護施設や乳児院、児童心理治療施設、児童自立支援施設、母子生活支援施設に配置されている。

▼職業指導員

　職業指導員は、勤労の基礎的な能力や就労に向かう態度を育てるとともに、子どもがその適性や能力に応じた職業選択が行えるよう、相談、助言、情報提供等を行うとともに、就労や自立を支援する役割をもつ専門職である。職業指導員は、実習施設を設けて職業指導を行う児童養護施設や児童自立支援施設に配置されている。

3　社会的養護における専門技術

①　子どもや保護者が求めていることは何か

▼子どもや保護者の声

　社会的養護のもとで生活する子どもや保護者は、どのような想いを抱きながら暮らしているのであろうか。一つの事例をみてみよう。

事例

> 　児童養護施設で生活する小学5年生のA君は、6人のユニットで暮らしていた。A君以外のほとんどの子どもの親は定期的に会いに来るが、A君の親が会いに来ることは、年に1回程度しかなかった。あるとき、A君と仲のよい小学6年生のB君の親が、B君に会いに面会にきた。B君は照れながらも

*8
公認心理師は、2017（平成29）年に施行された公認心理師法に基づく名称独占の国家資格。日本初の心理職の国家資格。国家試験に合格後、一般財団法人日本心理研修センターに登録申請を行い、登録を受けた者が公認心理師となれる。臨床心理士は、公益財団法人日本臨床心理士資格認定協会が認定する資格。指定大学院等において受験資格を得た後、協会の資格試験に合格すると資格を取得できる。認定心理士は、公益社団法人日本心理学会が認定する資格。認定試験はなく、学会が指定する科目の単位を修得後、申請することで認定される。

嬉しそうにしていたが、それを見たＡ君はＢ君に対して、「この年で親が来て喜んでるなんて恥ずかしいやつだな」と言い残し、部屋に戻ってしまった。気になった保育士がＡ君に声をかけると、最初は挑発的な態度をとっていたものの、よく話を聴いていると、「うちの親はなんで来てくれないんだよ」とつぶやいた。

子どもや保護者の発言や態度のなかには、真意をはかれなかったり、ときには相手を傷つけるようなことがあるかもしれない。しかし、それは本音で言っているのか、どのような心境なのかなど、心の声を聴く、つまり本心ではどのように思っているのかを引き出すことが大切である。

▼子どもや保護者にとっての真のニーズとは何か

社会福祉専門職者による支援は、まず、子どもや保護者を理解することからはじまる。上述の事例にあるように、表面的な言葉や態度のみに焦点を当てて相手を理解しようとしても、相手の真のニーズにたどり着くことはできない。そればかりか、単に「問題行動がある子」や「難しい親」、「手がかかる子」などのネガティブな印象になり、相手との信頼関係も築きにくくなってしまう。表出されている問題と思われることは、職員にとっては"問題"であっても、実は相手にとっては"SOS"であったりするのである。そのような相手のSOSをキャッチし、受けとめ、その影に隠れている真のニーズを読み解いていこうとする姿勢が重要である。

② 施設養護における専門技術

社会的養護領域の職員は、その職種によって専門技術が異なる部分がある。ここでは、保育士や児童指導員など、直接子どもにかかわる職員を中心に述べていく。

▼職員の資質と専門性

どのような人が施設職員になるのであろうか。各施設における職員の資質については、児童養護施設運営ハンドブックなど各施設の運営ハンドブックによって示されている。ここでは、児童養護施設運営ハンドブックの内容を取り上げながら、職員の資質と専門性について述べていく。

職員の資質向上には、在職年数の長期化と個々のスキルアップを一体化させる必要性が示されている。経験は専門性の礎となるため、実践のPDCAサイクル*9を立てることが重要である。

専門性に関しては、エキスパートとスペシャリストの２つの視点が必要に

*9
PDCAサイクルとは、Ｗ・エドワーズ・デミングによって提唱された、品質の維持・向上や継続的な業務改善活動を推進するマネジメント方法である。PDCAは、Plan（計画）、Do（実行）、Check（評価）、Action（改善）の４つの単語の頭文字をとったもの。

なる。エキスパートは「達人的スキルをもつ人」であり、保育士や児童指導員がめざす専門性である。経験を核に実践を行い、それを説明できる客観的視点をあわせもつことで、実践を理論化するのである。スペシャリストは「専門的スキルをもつ人」であり、社会福祉士や公認心理師などがめざす専門性である。理論を核に実践を行い、エビデンス（根拠）の明確化とその妥当性を示すのである。エキスパートは、生活支援や自立支援中心のケアワーク、スペシャリストは家庭支援や機関調整、心理的支援などのソーシャルワークが中心の職責となる。これらを有機的に機能させ、包括的に支援できるスキルが求められる。

▼レジデンシャル・ソーシャルワークという視点

　レジデンス（residence）とは、「住まい」や「住居」の意味合いをもつ。レジデンシャル・ソーシャルワーク（あるいはレジデンシャル・ワーク）とは、生活の場である入所施設において、子どもや家族の問題解決のために行われる生活支援を中心とした援助技術である。このレジデンシャル・ソーシャルワークは、アドミニストレーション、ケアワーク、ソーシャルワークの3つの構成要素がある[1]。従来の施設養護は、日常的なケアワークとソーシャルワークを別にとらえ、それぞれの担当者が分担して実施する傾向が強かった。しかし、双方が有機的に協働し、支援を展開することにより、より効率的かつ専門的な実践がめざされている。日常生活において、子どもとかかわるなかで情報を把握しつつ、子どもにとって信頼できる、自分を大切にしてくれる大人の存在を確認できる点に有用性がある。

4　専門職・専門機関・関連機関との連携

① 専門職と専門機関との連携

　子どもの生活や自立支援、里親委託や退所後の親子再統合などのためには、さまざまな専門職者がその立場からアプローチし、連携しながら子どもを支えていくことが大切である。

　「児童養護施設運営指針」などの各施設種別で示されている運営指針[*10]では、「社会的養護の担い手は、同時に複数で連携して支援に取り組んだり、支援を引き継いだり、あるいは元の支援主体が後々までかかわりをもつなど、それぞれの機能を有効に補い合い、重層的な連携を強化することによって、支援の一貫性・継続性・連続性というトータルなプロセスを確保していく」

*10
児童養護施設運営指針や乳児院運営指針、情緒障害児短期治療施設（児童心理治療施設）運営指針、児童自立支援施設運営指針などがある。

ことが示されている。

　また、各児童福祉施設では、各施設種別の目的に応じたさまざまな専門職が配置されているが、その連携は各施設で完結するものではない。児童福祉法や設備運営基準にも示されているように、施設内の専門職同士が連携するだけではなく、多様な機関との連携が必要である。行政機関や各種施設、里親等のさまざまな社会的養護の担い手が、それぞれの専門性を発揮しながら連携し合い、子どもの社会的自立や親子の支援をめざす連携アプローチが必要である。各専門職と児童相談所や児童家庭支援センター、福祉事務所、市町村保健センターや保健所などの専門機関が密接に連携して、子どもの養育・指導や家庭環境の調整にあたることが求められている。

② 関連機関との連携

　子どもの生活や自立支援、里親委託や親子再統合のためには、専門機関との連携だけではなく、さまざまな関連機関との連携が求められる。

　設備運営基準や各施設種別で示されている運営指針においても、児童相談所や児童家庭支援センター、福祉事務所、市町村保健センターや保健所などの専門機関だけではなく、児童委員や警察、学校、母子・父子福祉団体、公共職業安定所や婦人相談所などの関連機関や団体との連携が求められている。また、地域社会との交流や連携を図りながら、子どもの生活を支えていくことも必要であろう。

　近年、社会的養護の役割はますます大きくなっているため、社会的養護を担う機関や組織との連携の強化はますます求められている。

5　社会的養護における保育士の倫理と責務

① 施設職員に求められる倫理

▼倫理とは何か

　倫理とは、一言でいうと人として守るべき行動や規範である。「倫」は人の輪、「理」はことわりを指す。人が社会において人とかかわりながら生きていくうえでの守るべき標準的な規範といえるであろう。

　社会福祉の対象者は、社会的に弱い立場にある者が多い。そのような対象者を支援する立場にある社会福祉の専門職者は、対象者にとって不利益がな

いよう職業倫理を厳守して職務にあたることが大切である。

▼施設職員の職業倫理

　設備運営基準第7条では、「児童福祉施設に入所している者の保護に従事する職員は、健全な心身を有し、豊かな人間性と倫理観を備え、児童福祉事業に熱意のある者であつて、できる限り児童福祉事業の理論及び実際について訓練を受けた者でなければならない」と定められている。この条文にもあるように、施設職員は倫理観を備えていることが求められている。

②　保育士の倫理

▼全国保育士会倫理綱領

　保育士として働く際には、どのような施設種別で働くとしても、保育士としての倫理が求められる。保育士としての倫理は、「全国保育士会倫理綱領」によりまとめられている。ここには、保育士としての基本的姿勢や行動規範が示されており、保育士はこの倫理綱領を尊守することが求められる。

表13-3　全国保育士会倫理綱領

（前　文）
　すべての子どもは、豊かな愛情のなかで心身ともに健やかに育てられ、自ら伸びていく無限の可能性を持っています。
　私たちは、子どもが現在（いま）を幸せに生活し、未来（あす）を生きる力を育てる保育の仕事に誇りと責任をもって、自らの人間性と専門性の向上に努め、一人ひとりの子どもを心から尊重し、次のことを行います。
　私たちは、子どもの育ちを支えます。
　私たちは、保護者の子育てを支えます。
　私たちは、子どもと子育てにやさしい社会をつくります。
（子どもの最善の利益の尊重）
1．私たちは、一人ひとりの子どもの最善の利益を第一に考え、保育を通してその福祉を積極的に増進するよう努めます。
（子どもの発達保障）
2．私たちは、養護と教育が一体となった保育を通して、一人ひとりの子どもが心身ともに健康、安全で情緒の安定した生活ができる環境を用意し、生きる喜びと力を育むことを基本として、その健やかな育ちを支えます。
（保護者との協力）
3．私たちは、子どもと保護者のおかれた状況や意向を受けとめ、保護者とより良い協力関係を築きながら、子どもの育ちや子育てを支えます。
（プライバシーの保護）
4．私たちは、一人ひとりのプライバシーを保護するため、保育を通して知り得た個人の情報や秘密を守ります。
（チームワークと自己評価）

5．私たちは、職場におけるチームワークや、関係する他の専門機関との連携を大切にします。また、自らの行う保育について、常に子どもの視点に立って自己評価を行い、保育の質の向上を図ります。

（利用者の代弁）

6．私たちは、日々の保育や子育て支援の活動を通して子どものニーズを受けとめ、子どもの立場に立ってそれを代弁します。また、子育てをしているすべての保護者のニーズを受けとめ、それを代弁していくことも重要な役割と考え、行動します。

（地域の子育て支援）

7．私たちは、地域の人々や関係機関とともに子育てを支援し、そのネットワークにより、地域で子どもを育てる環境づくりに努めます。

（専門職としての責務）

8．私たちは、研究や自己研鑽を通して、常に自らの人間性と専門性の向上に努め、専門職としての責務を果たします。

▼施設保育士としての基本的姿勢

　上述の通り、保育士は尊守すべき行動規範がある。各施設種別で示されている運営指針においても、「人権に配慮した養育・支援を行うために、職員一人一人の倫理観、人間性並びに職員としての職務及び責任の理解と自覚を持つ」という行動規範が示されている。

　このように保育士という専門職としての倫理観を明確化し、自覚しながら、子どもの成長や自立を支援する基本的姿勢が求められる。

まとめてみよう

① みなさんが暮らしている地域には、どのような社会的養護にかかわる施設・専門機関や関連機関があるのだろうか。調べて、各社会資源の地域マップを作成してみよう。

② 全国保育士会倫理綱領は、社会的養護関係の各施設においてどのように生かせるのか考えてみよう。

③ 社会的養護の各専門職は、子どもに対してどのようなかかわりができるのか。それぞれの施設において対象となる子どもの状況を調べ、その子どもに対する各専門職の役割をまとめてみよう。

【引用文献】

1）米本秀仁「生活型社会福祉施設のソーシャルワークのゆくえと展望」『ソーシャルワーク研究』第38巻2号　2012年　pp.80-90

第14章　施設の運営管理

施設運営を学ぶ意味って何だろう？

みらいさん　私たちが「施設の運営」について学ぶ必要はどこにあるのでしょうか？　施設長や管理者だけに求められる知識のような気がしますけど……。

さとる先生　みらいさんは、「施設の運営」を学ぶことは、会社を経営する社長が身につけるビジネスのマネジメントのようなことを学ぶと思っているんじゃないですか？

みらいさん　目標設定！　数字の管理！　業務の効率化！　経費削減！　というイメージです。

さとる先生　一人の子どもの育ちを支えていくためには、保育士の直接的なかかわりも大切だけど、その他にも多くの人との間接的なかかわりが必要となってきますよね。そのかかわりを支える施設のしくみを理解してほしいのです。

みらいさん　多くの人のかかわりが必要とはどういうことですか？

さとる先生　たとえば、施設入所するその背景には、保護者の生活上の課題があります。その課題を保育士が直接解決することは難しいですよね。保育士は子どものケアをして、家庭の問題は家庭支援専門相談員が担当し、互いに連携することになります。子どもの支援には多くの専門職のかかわりが必要となってくるのです。

みらいさん　その連携が施設内でどのように行われているのかを学ぶことがしくみを学ぶことであり、施設の運営を学ぶということなのですね。連携のためのしくみとはどのようなものがありますか？

さとる先生　まず、子どもや家庭の抱える課題を専門職同士が共通に理解する必要があります。そして共通理解のために、話し合いの場をもったり、ともに自立支援計画を立てたりする時間と場をどのようにつくるのかということが大切になってきます。

みらいさん　なるほど……。ほかに運営のなかで大切なことはありますか？

さとる先生　いくつかあるけれど、難しい課題を抱えた子どもが増えているといわれているなか、どのように保育士を支え、成長させるかは、施設においてとても重要な課題といえます。そのための研修が必要です。もう一方で施設を運営し、子どもたちが実際に生活を送る際に、お金がどこからどのようなしくみで出ているのかを知ることも大切です。そして、施設で行われている支援が適切に行われているのかを評価することも大切です。

みらいさん　運営を学ぶとは、私たちの働く職場環境を知ることであり、施設において子どもの最善の利益がどのように守られているのかを理解することなのですね。

さとる先生　そうですね。施設の運営のあり方で子どもたちに提供する生活環境にも大きな影響がありますので、まずは、そのしくみや方法を学んでいきましょう。

1 施設の組織と運営

　近年、児童福祉施設は地域化・小規模化とする方向性にある。よく指摘されることであるが、小規模化することは、職員の孤立感を招きやすいとされる。また、日々の生活とは、予防的な視点をもっていても、どうしても事故が起こるものである。こうした施設を運営していく際に生じるさまざまな問題について組織を整えることで解決していくといった観点が求められる。

　また、施設は、多くの部分が公費で賄われているため、適正な運営を行うことが求められる。そうした適正性を担保するために、いかに組織を組み立てるかといった視点も要求されることになる。

① 施設の根幹をなす組織

　児童福祉施設の組織は、その種別や規模の大きさ等でさまざまである。児童養護施設の組織の例を図14－1であげる。具体的な組織のあり方については次節で論じるが、施設が運営の適正性を担保するため、また施設のあり方の根幹を担う組織が以下のとおり存在する。

　理事は、社会福祉法人を代表するものである。理事で構成される理事会において法人・施設の経営方針を立て、事業計画や予算等の法人の重要な方針決定に参画する施設運営の責任機関である。

　監事は、理事の業務執行の状況や法人の財産の状況について監査する機関、評議員会は、社会福祉法人の公共性に鑑み、広く関係者の意見を聴くことで、一部の経営者により社会福祉事業推進の本旨に反した営利の追求が行われたりすることなどがないよう、適正な事業運営を図るための機関である。

図14－1　施設の組織図の例

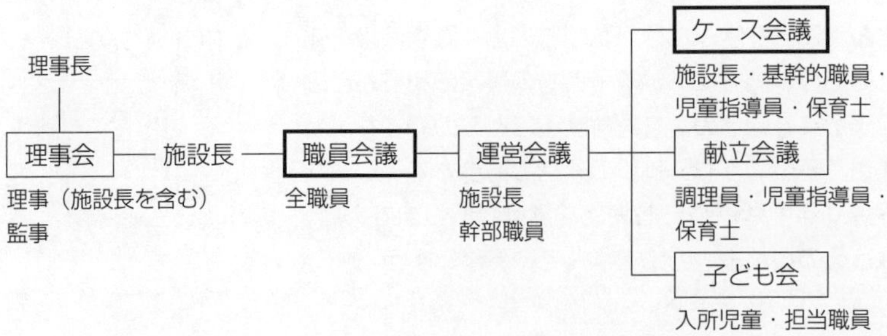

出典：伊達悦子・辰己隆編『改訂　保育士をめざす人の社会的養護』みらい　2018年　p.144

②　施設の組織を整え、運営を図る主体的存在

施設の組織を整え、その運営を良好なものとする主体的な存在は、施設長であり、基幹的職員である。

▼施設長の役割

施設長は運営管理者である。施設運営の質は、施設長による部分が大きく、専門性とリーダーシップが求められる。子どもへの適切な養育・支援はもちろんのこと、職員の管理、リスクマネジメント、他機関との連携・協働、地域社会への展開などさまざまな業務を統括し、定期的・継続的に評価し、経営や業務の効率化と改善に取り組む。

施設長は監護、教育および懲戒に関して必要な措置をとることができ、子どもたちの生命または身体の安全を確保する緊急の必要性が認められるときには、親権者が措置を拒んだとしても必要な措置をとることができる（児童福祉法第47条）。施設長の監護権と親権が明確化されたことで、施設長の役割や責任が重視され、施設長の研修の義務化と資格要件等が明確化された。

▼基幹的職員

基幹的職員（スーパーバイザー）は、2009（平成21）年度から配置された職員で、自立支援計画の作成・進行管理、職員の指導等を行う。一定の施設勤務経験があり、研修を修了した者である。

③　求められる「マネジメント」という視点

施設運営には、一定の財源のもと、法令を基盤にしつつ、目の前にいる子どもと職員の関係を深めるためのしくみを整えるためには、マネジメントという視点が必要である。

マネジメントをするためには、職員と子どもの状態を把握・評価するしくみとそれをサポートするしくみが連動しているという視点をもち、運営管理をしていくことが大切となってくるのである。

具体的には、ある職員が子どもとの関係でつまずいているとき、そこにはどのような課題があるのかを評価し、それを解決するためには、その職員にどのような助言等を行うのが適切か、チームで支えるための方策とは何か、またどういった研修をあてがうことが必要なのかを検討するという視点が大切なのである。こうしたマネジメントを展開することが、適切な施設運営に必須の視点なのである。

❷ 施設運営のしくみとその取り組み

　運営のしくみを考えるにあたって大切なことは、個々の職員が行っている子どもとのかかわりの状態を把握・評価するしくみを整えること、その評価のうえで職員の業務をサポートするしくみを整えることが大切となってくる。前述のように、このしくみを整えることが期待されているのは、施設長であり、基幹的職員ということになる。

① 子どもとのかかわりを把握・評価するためのしくみ

　日々職員が個々に行っている子どもとのかかわりの状態を把握し、これを評価するしくみを整えるうえで大切になるのは、日々行う「連絡会議」である。連絡会議はミーティングとも呼ばれ、全体もしくは部署別で行われる。連絡会議は、勤務の交代時の引き継ぎを兼ねていることもあり、当日の子どもの様子や気になる点、申し送り事項、予定などを職員間で報告し、その内容を確認する。ここで、子どもとのかかわりのなかで見過ごしている部分や職員自身の戸惑い、悩み等、子どもと職員間で生じている課題を管理する者が把握し、そこを支援するための方策を検討することが大切である。

　加えて、直接現場に入らないものが、時折現場に入り、その状態を把握することも大切となってくるだろう。連絡会議はいわば職員が「言葉で伝え合う場」であるが、支援の場の雰囲気や「空気」といったものは、なかなか伝えられないものである。また、今日「第三者評価」といった外部評価を受けることが義務づけられ、また以前から子ども自身が苦情を申し立てるしくみも整っている。これらを生かし、自らの施設の状態を把握することも大切になってくるだろう。以下に説明を加えておく。

▼第三者評価

　社会的養護施設では、運営の質の向上の取り組みとして、施設運営や養育・支援の内容について、定められた評価基準に基づいて自己評価を行い、3年に1回以上の第三者評価の受審と結果の公表が義務づけられている。

　行政が行う監査が最低基準を満たしているか等を確認するものであるのに対して、第三者評価は、社会福祉法第78条第2項[*1]の規定より示された「福祉サービス第三者評価基準ガイドライン」[*2]に基づいた評価基準を用い、当事者以外の公正・中立な第三者機関（評価機関）が、福祉サービス（施設の養育・支援体制や内容）について専門的・客観的に評価するものである。福

*1
「国は、社会福祉事業の経営者が行う福祉サービスの質の向上のための措置を援助するために、福祉サービスの質の公正かつ適切な評価の実施に資するための措置を講ずるよう努めなければならない」。

*2
社会福祉施設共通の評価基準と施設種別ごとの評価基準に大別される。

祉サービスの質の向上を意図したもので、評価の結果を分析・検討し、施設
として取り組むべき課題を明確にし、改善策や改善実施計画を立て実施する。

　なお、第三者評価とは別に、毎年度ごとに施設が決めた方法で自己評価を
行わなければならない。また、利用者の意向を把握することの重要性から利
用者調査を必ず実施するものとされている。

▼苦情への対応と子どもの意見表明の機会の保障

　苦情を受け付けた施設は、苦情に対して解決を図らなければならない[*3]。
施設を利用する子どもやその家族からの苦情と一言で言っても、不平や不満、
意見、要望などさまざまであり、その対応には注意が必要である。しかし、
どのような形や内容であろうが、苦情は最初の対応を誤ると後々問題がこじ
れて、解決に多くの時間を要する場合があるので適切な対応が求められる。

　また、2022（令和4）年の児童福祉法の改正により、措置の実施中におけ
る処遇に対する児童の意見や意向に関し、調査審議および意見の具申が行わ
れるようにすることとされた。

*3
児童福祉施設の設備及
び運営に関する基準第
14条の3第1項で「児
童福祉施設は、その行
つた援助に関する入所
している者又はその保
護者等からの苦情に迅
速かつ適切に対応する
ために、苦情を受け付
けるための窓口を設置
する等の必要な措置を
講じなければならな
い」と定められている。

②　職員の業務をサポートするしくみ

　職員の業務のサポートには、2種類のしくみが考えられる。一つは、自立
に困難を抱えた子どもとの向き合いのなかで、その方向性を明確にするしく
みであり、その代表がケース会議である。もう一つは職員自身の成長を促す
しくみであり、具体的方法として、OJT（On The Job Training）とOff－JT
（Off The Job Training）、スーパービジョン、PDCAサイクルがある。

▼ケース会議

　ケース会議とは、施設を利用する子ども一人ひとりの自立支援計画の目標
や具体的な養育・支援の方法を検討、計画、実施・見直しをするためのもの
であり、子どもの心身の発達と健康の状態およびその置かれた環境を的確に
把握・評価する。そのため、子どもと直接かかわる児童指導員や保育士など
の複数の職員が、それぞれの視点で一人ひとりの子どもについての所見をつ
き合わせ、検討と調整を行う。

▼OJT（On The Job Training）とOff－JT（Off The Job Training）

　職員の教育と研修として代表的なものにOJT（On The Job Training）と
Off－JT（Off The Job Training）がある。

　OJTは、先輩職員（指導的職員）が、部下や後輩に対して日常業務を通じ
てその場で必要な技術、能力、知識、あるいは態度や価値観などを伝えたり、
教えたりする研修である。その場にいる職員によって助言されることは、そ

の場を共有しやすいという意味もあり、効果的である。

Off-JTは、日常生活とは違った時間や場所、たとえば、子どもの課題を職員全員で討議するケース検討会議への参加や施設を出て外部の研修を受けることである。日常業務と離れ、距離をおくことができるので、客観的に子どもや自らの状況を見つめ直しやすい。

▼スーパービジョン

教育や研修制度を充実させても、職員は養育・支援を行うなかで、子どもとのかかわりがうまくいかなくなったり、困難なケースを一人で抱え込んでしまい壁に突き当たったりすることがある。職員がひとりで問題や不安を抱え込まないように、スーパービジョンを用いて組織として対応することで、問題や不安を解消させ、業務のスキルアップに大きく寄与することができる。

スーパービジョンとは、施設長や基幹的職員（スーパーバイザー：指導者・援助者）が、経験の浅い職員や問題を抱えた職員（スーパーバイジー：指導や援助を受ける側）に対して、その能力を最大限に生かしてよりよい支援ができるよう指導・援助する過程であり、管理的・教育的・支持的機能がある。

▼PDCAサイクル

子どもの抱える課題を改善し、養育・支援をより充実させるためには、養育・支援の内容を常に正しく評価しなければならない。支援内容の現状を評価（把握）することで、課題が浮かび、その改善策の糸口がみつかり、新たな実効力のある支援が打ち出せる。そうした継続的な業務改善を円滑に行うためのサイクルを「PDCAサイクル」と呼ぶ。

「P」は「Plan」、計画である。子どもへの養育・支援の方法に関する計画である。子どもの今にとって何が必要であるという「見立て」のもとに、どのような目的で何をどうしようかという計画を立てることである。「D」は「Do」、計画実践することである。「C」は「Check」、評価である。計画を実践し、どこがよかったのか、今後の課題は何かを検討する。「A」は「Action」、明らかになった課題の改善・解決に向けた行動である。

「PDCAサイクル」は、1年という期間のなかで評価することも大切であるが、日々行うことがもっと重要である。したがって、「連絡会議」のなかに、この評価機能をいかに組み込むかが重要となる。

③ 理念を徹底・確認し、協働していくためのしくみ

日々行っている支援のなかで見失われがちな理念・原理を確認するとともに、職員同士が意見を交換し、協働していくための重要事項を確認する場が

大切であり、その代表が「職員会議」である。

　職員会議とは、月1回程度開催される会議で、職員全員が集まり、業務内容や計画の確認、職員のスケジュールの把握、研修の報告、養育・支援の課題の検討、懸案事項の相談や情報を共有し、職員同士の意思疎通を図る。

　施設長や主任が一方的に話をするのではなく、職員全員が、子どもの代弁者として意見を述べることで、施設運営を適切な方向へと導いていくことができる。問題を隠さないことで、自浄作用が働き、結果的に子どもの養育環境がよりよい方向へと改善されていく。

3　施設管理のしくみとその取り組み

① 労務管理

　子どもへの養育・支援の充実を図るためには、職員が意欲的に業務を遂行できる環境を築く必要がある。そのため、職員の処遇の充実を図り福利厚生や健康を維持するための管理を怠ってはならない。職員の労働条件は労働基準法等で定められ、週40時間労働、週休2日制、年次有給休暇の取得率の引き上げなどが求められている。しかし、施設が目標とする養育・支援を達成し、子どもの立場からみた質の高いケアを行おうとすると、それらの労働条件を満たす就労環境を確保することは難しい。管理者は、職員一人ひとりが意欲をもって日々の業務に取り組めるように就業状況を把握し、就業規則の整備、適正な評価と処遇が実現されるように環境を整えることが求められる。

　職員は深刻なケースに直面する機会も多く、子どもとの関係に心身ともに疲労してバーンアウト*4（燃え尽きる）こともある。そうしたメンタルヘルスには特に注意が必要であり、スーパービジョンの活用、臨床心理士や精神科医などへの相談ができる体制を整えていかなければならない。

*4　バーンアウト
懸命に仕事をしていた人が突然意欲を失う現象で燃え尽き症候群ともいう。子どもの抱えている多くの課題を真正面から取り組んでいる人、責任感が強く、業務に過度に没頭する人が陥ってしまうことがある。

② 安全管理

▼健康

　発達段階に応じた子どもの心身の健康管理は、子どもの最善の利益、発達の保障のために必要不可欠である。

　児童福祉施設の設備及び運営に関する基準（以下「設備運営基準」）第12条で「入所した者に対し、入所時の健康診断、少なくとも1年に2回の定期

健康診断及び臨時の健康診断を、学校保健安全法に規定する健康診断に準じて」行うよう定められているように、医療機関と連携して子どもの心身の健康を管理しなければならない。しかしときには、食中毒が起こったり、インフルエンザが流行したり、遊びのなかでケガをすることがある。そうした事故への対応を検討し、日々の暮らしのなかにどのようなリスクがあり、それをどのように回避していくのかという対応マニュアルや関係機関の協力が得られるような体制づくり（リスクマネジメント）が必要となってくる。

▼子どもの問題行動

　子どもが暴力、不適応行動などを行った場合、行動上の問題および状況に適切に対応する必要がある。当事者への対応だけではなく、一緒に暮らすほかの子どもたちへの影響も考慮しながら生活環境を整えなければならない。

　また、施設内において、子ども同士の暴力やいじめ、差別が生じないように施設全体で予防に取り組む。生活グループの構成の際には、子ども同士の関係性を配慮し、いじめなど不適切な関係に対しては適時介入する。

▼被措置児童等虐待防止

　施設職員等が子どもに対して虐待（身体的虐待、性的虐待、ネグレクト、心理的虐待）を行うことがある（施設職員等としての養育または業務を著しく怠ることも虐待である）。こうした子どもへの権利侵害を防止するために児童福祉法第33条の10から第33条の17で「被措置児童等虐待防止等」が定められた。虐待を受けた子ども、もしくはそれを発見した者の通告および相談によって対応が図られる。対応する機関は、児童相談所および都道府県である。

③　情報管理

▼個人情報の保護

　養育・支援のためには、その子どもが育ってきた環境を知る必要がある。それは、他人が容易には知り得ないような詳細な個人情報である。

　児童福祉施設の職員は、設備運営基準第14条の2で定められているように、業務上知り得た利用者である子どもとその家族の秘密を正当な理由なく漏らしてはならないという秘密保持義務がある。また、個人情報の保護に関する法律や厚生労働省より示された「福祉関係事業者における個人情報の適正な取扱いのためのガイドライン」により、個人情報の取得、利用、第三者提供、管理など、個人情報の適正な取り扱いが求められている。

▼情報開示

　児童福祉施設は、そこで何がどのように行われているのかが外からは見え

にくい。また、地域住民からすれば、その施設を日常的に利用するわけでも
ないから、その存在意義もよくわからない。施設内のこともよくわからず、
利用する機会や接点も少ないことから、偏見をもたれることも少なくない。
施設は地域社会に対して、運営の内容等を説明する必要がある*5。そうす
ることで、地域住民に施設のことを理解してもらえるのである。

*5
児童福祉施設の設備及び運営に関する基準第5条第2項において「児童福祉施設は、地域社会との交流及び連携を図り、児童の保護者及び地域社会に対し、当該児童福祉施設の運営の内容を適切に説明するよう努めなければならない」と規定されている。

4 施設運営にかかわる法令等

① 児童福祉施設の運営

　児童福祉施設は、児童福祉法をはじめとする法令に基づいて事業を行って
おり、国、都道府県、市町村が設置できるほか、社会福祉法人等も設置でき
る。特に施設の運営等については、児童福祉法や設備運営基準で定められて
おり、同基準では、「都道府県知事の監督に属する児童福祉施設に入所して
いる者が、明るくて、衛生的な環境において、素養があり、かつ、適切な訓
練を受けた職員の指導により、心身ともに健やかにして、社会に適応するよ
うに育成されることを保障する」（第1条第2項）ための最低基準が定めら
れている。そして児童福祉施設は、その最低基準を超えて、常に、その設備
および運営を向上させなければならないことが求められている。

② 施設運営に関する法令および指針など

▼施設運営に関する法令

　児童福祉施設の運営については、児童福祉法第45条第1項で「都道府県は、
児童福祉施設の設備及び運営について、条例で基準を定めなければならない。
この場合において、その基準は、児童の身体的、精神的及び社会的な発達の
ために必要な生活水準を確保するものでなければならない」と定められてい
る。都道府県がこの条例を定めるにあたっては、同条第2項において、「厚
生労働省令で定める基準に従い定める」（従うべき基準）、「厚生労働省令で
定める基準を参酌するものとする」（参酌すべき基準）とされており、設備
運営基準に基づく条例の制定が定められている*6。

*6
第5章p.77参照。

▼各施設の運営指針、里親及びファミリーホーム養育指針について

　2012（平成24）年に通知された「児童養護施設運営指針」「乳児院運営指針」
「情緒障害児短期治療施設運営指針」「児童自立支援施設運営指針」「母子生

活支援施設運営指針」および「里親及びファミリーホーム養育指針」は、社会的養護を必要とする子どもたちへの適切な支援を実現していくことを目的としている。また指針は、施設の運営の理念や方法、手順などを社会に開示し、質の確保と向上に資するとともに、説明責任を果たすことにもつながる。施設は指針に基づいた支援をとおして、子どもたちがよりよく生きること（well-being）を保障し、一人ひとりの発達を保障する取り組みを創出し、施設がもっている支援機能を地域に還元していく展開が求められている。

▼各施設の運営のためのハンドブック

社会的養護にかかわる施設は、従来、個々の施設ごとの経験の積み重ね、その運営のノウハウを蓄積していた。その結果、施設により取り組みの質の差が大きいことが課題となっていた。そうした課題を解消し、社会的養護施設の運営の質の向上を図るため、施設運営指針に基づき、施設運営の考え方、必要な知識、実践的な技術や知恵などを加え、わかりやすく説明した施設ごとの運営ハンドブックが作成されている。

③ 利用制度と運営費

▼措置制度と利用契約制度

＊7　措置制度
第6章p.96参照。

＊8　利用契約制度
第6章p.96参照。

児童福祉施設の利用のしくみには、措置制度[*7]と利用契約制度[*8]などがある。乳児院、児童養護施設、児童心理治療施設、児童自立支援施設への入所は措置制度に基づくものであり、助産施設、母子生活支援施設、障がい児にかかわる施設の利用は行政との利用契約制度に基づいている。なお、「認定こども園」「幼稚園」「保育所」を利用する際は、市町村の関与のもとに利用者（保護者）と事業者との公的契約がなされる。

▼措置費

措置費とは、「児童福祉法の規定に基づく措置に伴う経費であり、児童福祉施設（児童入所施設）に入所措置を採った場合又は里親への委託の措置を採った場合に、児童福祉施設及び里親への支弁に要する経費」[1)] のことで、子どもがある児童福祉施設で生活することが決められた際に、その施設に対して、行政（国、県・市等）から支給される（表14-1）。

ただし、子どもを施設に預けた保護者は、負担能力に応じて、その費用を支払わねばならないようになっている（費用徴収）。

措置費は、大別すると「事務費」と「事業費」に分けられる（表14-2）。

▼障害児施設給付費制度

障がいのある子どもの児童福祉施設の利用については、2006（平成18）年

より、子どもの保護者と施設との利用契約制度に移行している。その制度は、障害児施設給付費制度といわれ、施設での生活指導や機能訓練などを受ける場合に、それにかかわる費用が「障害児施設給付費」として支給される。

表14－1　児童福祉施設関係費用の経費負担割合

経費の種別	措置等主体の区分	児童等の入所先等の区分	措置費等の負担区分		
			市町村	都道府県	国
母子生活支援施設及び助産施設の措置費等	市及び福祉事務所を管理する町村	市町村立施設及び私立施設	1／4	1／4	1／2
		都道府県立施設		1／2	1／2
	都道府県、指定都市、中核市、児童相談所設置市	都道府県立施設、市町村立施設及び私立施設		1／2	1／2
その他の施設里親の措置費等	都道府県、指定都市、児童相談所設置市	都道府県立施設、市町村立施設及び私立施設		1／2	1／2

出典：こども家庭庁長官「児童福祉法による児童入所施設措置費等国庫負担金について」（2023年5月10日最終改正）

表14－2　措置費の内容（児童養護施設：抜粋）

事務費	一般事務費	人件費	使途：職員給与・諸手当、賃金、法定福利費
		管理費	使途：厚生経費、旅費、物品費、印刷製品費、光熱水費、燃料費、会議費、修繕費、業務委託費、役務費、借料損料など
	加算分		小規模施設加算、職業指導員加算、寒冷地加算、乳児加算、1・2歳児加算、年少児加算、特別指導費加算、看護師加算、指導員特別加算、心理療法担当職員加算、個別対応職員加算、基幹的職員加算、家庭支援専門相談員加算、小規模グループケア担当職員加算、学習指導費加算など
事業費	生活諸費		使途：給食費、保健衛生費、被服費、教養娯楽費、日用品費、本人支給費、光熱水費、燃料費、器具什器費、修繕費など
	教育諸費	教育費	義務教育に必要な学用品、教材等の購入費、幼稚園就園費、中学生の学習塾費および部活動費など
		学校給食費	小・中学校給食費
		見学旅行費	小6・中3の修学旅行費用
		入進学支度金	小1・中1への入進学に必要な学用品等の購入費
		夏季等特別行事費	小中学校で行われる臨海、林間学校等の費用
		特別育成費	高等学校の学校納付金、教科書代、通学費など
	その他の諸費	期末一時扶助費	年末における被服等の購入費
		医療費	医療機関で診療を受けた場合の医療費、眼鏡代など
		職業補導費	義務教育終了児が職業補導機関へ通う交通費、教科書代など
		就職支度金	退所児の就職に必要な寝具被服等の購入費、生活費など
		葬祭費	死亡児の火葬または埋葬納骨費など
		児童用採暖費	冬期の採暖に必要な燃料費

資料：伊達悦子・辰己隆編『新版 保育士をめざす人の社会的養護Ⅰ』みらい　2020年　p.140を一部改変

5 被措置児童等虐待防止の取り組み

　施設内での虐待防止の取り組みとしては、「リスクマネジメント」という視点をもつことが大切となってくる。施設内での虐待が発生する前兆として、子どもの状態が不安定である、職員がその対応で疲弊している、しかも、その職員は経験年数も浅い、といったいくつかの「リスク」が生じていることが多い。管理者としては、まずはそのリスクをいかに把握するかが問われる。

　日々の子どもたちの状態、子どもたちへの職員の対応など活動状況の把握、さらに職員自身の認識や感情といったことの把握も必要となる。ときに職員は、どうしたよいかわからず困惑しているにもかかわらず、その困惑を抱え込み、同時に、子どもに対する否定的感情さえも押し込んでしまう。このような過程で虐待発生のリスクが高まっていくこともあるだろう。

　組織として、このような状況を把握する仕組みを整える際も、いかに職員が話しやすい環境を作り出せるかが問われる。このときに大切なことは、当該職員の抱えている状況をその職員自身だけの問題とせず、組織全体でかかわっていくという姿勢で取り組むことである。まず「相談できる」施設の雰囲気・環境がなければ問題として浮き彫りにならず、当然改善にも至らない。

　状況を把握したあとは、チームで対応することの確認や具体的な対策を練ること、当該職員に対するスーパービジョンを行い、成長へとつなげていくことも必要である。

まとめてみよう

① 社会的養護の基本理念と施設独自の理念の違いについて考えてみよう。
② 施設の第三者評価と苦情解決は子どもの権利にどのように関連するのか考えてみよう。
③ 自分が施設長であったら、職員の育成、質の向上にどのような取り組みをするのかを考えてみよう。

【引用文献】
1）『児童保護措置費保育所運営費手帳（平成23年度版）』日本児童福祉協会　2011年　p.23

【参考文献】
「福祉職員生涯研修」推進委員会『改訂　福祉職員研修テキスト─福祉職員生涯研修課程（指導編）』全国社会福祉協議会　2002年

第15章　社会的養護の必要性と展望

✎ これからの社会的養護

みらいさん　児童福祉法の改正で、社会的養護が必要な子どもは里親などで養育されることが原則となりましたが、この原則に沿って社会的養護は変化していくのでしょうか？

さとる先生　社会的養護が必要な子どもを家庭と同様な環境で養育することは、以前からの課題でしたが、法律で定められたことからその対応はしっかりとなされてきています。さらに、2017（平成29）年には「新しい社会的養育ビジョン」が取りまとめられ、特別養子縁組や里親の推進に向け、国の考える改革項目や目標なども示されました。

みらいさん　そうすると、児童養護施設などの施設養護はどうなっていくのでしょうか？

さとる先生　特別養子縁組や里親の推進は、「家庭と同様の環境」で子どもを養育することをめざすものです。それが難しく施設養育が必要となる場合でも、その施設が「良行な家庭的環境」となることをめざし、「新しい社会的養育ビジョン」では施設養育の小規模化・地域分散化・高機能化を図るよう示されています。

みらいさん　以前、小規模グループケアや地域小規模児童養護施設について学びました！　ところで、「新しい社会的養育ビジョン」の発表から少し時間が経過しましたが、ここでの目標は実現されていっているのですか？

さとる先生　どうでしょうか。実は「新しい社会的養育ビジョン」を受けて、全国児童養護施設協議会は「今後の児童養護施設に求められるもの」という報告書を発表しました。同様に、全国乳児福祉協議会は「乳幼児総合支援センターをめざして」を発表しました。どちらも社会的養護の現状と課題を踏まえ、国の進める政策そのものの課題にも言及し、それぞれの施設がこれからの社会的養護に対し、どのような役割を担っていくか、その方向性を示しています。

みらいさん　視点を変えると、また別の課題や問題点が出てくるのですね。そうすると、これからの社会的養護はどのようなことを大切にして、改善策を考え、進めていくべきなのでしょうか？

さとる先生　みらいさんの言うとおり、それぞれの立場によって色々な方向性の「改善策」がありますが、現状の施設養護か里親制度かという対立軸を超えて、めざすゴールであり一番大切なことは「子どもの最善の利益」を保証することです。

みらいさん　確かに、どのような形でも、子どもが幸せに生活できることが一番めざすべきところですね。

さとる先生　それでは、子どもが幸せに生活できるよう、今、社会的養護はどのような目標を掲げ、どのような課題があり、そのなかで保育士がどのような役割を果たしていくべきなのか、みていきましょう。

1 大人が問われる子どもの人権保障

　社会的養護で最も重要な事項は「子どもの人権」の保障である。本書ですでに学んだように、わが国が1994（平成6）年に批准した「子どもの権利条約」（児童の権利に関する条約）は、人が人として存在するために、生まれながらにもっている「基本的人権」が子どもに保障されるべきことを国際的に定めたものである。この条約では、「子どもの最善の利益」（子どもにとって一番よいこと）とは何かを社会や大人が考えることを求めており、それまでも与えられていた「生きる権利」「守られる権利」「育つ権利」という受動的権利に加え、「参加する権利」という能動的権利（子どもが権利を主張できる権利）が新たに加わった。代表的なものが、第12条「意見表明権」（子どもが年齢や成熟度に応じて自由に意見を表明できること、および子どもが意見を聴かれることの保障）であるが、これに"子どもの言いなりになること""子どもの意見を鵜呑みにすること"などという誤解をもつ大人も多い。

　また、これまでの社会は、子どもは半人前（未成熟）だから適切な判断ができない、子どもに意見を求めても意味がない、聞いても無駄であるという考え方をもつ大人も多く、子どもに意見を聞くことをしてこなかった。ここで大切なことは、まず子どもの意見や考えを聞くということであり、子どもの意見や考え方・判断が間違っていれば、大人はただ否定するだけではなく納得できる説明をし、了解（修正）を求めるということである。このようなやりとりを大人と子どもがすることが重要なのである。「子どもの最善の利益」とは、子どもの声に耳を傾ける社会（大人）のことを指している。

2 「児童」「子供」の表記にみるわが国の子ども観

*1　解字
漢字の成り立ちを解釈すること。

　辞書『漢字源』を参考にすると、「児」とは幼い子ども、解字[*1]では上部頭蓋の上部がまだあわさらない幼児の頭であり、下に人体の形を添えたものとある。まさに乳児の形を現したもので、大人（親）の保護がなければ生きていくことができない存在を指している。

　「童」はまだ物事のはっきり判断できない幼い子どもの意味もあるが、その他、刃物で目を突き抜いて盲人にした男の奴隷、雑用をする男の召使とも記述されている。

　ここから「児童」とは、保護されなければ生きていくことができない存在

であり、一方で大人（親）の従属物という意味合いがあることがわかる。過去において虐待している親のセリフには「煮て食おうが焼いて食おうが俺の子どもだ」というものがあった。このような考え方を、高橋重広（元日本社会事業大学学長）は「私物的わが子観」と称した。

次に、「子」は親の産んだ子、解字では小さい子どもを描いたものであり、子どもの頭髪がどんどん伸びる様を示したものとある。

「供」は複数であることを表す言葉の意味もあるが、その他に身分の高い人に付き従うことや差し出す、差し上げる、恭しくささげるといった意味もある。解字もまさに、左右の手をそろえて曲げ、その間に恭しく物をささげもつとされている。

ここから「子供」とは、子を身分の高い人に差し出す、差し上げるという意味合いとなり、この意味でも大人の従属物であるということになる。

上記のことから、「児童」「子供」という表記に対して、「子ども」という表記も多くみられるようになった。このようななかで2012（平成24）年、子ども、および子どもを養育している者に必要な支援を行い、一人ひとりの子どもが健やかに成長することができる社会の実現に寄与することを目的として施行された法律名を「子ども・子育て支援法」としたことは、画期的なことである。

さらに、「次代の社会を担う全てのこどもが、生涯にわたる人格形成の基礎を築き、自立した個人としてひとしく健やかに成長することができ、心身の状況、置かれている環境等にかかわらず、その権利の擁護が図られ、将来にわたって幸福な生活を送ることができる社会の実現を目指して」とする、こども政策を総合的に推進することを目的とした「こども基本法」（2023（令和5）年4月）はひらがな表記となった。

前出の高橋は「私物的わが子観」に対して、「子どもは親の私有物ではなく、人格を持った社会的存在である」とする「社会的わが子観」という考え方を表明している。また、ポーランドの教育者であるコルチャック（Korczak, J.）は「子どもは今を生きているのであって、将来を生きるのではない」という子ども観をもっていた。

子どもは子ども時代から社会の一員としての権利（人権）があることを尊重されなければならない。また、何ができる、できないで差別（区別）されるのではなく、子どもは子どもとしてこの世に生を受けたときから人権があり、保障されなければならない。そして、子どもを大人にすることに主眼をおくのではなく、子どもの「今」を生きる権利を大切にすることが求められている。

3 社会的養育（育児の社会化）が求められる背景

　昔は「親はなくとも子は育つ」と世間ではいわれていた。現代は、児童虐待事件からみられるように「親はいても子は育たない」といわれる時代になっている。この背景には一体何があるのか？

　そこで、昔の子育て環境を考えると、地縁・血縁関係による相互扶助の伝統的な子育て文化があった。しかし、現代は近隣関係・親族関係の希薄化、または崩壊が起こり、インフォーマルな支援関係が喪失してきた。また、巷では核家族化したことが現代の子育て問題や虐待問題の要因の一つととらえられることがあるが、1920（大正9）年に行われた第1回国勢調査で、すでに核家族世帯の割合は54％であった。2020（令和2）年は54.2%、ここ50年の変遷をみても6割前後で推移している。このことから、核家族化自体が問題なのではなく、核家族世帯を取り巻く環境が変化（地縁・血縁の希薄化）したこと（「核家族の質的変化」）が問題なのではないだろうか。

　一方、わが国の子育て文化の歴史をみると、江戸時代には民俗の知恵ともいわれる「仮親（かりおや）」という風習があった。この仮親とは、実の親以外の大人と義理の親子関係（擬制的な親子関係）を結ぶことである。それは、子どもの誕生前（妊娠中に岩田帯を贈る帯親）からはじまり、出産時（および乳幼児期）の取り上げ親、抱き親、乳つけ親、名づけ親、守親等、とくに7歳位までは数多くの儀礼が行われ、そのつど仮親と親子関係が結ばれたという。それ以降も成年期の烏帽子親、腰親、婚姻時の仲人親や「里親」等も仮親の一つと考えられ、実親以外に多くの仮親をもった。また、仕事上で「職親」の関係を結ぶこともあった。

　この背景には、子どもが大人になるまで生存することが難しい時代で、節目節目の通過儀礼が大切にされてきたことや、実親が長く生存することは厳しい時代に、子どもの生命を守り、成長を確実なものにするための知恵だったといわれている。

　このことから、「親はなくとも子は育つ」の親とは「実親」を指し、その代理である仮親が多数存在していたということである。まさに「親身」になって一人の子どもの育ちにかかわるインフォーマルなネットワークがその昔には存在していたことがわかる。

　そして現代社会に目を転じてみると、医療の進歩や産業構造の変化とともに、このような民俗の知恵を失ったこと（機能しなくなったこと）が、子育てを難しくしてきたように思われる。決して個人（実親）の問題ではなく、

インフォーマルな支援関係が喪失し、それに代わる社会的支援システムが不在のなかで生じてきた問題（たとえば虐待問題など）であるととらえることができるのではないか。そして、今求められていることは、昔の「仮親」に代わって地域の大人が、子どもの存在を「地域の子ども」と改めて認識することではないだろうか。まさに「地域親」という考え方とそのシステムが必要となっている。

4　社会的養護改革の方向性と子どもの意見聴取のしくみの整備

▼社会的養護改革の方向性

　このような社会（地域）状況のなかで、社会的養護に求められる機能や役割も変化してきている。2016（平成28）年に改正された児童福祉法の理念を実現するため、2017（同29）年に取りまとめられた「新たな社会的養育ビジョン」では、①市区町村を中心とした支援体制の構築、②児童相談所の機能強化と一時保護改革、③代替養育における「家庭と同様の養育環境」原則（乳幼児から段階を追っての徹底、家庭養育が困難な子どもへの施設養育の小規模化・地域分散化・高機能化）の推進、④永続的解決（パーマネンシー保障）の徹底、⑤代替養育や集中的在宅ケアを受けた子どもの自立支援の徹底が主要な改革項目として掲げられた。また改革の基本的な考え方と工程（目標期限、数値目標等）では、①里親への包括的支援体制（全ての都道府県でフォスタリング機関事業など）の整備、②永続的解決（パーマネンシー保障）としての特別養子縁組（おおむね5年以内に年間1,000人以上の縁組の成立）、③乳幼児の家庭養育原則の徹底（就学前の子どもは、原則として施設への新規措置入所を停止）と、年限を明確にした取り組み目標（3歳未満はおおむね5年以内に、それ以外の就学前の子どもはおおむね7年以内に里親委託率75％を実現し、学童期以降はおおむね10年以内をめどに里親委託率50％を実現など）、④子どものニーズに応じた養育の提供と施設の抜本改革（すべての施設は原則としておおむね10年以内をめどに小規模化（最大6人）・地域分散化、常時2人以上の職員配置の実現など）が示された。

　このような改革指標を受け、各都道府県は「社会的養育推進計画」を策定し、設定した達成期限と数値目標に向けた取り組みが動き出している。しかし、年限の起点は2017（平成29）年であるが、その目標値に達していない事項もみられる。一方、国は都道府県の進捗状況のモニタリングおよび評価を行うとともに、計画が着実に実施できるよう安定的な財源確保に努める方針

を打ち出している。

　その他、社会的養護に関連する児童福祉法の改正では、年齢制限の弾力化が図られ、これまでは教育機関に在学している場合は特例的に22歳まで延長することが可能であったが、今後は年齢制限がなくなり、社会的養護の支援が受けれらることになった。

▼子どもの意見聴取の仕組みの整備

　2022（令和４）年の児童福祉法の改正（2024（同６）年４月１日施行）にともない、子どもの権利擁護の取り組みを推進するために、①子どもの権利擁護に係る環境整備として、都道府県知事または児童相談所長が行う意見聴取等や入所措置等における処遇について、都道府県の児童福祉審議会等による調査審議・意見具申その他の方法により、子どもの権利擁護に係る環境を整備することを都道府県等の業務とした。②児童相談所や児童福祉施設における意見聴取等として、都道府県知事または児童相談所長が行う在宅指導、里親委託、施設入所等の措置、指定発達支援医療機関への委託、一時保護の決定時等（措置等の解除、停止、変更、期間の更新の時点についても同様）に意見聴取等を実施する。あわせて、子どもの最善の利益を考慮するとともに、子どもの意見または意向を勘案して措置等を行うために、あらかじめ、年齢、発達の状況その他の子どもの事情に応じ意見聴取その他の措置を講じなければならないこととした。③意見表明等事業（都道府県、政令市、児童相談所設置市）では、児童相談所長等の意見聴取等の義務の対象となっている子ども等を対象として、子どもの福祉に関し知識または経験を有する者（意見表明等支援員）が、意見聴取等により意見または意向を把握するととも

図15－1　子どもの意見表明システムのイメージ

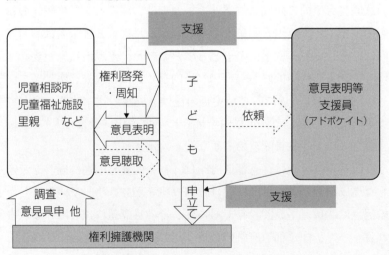

筆者作成

に、それを勘案して児童相談所、都道府県その他関係機関との連絡調整等を行うこととされた。図15-1は、これらの取り組みのイメージ図である。

5 社会的養護の展望—児童養護施設と乳児院の取り組み—

① 児童養護施設の取り組み

　全国児童養護施設協議会（児童養護施設のあり方に関する特別委員会）から2019（令和元）年11月に「今後の児童養護施設に求められるもの」（第1次報告書）が発表された。この報告書は「新しい社会的養育ビジョン」を受けて、取りまとめられたものであり、戦後70年あまりかけて積み上げてきた児童養護施設の実践と歩みについて、向こう10年間で大きく改革をするように求めてきたことに対し、協議会では「ビジョンからは子どもの育ちゆく姿が描けない」として声をあげたものである。そして、2021（同3）6月に最終報告書としてとりまとめられた。

図15-2　児童養護施設の全体像

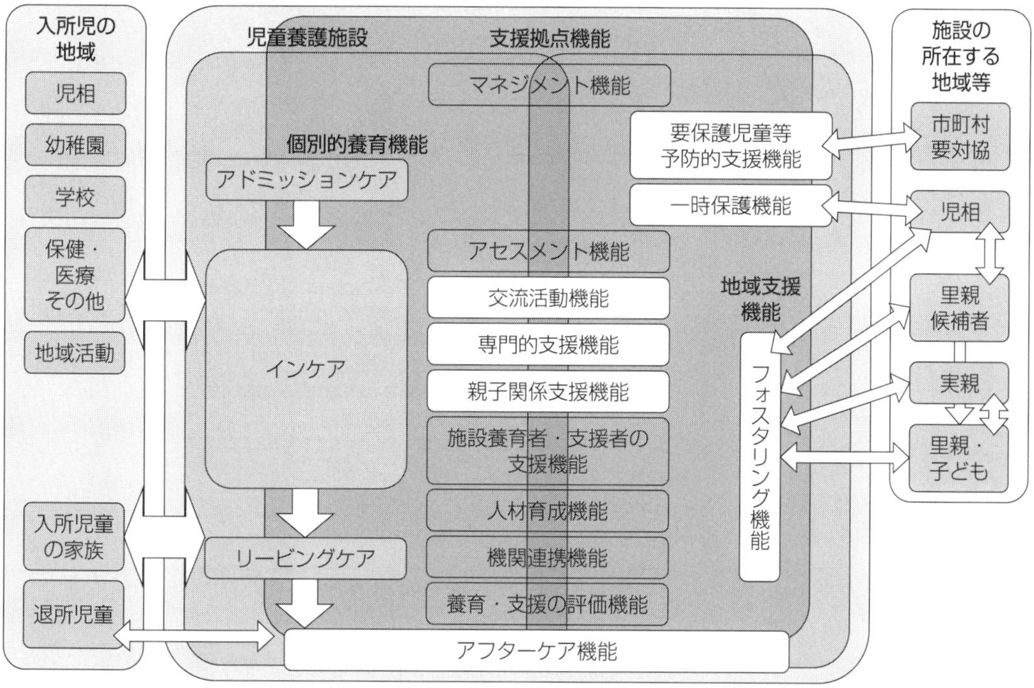

出典：全国児童養護施設協議会「今後の児童養護施設に求められるもの」（児童養護施設のあり方に関する特別委員会最終報告書）2021年　p.9

報告書では、児童養護施設の柱となる３つの機能（①個別的養育機能、②支援拠点機能、③地域支援機能）を明らかにした。児童養護施設が大切に育んできた子どもと大人（養育者）の日々の営みである「個別的養育機能」を今後さらに充実強化するため、その基盤となって支えるのが「支援拠点機能」である。さらに支援拠点機能と個別的養育機能を地域の要保護・要支援児童等の支援に活用していく機能が「地域支援機能」である。個別的養育機能と地域支援機能は、重なり合った関係にあり、これは地域支援から入所後の個別的養育へ、さらには退所後の地域支援へという連続性を意味するものである。そして、個別的養育機能の地域支援への活用など、一つの機能の双方活用を意味しているものであるとしている。

　図15－２は、この児童養護施設の全体像を示したものである。「個別的養育機能」「地域支援機能」、２つの機能を基盤として支えているのが「支援拠点機能」となる。また、地域は児童養護施設の両側の領域として示しており、左側は主に入所児童等が関係する地域で、児童相談所や幼稚園・学校等の日々の暮らしに密接した地域、家族となる。一方、右側は入所児童等以外（非入所児）で地域に住む要保護・要支援児童等とその家族とそれらにかかわる市

図15－3　児童養護施設の本園・分園別機能

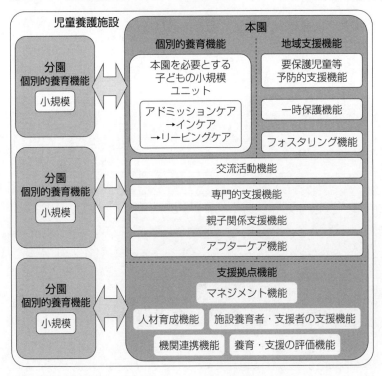

出典：図15－2に同じ　p.10

区町村や児童相談所、さらには里親を含めた地域にあたる。

　また図15-3に示したように、児童養護施設は、本園と、本園から離れて養育を行う分園とに分け小規模養育を展開している。分園では複数の小規模のホームが、本園のもつ支援拠点機能に支えられながら個別的養育機能を展開することになる。本園にも個別的養育機能を展開する小規模ユニットを設置し、分園では養育が難しい子どもに対して生活の場を提供する。ここでは、平均的な家庭的環境を踏まえつつ、それまでの家庭環境や地域とのつながり、生活感覚や嗜好、心身の課題などを踏まえて、子どもが無理なく安心して暮らせるよう、多様な生活形態が用意される必要がある。

　本園は支援拠点機能、個別的養育機能、地域支援機能の全ての機能を備え、本園の役割は、分園における個別的養育を支え、分園で暮らすことが困難な子どもには、より専門的な個別的養育を行い、分園と連携しながら、地域の要保護・要支援児童等とその家族に対しても必要な支援を行う。

　社会的養護を必要とする子どもの養育と家族支援は、分園単独の個別的養育のみでなるものではなく、分園の取り組みを支える複数の必要な機能を重層的、総合的に統合し、機能させることで成り立つ。この構造を活用することにより、地域で暮らす要保護・要支援児童等の支援に対しても、児童養護施設は重要な役割を担うことが可能となる。このことは、児童養護施設が日本の社会的養育全体のニーズに応えていくことを意味し、児童養護施設が今後社会で担う役割について、重要な方向性を示すものとなる。

②　乳児院の取り組み

　2019（令和元）年、全国乳児福祉協議会（乳児院の今後のあり方検討委員会）から報告書「『乳幼児総合支援センター』をめざして」が発表された。これまでも同協議会は、2016（平成28）年の改正児童福祉法の理念や「新しい社会的養育ビジョン」など、国の動向に対して、乳児院がアタッチメント形成とファミリーソーシャルワークを軸とする「乳幼児総合支援センター」としての役割を担うことを提言してきた。この報告書は、その具体化について取りまとめたものである。

　乳幼児総合支援センター構想の背景として、地域の要保護児童対策および社会的養護の現状と課題を踏まえ、従来の乳児院機能をさらに充実強化（高機能化）し、かつ地域のニーズに応えることができるよう、従来の機能の見直しと可能な機能の付設（多機能化）を進めていく必要があった。このことから報告書では、今後の乳児院の高機能化および多機能化の展開を踏まえ、

図15－4　乳幼児総合支援センターの全体像

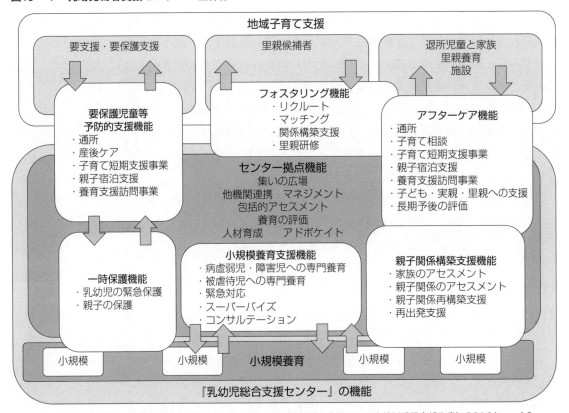

出典：全国乳児福祉協議会「乳幼児総合支援センターをめざして」（乳児院の今後のあり方検討委員会報告書）2019年　p.16

　名称も乳児院から「乳幼児総合支援センター」（以下「センター」）に変更することを提案している。

　図15－4はセンターの全体像を示したものである。センターの一時保護・入所児童の養育の基本形態は小規模養育である。これらを健全、適切かつ有効に展開するための監督、支援、指導する機能として「小規模養育支援機能」がある。さらに、センターには「親子関係構築支援機能」「アフターケア機能」をもち、家族支援のケースの経過に沿って、これらの機能を発動する。また、これまで乳児院がもっていた「一時保護機能」「小規模養育支援機能」「親子関係構築支援機能」「アフターケア機能」に加えて、地域の「要保護児童等予防的支援機能」と里親養育を支える「フォスタリング機能」を位置づける。このような機能整備は、施設の多機能化の方向性を示すものである。これらの機能を統括し、各機能が適切に展開できるように監督し、当事者のニーズに合わせ各機能を選択、統合して提供できるようにマネジメントする中心的機能が「センター拠点機能」である。

6　今後の社会的養護における保育士の役割

　現在、児童福祉法において児童福祉施設は12種別規定されている。その形態は、通所・利用型施設と入所（居住）型施設に大別できる。さらに施設を機能別にみると、補完的養護、代替的養護、支援的養護、再構築的養護、治療的・療育的養護などがある。このように、児童福祉施設では、それぞれの施設の目的に応じた機能があり、その目的を遂行するために各種の職員が配置されている。特に利用者（児童）への直接的な生活支援（ケアワーク）を行う職員として、「保育士」が配置されている。

　ここまで学んできたように、児童養護施設には、家庭の養育機能の問題だけではなく、被虐待児や障がいのある子どもなど、あらゆる点で「グレーゾーン」の子どもが入所（生活）している[*2]。このような現状のなかで、国は社会的養護の取り組みとして、小規模グループケア（ユニットケア）、地域小規模児童養護施設（グループホーム）、小規模住居型児童養育事業（ファミリーホーム）、「里親委託優先の原則」など、施設の小規模化と家庭的な養護（家庭養護）の方向性を示している。このような形態は、処遇環境が密室となりやすく、また処遇内容が他のグループ担当職員にはみえなくなり、これまで以上に職員の養護技術と倫理観が求められている。また、新人職員が現場のなかで先輩職員の養護技術を見て覚えるという機会も少なくなり、職員養成にも影響を与えてくると思われる。

*2
第9章参照。

　一方、グループホームにあっては地域住民とかかわりをもって生活することの意味を職員が理解していなければ、敷地内グループホームと何ら変わりはなく、逆に他の職員の目が行き届かないという点では弊害が生じるおそれがある。

　このような意味でも、いま国が進めようとしている方向性が子どもの生活の質を高めるものになるためには、職員数の拡充と質の向上が必要不可欠である。と同時に、社会的養護の方向性に合致する、これまでの子どもへの支援に関する統一的な理論を踏まえ、新たな「養育論」や「養護論」、および小規模ケアや里親養育の方法論を早急に確立することが求められている。

　施設では、生活支援にとどまらず、日常生活を通して、健康支援や発達支援も行っている。これらは子どもたちに「安定した生活」「安心できる環境」「規則正しい基本的生活」を保障するものであり、これまで不安定な生活、不規則な生活、不適切な生活をしてきた子どもたちにとって、施設での生活自体が千葉茂明（児童養護施設東京育成園理事長）の唱える「総合養育環境

療法」となるのである。その中心的役割を担っているのが「保育士」である。

　これまで学習してきたように、今後の社会的養護の方向性から保育士の役割を考えると、個別援助としての日常生活支援、教育支援、個別課題支援があり、集団援助としてのホーム運営やホームの仲間集団への支援があり、間接的援助として、施設内での職務分掌などがある。さらに、被虐待児童や発達障がい児など、自身の課題や問題を抱えている子どもが増加傾向にあり、それらの子どもに対しても、生活を通じて治療的にかかわることが求められている。また、再構築的養護にみられる家族再統合への役割も期待されている。しかし、これらすべての問題や課題に、一保育士や一施設だけでは対応しきれない。そのため、各施設には多職種の職員が配置され、また地域の専門機関との連携が求められている。このように、いま社会的養護では、チームアプローチが基本となり、そのなかで保育士としての役割が期待されているのである。

まとめてみよう

① 「今後の児童養護施設に求められるもの」（p.231参照）では、「新しい社会的養育ビジョン」からは子どもの育ちゆく姿が描けないとし、行き場を失う子どもたちを生まないよう様々な受け皿・生活の場を選択肢として用意する必要があるとしている。全国児童養護施設協議会（児童養護施設の現場）の主張する「新しい社会的養育ビジョン」の抱える課題は何か考えてみよう。

② 里親養育先進国で起きている"フォスターケア・ドリフト"問題について調べ、「子どもファースト」の視点から、社会的養護の方向性について考えてみよう。

③ 家庭的な生活環境とは具体的にどのようなものなのだろうか。そうした生活環境を整えるために保育士ができることは何か考えてみよう。

【参考文献】
東京都児童福祉審議会「児童相談所が関わる子供の意思表明を支援する仕組み（子供アドボケイト）の在り方について」2023年
全国児童養護施設協議会「児童養護施設が担う機能と今後の展望・展開」（児童養護施設からの提言特別委員会最終報告書）2023年
元森絵里子・南出和余・髙橋靖幸編著『子どもへの視角』新曜社　2020年
小木曽宏・橋本達昌編著『地域子ども家庭支援の新たなかたち―児童家庭支援センターが、繋ぎ、紡ぎ、創る地域養育システム―』生活書院　2020年

養子と里親を考える会編『養子縁組と里親の研究―新しい家族―』第62号　創英社
　2019年

全国児童養護施設協議会「今後の児童養護施設に求められるもの」（児童養護施設のあり方に関する特別委員会最終報告書）　2021年

全国乳児福祉協議会「乳幼児総合支援センターをめざして」（乳児院の今後のあり方検討委員会報告書）　2019年

二葉保育園二葉乳児院　二葉子どもと里親サポートステーション『子どもと里親のためのサポートハンドブック1・2』2018年

浅井春夫・黒田邦夫編『〈施設養護か里親制度か〉の対立軸を超えて―「新しい社会的養育ビジョン」とこれからの社会的養護を展望する―』明石書店　2018年

施設で育った子どもたちの語り編集委員会『施設で育った子どもたちの語り』明石書店
　2012年

田中康雄編著『児童生活臨床と社会的養護―児童自立支援施設で生活するということ―』金剛出版　2012年

中田基昭編著『家族と暮らせない子どもたち―児童福祉施設からの再出発―』新曜社
　2011年

全国児童養護施設協議会『この子を受けとめて、育むために―育てる・育ちあういとなみ―』全国社会福祉協議会　2008年

藤堂明保、竹内晃、松本昭ほか編著『漢字源』学研　2007年

索　引

【あ】

愛着　148
アスペルガー症候群　87
アセスメント　67
新しい社会的養育ビジョン
　　　　19、53、93、111、128、231
アドボカシー　58
アドミッションケア　130
アフターケア　132、143
アリエス　40
安全管理　219
医学・心理治療　175
生きる権利　51
意見表明権　52
意見表明等支援事業　75
医師　205
石井十次　44
石井筆子　45
石井亮一　45
一時預かり事業　75、195
糸賀一雄　63
医療型障害児入所施設　79、161
インケア　131、133
ADHD　35
エキスパート　209
NPO 法人　105
エレン・ケイ　42
OJT　217
岡山孤児院　44
岡山孤児院十二則　60
Off-JT　217
親子関係形成支援事業　75
親子関係調整　135
親子再統合支援事業　75
オンブズパーソン　59

【か】

解離　155
核家族　29
学習指導　179
学習障害　87
家族　28
家族支援　135
家庭　28
家庭裁判所　103
家庭支援専門相談員　129、203
家庭児童相談室　102
家庭的保育事業　75

家庭的養護　20、91、128
家庭養育　20
家庭養護　20、62、92
感化法　44
看護師　206
基幹的職員　215
基本的人権　50
基本的生活習慣　133
救護法　46
居宅訪問型児童発達支援　169
居宅訪問型保育事業　75
苦情解決　61
苦情対応　217
グループホーム　91
ケイ　42
警察　104
継続的支援　25、129
ケース会議　217
健康管理　219
言語聴覚士　206
権利　50
権利擁護　58
公的契約制度　97
公的責任　23
合理的配慮　64
個人情報保護　220
個人の尊重　54
子育て援助活動支援事業　75、194
子育て世代包括支援センター　98、186、191
子育て世帯訪問支援事業　75
子育て短期支援事業　74、195
国家資格　13
子どもアドボカシー　56
こども家庭センター　191
こども家庭庁　95
子ども観　40
子ども期　40
こども基本法　54、80
こども政策　54
こども大綱　55、81
子どもの意見表明システム　230
子どもの権利　23、50
子どもの権利条約　22、43、50、226
子どもの権利ノート　61
子どもの権利擁護委員会　59
子供の権利擁護専門相談事業　60
子どもの最善の利益　22
子どもの人権　226
子どもの人権専門委員　59
子どもの貧困対策の推進に関する法律　84
こどもまんなか社会　54

五人組制度　44
個別化　24、128
個別課題克服プログラム　136
個別対応職員　207
コルチャック　42
今後の児童養護施設に求められるもの　231
こんにちは赤ちゃん事業　194

【さ】

在宅支援　91、93、184
作業指導　179
作業療法士　206
里親　72、92
里親委託ガイドライン　109
里親開拓　114
里親研修　115
里親支援センター　73、101
里親支援専門相談員　204
里親支援ソーシャルワーカー　204
里親制度　108
里親リクルート　114
参加する権利　51
COS　40
資格　200
事業所内保育事業　75
市区町村子ども家庭総合支援拠点　186、191
施設運営指針　130
施設長　202、215
施設養護　91、126
慈善組織協会　40
七分積金制度　44
市町村　76
市町村保健センター　102
しつけ　83
四天王寺四箇院　44
児童　72
児童委員　76、101
児童育成支援拠点事業　75
児童買春、児童ポルノに係る行為等の規制及び処罰
　並びに児童の保護等に関する法律　84
児童家庭支援センター　73、100、188
児童虐待　35、82
児童虐待の防止等に関する法律　82
児童権利宣言　42
児童厚生施設　73
児童指導員　205
児童自立支援施設　47、73、79、177
児童自立支援専門員　179、205
児童自立生活援助事業　74、92
児童心理治療施設　73、79、172
児童生活支援員　179、205
児童相談所　76、97、187
児童手当法　71

児童の権利に関するジュネーブ宣言　42
児童の権利に関する条約→子どもの権利条約
児童の最善の利益→子どもの最善の利益
児童の代替的養護に関する指針　53、109
児童発達支援　166
児童発達支援管理責任者　203
児童発達支援事業所　167
児童発達支援センター　73、79、167
児童福祉司　76
児童福祉施設　73、201、235
児童福祉施設の設備及び運営に関する基準　60、77
児童福祉法　47、57、71
児童福祉六法　71
児童扶養手当法　71
児童養護施設　73、78、153、231
児童養護施設運営指針　61、209
児童養護施設運営ハンドブック　208
自閉症　87
社会的障壁　64、86
社会的責任　23
社会的養育　19
社会的養育優先の原則　20
社会的養護　18、90
社会的養護関係施設における親子関係再構築支援ガ
　イドライン　156
社会的養護自立支援拠点事業　75
社会的養護自立支援事業　65、132、190
社会的養護の課題と将来像　110
社会的養護の基本原理　24
社会的養護の体系　90
社会的養護の理念　22
社会的養護問題　30
社会福祉法　85
就学期支援　164
就学後支援　164
就学前支援　164
重症心身障がい　164
週末里親　136
恤救規則　44
主任児童委員　101
障害児　72
障害支援区分　87
障害児施設給付費制度　222
障害児相談支援事業　169
障害児通所支援　166
障害児入所施設　73、161
障害者基本法　86
障害者の権利に関する条約　63
障害者の日常生活及び社会生活を総合的に支援する
　ための法律　87、160
障害を理由とする差別の解消の推進に関する法律　64
小規模グループケア　91
小規模住居型児童養育事業　75、93
小規模保育事業　75

少子化	32
小舎夫婦制	45
少年	72
少年院	104
少年鑑別所	103
情報開示	220
省令	71
ショートステイ	195
職業指導	179
職業指導員	207
職業倫理	211
助産施設	73
女性相談支援センター	104
自立	138
自立援助ホーム	92、144
自立支援	128、138、143
自立支援計画	139
自立支援計画票	140
親権	59、85
親権制限制度	59
親権喪失	59
親族里親	92、113
身体障がい	163
身体的虐待	83
心的外傷後ストレス障害	151
信頼関係の構築	136
心理指導担当職員	206
心理的虐待	83
心理療法担当職員	206
スーパーバイザー	215
スーパービジョン	218
スペシャリスト	209
生活指導	175、179
生存権	54
性的虐待	83
制度の谷間	87
政令	71
世界人権宣言	42
全国保育士会倫理綱領	211
専門里親	92、113
専門職	200
専門的価値	14
専門的技能	14
専門的知識	14
ソーシャル・セツルメント	40
育つ権利	51
措置延長	113
措置制度	96、222
措置費	222

【た】

第三者	60
第三者評価	61、216

退所児童等アフターケア事業	65
代替養育	18
体罰	59、62、83
滝乃川学園	45
試し行動	137
地域共生社会	197
地域子育て支援拠点事業	75、194
地域子育て支援センター	103
地域子育て相談機関	192
地域子ども・子育て支援事業	193
地域小規模児童養護施設	91
小さな大人	40
知的障がい	163
注意欠陥多動性障害→注意欠如・多動性障がい	
治療的支援	136
治療動機	173
通所措置	188
通知	71
DV	36、151
特定妊婦	72、185
特別児童扶養手当等の支給に関する法律	71
特別養子縁組	92、120、121
都道府県	76
都道府県家庭的養護推進計画	53、54
留岡幸助	45
ドメスティック・バイオレンス	151
トワイライトステイ	195

【な】

ニーズ	30
二段階手続き	54
日本国憲法	54
乳児	72
乳児院	73、78、146、233
乳児家庭全戸訪問事業	74、194
乳児期	147
妊産婦	72
妊産婦等生活援助事業	75
ネグレクト	83
能動的権利	226

【は】

パーマネンシー保障	20、81、122
発達障害者支援センター	88、105
発達障害者支援法	87
発達保障	128
PTSD	151
PDCA サイクル	208、218
被虐待体験	34
被措置児童等虐待	61、66
被措置児童等虐待防止	220、224
ひとり親世帯	37

病児保育事業　　75
貧困問題　　36
ファミリー・サポート・センター事業　　194
ファミリーソーシャルワーカー　　203
ファミリーホーム　　93、118
フォスタリング機関　　101、111
福祉型障害児入所施設　　78、162
福祉サービス第三者評価基準ガイドライン　　216
福祉事務所　　102
普通養子縁組　　120
フラッシュバック　　155
保育士　　74、201、204、235
保育所　　73
保育所等訪問支援　　169
放課後児童健全育成事業　　74
放課後児童デイサービス　　169
法律　　71
保健所　　76、102
保護者　　72
保護者支援　　20
母子及び父子並びに寡婦福祉法　　71
母子家庭等就業・自立支援センター　　105
母子健康包括支援センター　　98
母子支援員　　205
母子生活支援施設　　47、73、78、150
母子保健法　　71
ポピュレーションアプローチ　　186

【ま】

マッチング　　115
マネジメント　　215
守られる権利　　51
未成年後見人　　59
民生委員　　101

民法　　59、85
無告の窮民　　44
免許　　200

【や】

養育里親　　72、92、112
養育支援訪問事業　　75、189
養護保護児童　　185
幼児　　72
養子縁組　　120
養子縁組里親　　72、92、114
要支援児童　　31、72、185
要保護児童　　31、72、185
要保護児童対策地域協議会　　95、100、186、189
要保護女子　　105
幼保連携型認定こども園　　73

【ら】

リービングケア　　131
理学療法士　　206
理事　　202
理事長　　202
療育手帳　　163
利用契約制度　　96、222
利用者支援事業　　193
倫理　　14、210
ルーズベルト　　42
ルソー　　40
レジデンシャル・ソーシャルワーク　　209
連携　　210
連携アプローチ　　25、129
労務管理　　219

学ぶ・わかる・みえる
シリーズ　保育と現代社会

保育と社会的養護Ⅰ ［第2版］

2020 年 4 月 30 日　初版第 1 刷発行
2022 年 9 月 1 日　初版第 3 刷発行
2024 年 3 月 15 日　第 2 版第 1 刷発行

編　　集	大竹　智	
	山田　利子	
発 行 者	竹鼻　均之	
発 行 所	株式会社みらい	

〒500-8137　岐阜市東興町40　第 5 澤田ビル
TEL　058-247-1227（代）
FAX　058-247-1218
https://www.mirai-inc.jp/

印刷・製本　サンメッセ株式会社

ISBN978-4-86015-602-2 C3036
Printed in Japan　　　　　　　乱丁本・落丁本はお取り替え致します。